Peter Hubral

Der Glaubensfreie Universelle Erleuchtungsweg – Band II

Enthüllung biblischer und nicht-biblischer Mythen

Peter Hubral

Der Glaubensfreie Universelle Erleuchtungsweg – Band II

Enthüllung biblischer und nicht-biblischer Mythen

Rediroma-Verlag

Bibliografische Information der Deutschen Nationalbibliothek:
Die Deutsche Nationalbibliothek verzeichnet diese Publikation in der Deutschen Nationalbibliografie; detaillierte bibliografische Daten sind im Internet über http://portal.dnb.de abrufbar.

ISBN 978-3-98527-458-1

www.rediroma-verlag.de
17,95 Euro (D)

Stimmige Zitate aus unterschiedlichen Kulturen

Laozi: *„Die Belehrung ohne Worte, den Wert des Nicht-Handelns* (Wuwei) *erfassen nur wenige auf Erden."*

Platon: *„Also, wer glaubt, eine Fertigkeit mittels Buchstaben zu hinterlassen, und wer andererseits als Empfänger meint, aus Buchstaben gehe etwas Deutliches und Sicheres hervor, der dürfte höchst einfältig sein."*

Zhuangzi: *„Wo finde ich einen Menschen, der die Worte vergisst, auf dass ich mit ihm reden kann?*

2. Makkabäer: *„Ich bitte dich, mein Kind, schau dir den Himmel und die Erde an; sieh alles, was es da gibt, und erkenne: Gott hat das aus dem NICHTS erschaffen, und so entstehen auch die Menschen."*

Zhuangzi: *„Das Tor des Himmlischen ist das NICHTS. Alle Dinge kommen aus NICHTS."*

Genesis: *„Henoch ging mit Gott; und ‚er war NICHTS, denn Gott nahm ihn auf."*

Al-Kindi: *„Wir sagen, dass der wahre erste Akt das Werden von Wesen aus dem NICHTSEIN ist. Denn das Werden von Wesen aus dem NICHTSEIN gehört keinem anderen. Und dieser Akt ist als ‚Entstehung' zu bezeichnen."*

Zen Meister Kodo Sawaki: *„Buddha-weg bedeutet: NICHTS zu suchen, NICHTS zu finden."*

Rumi: *„Ich werde was kein Geist jemals begriff: Nichtexistenz.“*

Ägyptische Totenbuch: *„Ich bin eine Idee, in Fleisch gehüllt, die aus dem Bauch des Himmels entsprang. Wie ein Falke fliege ich über das Bekannte hinaus in das Reich des Unbekannten.“*

Zenmeister Bunan: *„Sterbe während du lebendig bist und sei dann absolut tot. Danach tue, was du willst. Es ist alles gut.“*

Johannesevangelium: *„Dann lasst uns mit ihm gehen, um mit ihm zu sterben.“*

Laozi: *„Wer nach Wissen strebt, muss jeden Tag vermehren. Wer nach dem Dao strebt, muss jeden Tag vermindern“.*

Demokrit: *„Vom Wissen gibt es zwei Weisen, eine echte (gnesie) und eine obskure (skotie).“*

Salomon: *„Und ich sah, dass alle Arbeit und alle Errungenschaften durch Arbeit das Ergebnis des Neides und der Rivalität des Menschen mit seinem Nächsten waren.“ „Aber besser ist die Erkenntnis des Menschen, der noch ungeboren und nicht damit konfrontiert ist, was der Neid unter der Sonne bewirkt.“*

Platon: *„Forscher gehören zu den besten Männern der Welt, die immerzu neue Gesetze formulieren und kontinuierlich verfeinern, ohne zu kapieren, dass sie nur die Hydra köpfen.”*

Inhaltsverzeichnis:

Zusammenfassung

Ich erörtere nun – in größerem Umfang als in Band I – das einzigartige spirituelle Taiji-WISSEN (*epistéme)*, das durch Üben (Bild 1) mit dem schöpferischen (S) Prinzip – Wuwei *(philía,* mahabba, *ahabah*, Akarma)-Prinzip – „aus sich heraus" als Wiedererinnerung (*anamnésis)* an Verborgenes aufgedeckt wird (Pfeil I in Bild 2).

Bild 1. Altgriechische AusÜBENDE der philosophía auf ihrer „universellen magical mystery tour".

Der regelmäßige Einsatz des schöpferischen (S)-Prinzips intensiviert im Übenden durch sein eigenes Nichtwirken oder Nicht-Tun (Wuwei) das kreative Wirken (Wei =爲) aus dem Unbekannten (Nichtsein = Wu =無). Ich entmystifiziere mit dem, was es „aus sich selbst" in der Innenschau (Bild 1) bewirkt, biblische und nicht-biblische Aufstiegsmythen (Pfeil I in Bild 2) und Schöpfungsmythen (Pfeil II). Damit biete

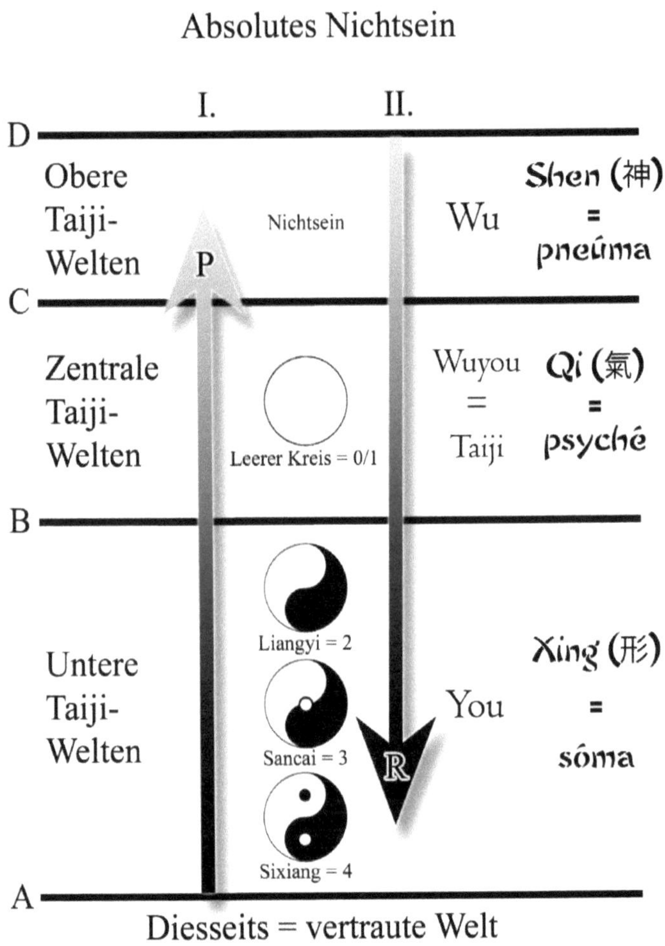

Bild 2: Schematische Darstellung (a) des Großen Wegs (Pfeil I) vom Diesseits (A) durch die drei jenseitigen Taiji-Welten (Himmel) zum absoluten Nichtsein (D) und (b) der Entstehung (Pfeil II) der drei Taiji-Welten (Himmel) und des Diesseits (A) aus dem absoluten Nichtsein (oberhalb D).

ich die einzigartige „Spirituelle Archäologie“ an, die auf meiner Vertrautheit mit Metaphern der uralten Dao-Weisheitslehre (Taijixue) basiert.

Ich habe ihre Äquivalente mittels der von mir eingesetzten Mustererkennung[1] in mehreren untergegangenen Kulturen entdeckt. Ich benutze nun deren übereinstimmende „universellen Lehrinhalte“, um zu zeigen, dass den Verfassern der Mythen die persönliche Erfahrung der ewig schöpferischen Natur (*phýsis*) im Aufstieg *(anagogé)* (Pfeil I) vertraut war.

Phýsis ist die jenseitige spirituelle natürliche Welt oberhalb der vertrauten (A in Bild 2), die sich – im regelmäßigen Üben (Bild 1) – in meditativer Innenschau mit dem S-Prinzip zunehmend (Pfeil I) offenbart.

Die Verfasser der Mythen beschreiben damit, was sie mit wiedererweckten außergewöhnlichen Sinnen (*sophrosýne,* Yang-Liugen) SAHEN. Dies wurde jedoch durch das Sehen ungeübter Interpreten mit deren gewöhnlichen Sinnen (*aphrosýne,* Yin-Liugen) missinterpretiert, mythologisiert und oft sogar heiliggesprochen.

Das einzigartige WISSEN (*epistéme)* der *philosophía*, dem ich am meisten außer dem Dao-Wissen meine Aufmerksamkeit schenke, ist mit dem von renommierten Meistern zwischen Ost und West im Einklang. Es ist durch die Mustererkennung die ich einsetze, rekonstruierbar.

---

[1] Ich benutze das mir vertraute Muster im Netzwerk der Dao-Metaphern, um es in den anderen zitierten Lehren zu suchen. Dies führt zu beeindruckenden Übereinstimmungen, die die Universalität aller Lehren bestätigt. Dies heißt, dass sie ihren Ursprung im S-Prinzip haben.

Dazu greife ich nicht nur auf die Lehre der drei Welten, sondern auch auf die vier kreisförmigen Dao-Symbole (Bild 2) zurück, die die Aufstiegserfahrungen (Pfeil I) artikulieren und die Abstiegserfahrung (Pfeil II) damit beschreiben.[2]

Die vier Symbole in Bild 2 werden in meiner Schule noch durch ein fünftes oberhalb des leeren Kreises ergänzt. Es ist KEIN Symbol. Hinter ihrer Folge (Pfeil II) steckt der stufenweise Übergang von der monistischen zur dualistischen Welt, vom (absoluten) Nichts (in D) und schöpferisch EINEM *(hèn)* zum Vielen *(pánta)* in A.

Diese vier/fünf Symbole sind durch Bagua (Bild 3) mit seinen acht Trigrammen zu ergänzen. Bagua charaktersiert die diesseitige Welt vor Einstieg in den Großen Weg (Pfeil I). Es ist das Logo meiner Taiji-Schule, worauf meine Erklärung des *Adam-Eva-Mythos* fußt.

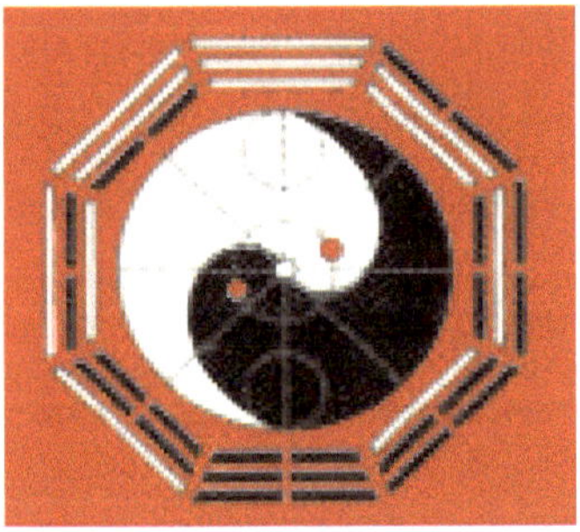

Bild 3 Bagua

[2] Die im Aufstieg erfahrbaren Inhalte der Symbole werden durch Jiuxi (neun analytische Ansätze) beschriebenen, von denen nur die *Drei Offenen Ansätze* veröffentlicht und die anderen geheim gehalten werden. Siehe dazu mein Buch: *Geheime Dao-Schöpfungslehre.*

Es gilt, dass jedes höhere Symbol im Aufstieg (Pfeil I) das darunter liegende einschließt und es im Abstieg (Pfeil II) wieder erzeugt. Dies bedeutet, dass die (übersinnliche) Wahrnehmung hinter jedem höheren Symbol die aller darunter liegenden beinhaltet. Es bedeutet ebenso, dass die eingeschränkte Wahrnehmung, die sich hinter dem untersten Symbol verbirgt, potentiell die Wahrnehmungen aller höheren Symbole beinhaltet und diese durch regelmäßiges Üben (Bild 1) stufenweise erweckt werden (Pfeil I).

Die vier (fünf) Symbole in Bild 2 haben, wie ich zeige, ihr Äquivalent in der weniger aussagekräftigen pythagoreischen *Tetraktys* (Bild 4). Diese ist aus der Monade (1), Dyade (2), Triade (3) und Tetrade (4) zusammengesetzt, deren erfahrbare spirituelle Inhalte zu Unrecht „mathematisiert" und damit degradiert wurden. Sie entsprechen den vier Symbolen – von oben nach unten – in Bild 2.

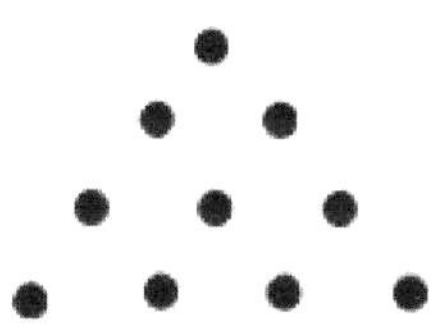

Bild 4 Tetraktys

Auch Laozi, Suhrawardi und andere verweisen, wie ich noch zeige, auf die Folge 1,2,3,4. Damit stimmig ist auch das als *Tetraktys* dargestellte *Tetragrammaton* (Bild 5): Symbol für Inhalte der vier Buchstaben von JHWH (Jahwe, Jehova). Dies begründe ich damit, dass ich später den inhaltlich engen Zusammenhang zwischen Aussagen von Pythagoreern und AusÜBENDEN der Shekinah[3] aufzeige.

Bild 5 Tetragrammaton als Tetraktys

Ich liefere in Band II viele Indizien die zeigen, dass Bild 2, 3, 4 und 5 übereinstimmende Inhalte und somit denselben Ursprung im Aufstieg (Pfeil I) mit dem S-Prinzip haben.

Bild 6 Sonnengott Ra (Re).

---

[3] Vgl. https://wiki.yoga-vidya.de/Shekinah#Weitere_Informationen_zu_Yoga_und_Meditation

Wir finden, wie ich zeigen werde, vielerorts Hinweise auf den leeren Kreis in Bild 2, den meine Schule Taiji-Kreis (Taijitu) nennt. Er entspricht der Sonnenscheibe, die nicht nur dem altägyptischen Aton (Atum) zugeschrieben ist. Aton wird – so wie die Monade – symbolisiert durch ⨀, das ohne zentralen Punkt dem Taiji-Kreis (Taijitu) entspricht. Aus der Vergötterung von Aton entstand – durch *invention of tradition* – der Sonnengott Ra (Bild 6).

Wir lesen, was den Vergleich von Bild 5 mit einem Sonnengott betrifft:[4] „Ob auch die solaren Aspekte von Jahwe (JHWH) ein Erbe El / *ilu*'s sind, ist indes unsicher. Die Vorstellung von Jahwe als Sonne dürfte uralte Wurzeln haben (Dtn 33,2.14; Hab 3,11; Ps 84,12), andererseits ist die Solarisierung des Jahwe-Glaubens erst ein Produkt des assyrischen Einflusses in der späten Königszeit."

Ich erinnere an meine Verweise auf die Sonne(nscheibe) in Band I, z.B. an Platons *Sonnengleichnis,* dessen Ursprung auf innigem Erfahren (Pfeil I) und nicht auf Glauben basiert. Ich zitiere später weitere Sonnengottheiten, deren Ursprung in glaubensfreier Erleuchtungserfahrung (D in Bild 2) liegt.

---

[4] https://www.bibelwissenschaft.de/stichwort/22127/

Bild 7: Adam und Eva (Hawa)[5]

Auch Adam und Eva (Bild 7) sind nicht von den Bildern 1-6 zu trennen. Sie sind, so wie in Band I angedeutet und im Folgenden weiter belegt, Allegorien für *pneúma* und *sóma*. Diese sind die oberste und unterste Metamorphose der dreigeteilten *psyché,* die sich im Aufstieg (Pfeil I) „vermählen (vermischen)“ und so den Schöpfungsakt (Pfeil II) beschreiben. Damit erkläre ich in Kap. 3 die *Genesis*. Dort assoziiere ich Adam mit Yang und dem weißen und Eva mit Yin und schwarzen „Fisch“ im Kreis innerhalb vom Bagua (Bild 3).

Entstehung und Enthüllung der Mythen

Ich vertiefe in Band II Mythen aus Band I und erkläre weitere, die alle miteinander stimmig sind. Hinter allen verbirgt sich die Lehre der drei Welten (LDDW), worauf z.B. die Metaphern männlich, weiblich, Eva, Adam, Jungfrau, Kind, Vater, Herr, Schlange, Löwe usw. hinweisen. Die

[5]Aus *Manafi al-Hayawan* in Maragheh in Iran (1294-99).
Vgl. https://en.wikipedia.org/wiki/Eve

Mythen sind nur deshalb Mythen, weil man ihre ursprüngliche in Metaphern gefasste Botschaft, die der Aufstieg (Pfeil I) offenbart, nicht kennt. Diese verbirgt sich hinter allen obigen Bildern. Damit deute ich an, was ich mit HOLISTIK – in jedem Teil steckt das Ganze – meine. Sie ist Folge der Anwendung des S-Prinzips. Wer die sich daraus ergebende Botschaft nicht erfasst, weil er Metaphern in den Mythen (Allegorien) wortwörtlich nimmt, gibt sich den „Schatten an Platons Höhlenwand" und nicht dem hin, was diese wirft.

Es ist mein Ziel, aus den „Schatten" zu rekonstruieren, was diese erzeugt. Ich kann dies Ungeübten jedoch nur so weit erklären, wie es mit Worten möglich ist, da die übersinnliche Aufstiegserfahrung nicht vermittelbar ist.

Dazu ist zu bemerken, dass ich die – durch *invention of tradition* (Erfundene Tradition) – erzeugten „Schatten" nicht abwerte. Auch sie haben ihre Faszination. So bin ich auf meinen Reisen weltweit mit beeindruckender sakraler Kunst, Musik, Architektur und faszinierenden Ritualen in verschiedenen Religionen in Kontakt gekommen. Meine Hoffnung, mittels des von ihnen vermittelten Glaubens zu erkennen, was ursprünglich dahintersteckt, also die „Schatten" wirft, hat sich für mich nicht erfüllt.

Meine Neugier animierte mich jedoch, hinter den kulturbezogenen Religionen – auf der Basis meines Dao-Wissens – deren ursprüngliche naturbezogene gemeinsame Kultur zu erkennen und erforschen, um deren universellen Ursprung zu erfassen, worüber ich berichte.

Kapitel 1. Einsichten auf dem Erleuchtungsweg

Ich habe in Band I die Gleichsetzung begründet: Dao-Wissen (Taijixue) = *epistéme* (*gnósis)* = hikma al huduri (Wissen durch Präsenz) = Brahmavydia. Ich erkläre nun dieses einzigartige WISSEN und die sich dahinter verbergende WISSENschaft mit ihrem universellen Netzwerk aus holistischen Metaphern. Diese resultieren, so wie ich es in Band II detaillierter als in Band I zeige, in allen zitierten Traditionellen Lehren aus dem Einsatz des S-Prinzips im regelmäßigen Üben. Diese Lehren stimmen, auch wenn sie in verschiedene Worte gefasst sind, ursprünglich inhaltlich überein. Dabei kommt es nicht auf die Worte, sondern darauf an was sich hinter ihnen verbirgt und erfahren werden will.

Dabei geht es mir vorrangig um die Begründung von: Dao- Lehre = *philosophía* (*theología*) = *Hikmat al-Ishraq*. Ich erinnere an die Gleichheit ihrer drei Weltinhalte (Xin, Qi, Shen) = (*sóma, psyché, pneúma)* = (nafs-i ḥayawānī, nafs i-insāni, nafs i-ruhani), worauf ich in Band I hingewiesen habe. Davon zeigt Bild 2 die ersten beiden Triplets.

Da ich mich im Folgenden mehr als in Band I auch biblischen Themen widme, die auf die Metamorphosen (*sóma, psyché, pneúma)* der *psyché* hinweisen, werde ich diese nun ausführlicher als in Band I beleuchten.

Dazu greife ich besonders auf Platon zurück, dessen missverstandene Äußerungen über das Triplet ich nun vertiefe. Sie resultieren daraus, dass Interpreten nicht erkennen, dass für ihn die *psyché* dreigeteilt und Oberbegriff von (*sóma, psyché, pneúma)* ist. Dies gilt ebenso für das dreigeteilte nafs in (nafs-i ḥayawānī, nafs i-insāni, nafs i-ruhani), so wie von Suhrawardi erklärt.

Platons Zitate über *sóma* und *psyché*

Die gängige Unterstellung, *sóma* sei *SÓMA* (Leib) – kurz: *Sóma = SÓMA* – verzerrt tiefgründige hermetische, orphische, pythagoreische, platonische Weisheiten und dafür nötige Metaphern der LDDW wie z.B. *philía, neíkos, (sóma, psyché, pneúma)*. Ist nur eine davon missinterpretiert, so sind es alle, zumal sie dem S-Prinzip genügen und wie betont untrennbar und holistisch sind.

Betrachten wir die weitverbreitete Behauptung, Platon hätte *SÓMA* (Leib) von der *psyché* (Seele) getrennt und ihr *SÓMA* untergeordnet. Dies ist folgendem Zitat und weiteren mit *sóma = SÓMA* fälschlich zu entnehmen (Gorgias 493, Phaidon 82e): „*Sóma* ist *séma* (Grab) der *psyché* (Seele)".

Sóma = SÓMA verzerrt nicht nur diese, sondern viele Aussagen der *philosophía,* ebenso biblische, die auf (*psyché* =) *sóma* zurückgreifen, was der vertrauten Weltzugewandtheit geschuldet ist. Auch wenn *sóma = SÓMA* in Zitaten, die auf *sóma* verweisen, oft plausibel erscheint, so führt doch die Gleichsetzung zu inkorrekten Interpretationen („Schatten an der Höhlenwand"), denn sie ignorieren die im Aufstieg erfahrene Metamorphose der *psyché.*

Sóma = SÓMA erscheint z.B. auf den ersten Blick gerechtfertigt in (Phaidon 64a-70e): „ *[...] denn sóma macht uns tausenderlei zu schaffen wegen der notwendigen Nahrung, denn auch wenn uns Krankheiten zustoßen, verhindern uns diese, das Wahre zu erjagen, und auch mit Gelüsten und Begierden, Furcht und von mancherlei Schattenbildern und vielen Kindereien erfüllt uns sóma."* Doch in Platons darauffolgenden Worten (66d) ist *sóma = SÓMA* unakzeptabel: „*Kriege, Zwiste, Kämpfe schafft uns nur sóma mit seinen Trieben, denn um den Besitz von Geld und Gut entstehen die Kriege alle, zum Gelderwerb aber werden sie nur gezwungen durch sóma als seine Sklaven.*"

Sóma = *SÓMA* ist auch deshalb fragwürdig, weil sich nur schwerlich Argumente dafür finden lassen, warum der Leib *(SÓMA)* Menschen dazu bringt, Kriege, Umwälzungen und Kämpfe anzuzetteln. Was wären dann die „an *SÓMA* gebundenen Lüste (Begierden)", denen wir angeblich ständig zu Diensten sind und die uns versklaven? Was wären die „Schattenbilder und vielen Kindereien, mit denen uns *SÓMA* angeblich erfüllt"?

Das Zitat kritisiert die einseitige exzessive Hinwendung der *psyché* zum Diesseits *(sóma),* die Kriege, Zwiste, Kämpfe schafft. Dazu trägt auch *dianoeín* (AD = aristotelisches Denken) und das damit einhergehende hypothesenbasierte weltzugewandte Wissen (*empeiría)* bei, das *psyché* = *sóma* geschuldet ist.

Wir lesen (Politeia 511a):[6] „*Mit dianoia ist die psyché gezwungen, bei der Untersuchung ihres Gegenstandes Hypothesen zu gebrauchen, wobei sie nicht zum Ursprung* (D) *gelangt* (Pfeil I), *so als wäre sie nicht in der Lage, über die Hypothesen hinaus emporzusteigen.*" Platon (Phaidon 62d-67b): *„Wann also trifft die psyché die Wahrheit? Denn wenn sie mit (psyché =) sóma versucht etwas zu betrachten, dann wird sie offenbar von sóma hintergangen.*"

Sóma = *SÓMA* erzeugt also – so wie viele andere Fehlauslegungen – *mythos.* Es hilft nicht der tiefgründigen Ein-

[6] Vgl. S. 25 in https://www.philosophie.uni-muenchen.de/lehreinheiten/philosophie_1/personen/buchheim/lehrveranstaltungen/platon0304.pdf (abgerufen am 1.2.2021)

sicht (Phaidon 64-70): „*[...] also auch dabei verachtet des Philosophen*[7] *psyché am meisten sóma, flieht vor sóma und sucht allein zu sein.*"

Kein *philosóphos* verachtet *SÓMA,* ganz im Gegenteil. Er bemängelt lediglich die einseitige exzessive Hinwendung zu *sóma,* die er im Aufstieg (Pfeil I) überwindet. Dies bringt auch der leibesfreundliche Laozi zum Ausdruck (Kap. 13): *„Ich habe große Angst und Sorge, weil ich leiblich* (*sóma* zugeneigt) *bin. Wenn ich nicht leiblich wäre, welche Angst und Sorge könnte ich haben?"*

Es sind, was meine Leser*innen sicherlich erkannt haben, ungeübte Lehnstuhl-Philosophen, die mit ihrer „Gedankenakrobatik" nicht erkennen, dass *sóma* die unterste Metamorphose der sich im Aufstieg wandelnde *psyché* ist. Damit und vielen weiteren Unterstellungen „verzauberten" sie mit ihrer „Gedankenakrobatik" die hypothesenfrei erworbene *philosophía* in die heutige hypothesen-basierte (Schatten-)Philosophie, ohne es selbst zu erkennen.

***Sóma*: Die tierische Seele**

Vor „*sóma* fliehen und suchen, allein zu sein" verweist auf das stille weltabgewandte Üben (Bild 1), dem Platons Aussagen inklusive folgender zu verdanken sind (Rep. 379c): *„Das Gute wird bei uns Menschen weit überwogen von dem Übel."* Ebenso (Rep. 586 a ff): „*[...] nach ‚Art des Viehes' immer auf den Boden stehend und zur Erde und den Tischen gebückt, nähren sie sich und bespringen einander auf der Weide; und wenn sie aus habsüchtiger Begierde nach diesen Dingen ausschlagen und stoßen, so*

[7] Damit ist der praktizierende *philósophos* gemeint.

töten sie auch untereinander mit eisernen Hörnern und Hufen aus Unersättlichkeit.“

„Art des Viehes“ verweist auf *psyché* = *sóma* = tierische *psyché* (nafs) = nafs-i ḥayawānī. Tierisch ist ein Äquivalent für irdisch, was man daran erkennt, dass Tiere – im Gegensatz zu Menschen – ihren Kopf meist nach unten halten.

Was ich anspreche ist in Betracht zu ziehen, wenn es heißt:[8] „Sie (die Pythagoreer) gingen davon aus, dass zwischen menschlichen und tierischen Seelen kein Wesensunterschied bestehe.“ Damit ist auch die tierische *psyché* (nafs) angesprochen in:[9] „*Nephesch ha-Behemit* (Tierische Seele) ist der noch am stärksten animalische Anteil der (menschlichen) Seele, von dem die Begierden und Instinkte ausgehen.“ Es folgen später weitere Äußerungen zur „tierischen Seele“ des Menschen und zu ihrer Überwindung (Pfeil I).

Diesseits (Nicht-SEIN): Gitter vom SEIN

Sóma, „Grab (*séma)* der *psyché“,* oder tierische *psyché,* bezieht sich auf die diesseitige Welt (A). Ihre Wahrnehmung resultiert daraus, dass das ewig schöpferisch EINE (*hèn)* – mit den „Augen von *sóma (aphrosýne)*“ betrachtet – als Vielfalt (*pánta),* so wie „durch ein Gitter (das Tiere einsperrt)“ erfasst wird. Dies bestätigen Übende. Platon (Phaidon 83): *„Es erkennen nämlich die Lehrbegierigen* (Übenden), *dass die philosophía, womit sie ihre psyché*

---

[8] Zum bisher missverstandenen pythagoreischen Seelenkonzept siehe Carl Huffman: *The Pythagorean conception of the soul from Pythagoras to Philolaus.* In: Dorothea Frede, Burkhard Reis (Hrsg.): *Body and Soul in Ancient Philosophy,* Berlin 2009, S. 21–43.

[9] https://anthrowiki.at/Nephesch

auffinden (Pfeil I), *diese dazu* (im Diesseits) *zwingt, das SEIN (eón = hèn),* den *lógos* (Dao), *so wie ‚durch ein Gitter zu betrachten'."* Er deutet damit an, dass *psyché* (= *sóma = séma)* das ewig gebärende SEIN (*eón = lógos = hèn = kósmos noetós* = Wuyou = Taiji = Dao = Yin/Yang) als getrennte vergängliche Vielfalt (10.000 Dinge, A) wahrnimmt.

„*Psyché* auffinden" spricht die Metamorphose der *psyché* und damit einhergehende zunehmende Wahrnehmung des SEINs (Seienden, unterhalb D) im Aufstieg (Pfeil I) an. Wir lesen darüber, ich wiederhole und ergänze:[10] „*Wann trifft also die psyché die Wahrheit? Denn wenn sie mit* (den Augen von) *sóma versucht etwas zu betrachten, dann wird sie offenbar von diesem hintergangen."*

Parmenides ergänzt (*Über die Natur*):[11] „*Dies ist nötig zu sagen und zu denken, dass [nur] das SEIN existiert. Denn seine Existenz ist gegeben, die des Nicht-SEINs* (Nichtseienden = Diesseits, A) *dagegen nicht; das heiß' ich Dich wohl zu beherzigen. [...]. Denn unmöglich kann das Vorhandensein vom Nicht-SEIN zwingend erwiesen*[12] *werden. Daher halte Du deine Gedanken von diesem Wege der Forschung* (Weg der *empeiría) ferne. So bleibt nur noch*

[10] Phaidon (790).
Vgl. http://www.zeno.org/Philosophie/M/Platon/Phaidon

[11] 152-154 in „Über die Natur":
www.zeno.org/Philosophie/M/Parmenides+aus+Elea/Fragmente/Aus%3A+%C3%9Cber+die+Natur

[12] Das Diesseits (Nicht-SEIN) wird über (unbeweisbare) Hypothesen erfasst. Dazu zählt die Einsschränkung auf die gewöhnlichen Sinne (Yin-Liugen), ebenso die Akzeptanz mathematischer Axiome. Es ist daher die Welt der *dóxa!*

Kunde vom Wege zum EINEN (Pfeil I)*, dass [das SEIN] existiert.“*

Damit stimmig ist auch Empedokles (Frag. 8):[13] *„Entstehung gibt es von keinem einzigen all der ‚sterblichen Dinge‘* (im Diesseits), *noch ein Ende im ‚verderblichen Tode‘* (wie er uns im Diesseits erscheint). *Nein, nur Mischung gibt es* (in Wuyou = SEIN) *und Trennung des Gemischten* (im Sein = Diesseits = Nicht-SEIN)[14]; *das Wort ‚Entstehen‘ gibt es nur bei* (sterblichen) *Menschen* (im Sein).“

Dies betont auch Platon (*Timaios* 27c-d):[15] „*Was ist das* (mit den Augen der *psyché* zunehmend erfahrene) *‚stets Seiende* (SEIN = *eón* = *lógos* = Wuyou = Dao)‘ *und ‚kein Entstehen-habende*‘ *und was das* (mit den Augen von *sóma* gesehene und sich) *‚stets Verwandelnde‘*, *aber ‚nimmerdar Seiende* (Nicht-SEIN = *mè eón* = You = Diesseits = Sein)‘*? Das EINE* (*hén* = SEIN) *ist durch nóesis* (schöpferisches Wirken durch Nicht-Tun mittels Wuwei = *philía*) *zu erfassen* (Pfeil I)*; es ist stets in sich gleich. Das andere* (Sein = Nicht-SEIN = A) *dagegen ist durch bloßes mit*

---

[13] Empedokles: www.philos-website.de/index_g.htm?autoren/empedokles_g.htm~main2 (alle Internetquellen abgerufen am 09.07.2021).

[14] Mischung und Trennung sind zwei unterschiedliche Wahrnehmungen derselben höchsten Realität.

[15] Es ist unglaublich, was Philosophen und Mathematiker den Meistern der *philosophia* andichten. Es wird nicht besser dadurch, dass einige Gottfried Wilhelm Leibniz (1646-1716) zitieren, der – so wie Newton – nicht zwischen *philosophia* und Philosophie unterscheidet: *„Les math`ematiciens ont autant besoin d'etre philosophes que les philosophes d'etre math`ematiciens.* (Kurz: Mathematiker brauchen Philosophen und umgekehrt).*“* www.uni-siegen.de/fb6/phima/lehre/phima10/quellentexte/handout-phima-teil1.pdf

‚vernunftloser Sinneswahrnehmung (aisthesis, aphrosýne, diánoia)‘ verbundenes ‚Meinen und Vermuten‘. Es ist ‚entstehend und vergehend‘ (zweigeteilt wie alles im Diesseits), *aber nie ‚wirklich seiend‘* (so wie das SEIN).“

Abwertung des Leibes und Aufwertung der Vernunft

Die Unterstellung *sóma = SÓMA* und *SÓMA = séma* führte früh zur Abwertung des Leibs (Körpers). Typisch dafür ist:[16] „Der Leib, der mancherlei Beeinträchtigungen und letztlich der Vernichtung unterliegt, ist der unsterblichen, unzerstörbaren Seele untergeordnet. Es steht ihr zu, über ihn zu herrschen. Der Körper ist das ‚Gefäß‘, die ‚Wohnstatt‘ der Seele, aber auch negativ ausgedrückt ihr ‚Grab‘ oder ‚Gefängnis‘ – eine berühmt gewordene Formulierung Platons.“ Wer meinen Argumenten folgt, wird die noch unverzerrte Formulierung dahinter erkennen.

Derartige Fehlauslegungen der *philosophía* gibt es in Platons „Höhle“ unzählige. Sie förderten nicht nur die Geringschätzung des Leibs *(SÓMA),* sie trugen auch zur Abwertung von *pneúma* bei. Dies geschah dadurch, dass *pneúma* (Geist) mit Vernunft, Verstand und Intellekt – Attributen von *sóma* – assoziiert wurde. *Pneúma* ist wesentlich tiefgründiger. Es die höchste Wahrnehmung der *psyché.*

Die zwei Facetten von *sóma = séma!*

Zum einen drückt *sóma = séma* aus, dass Denken, Wahrnehmen, Verstehen, Logik und Vernunft und die sich daraus ergebende *empeiría,* die dem Diesseits zugewandt sind, eingeschränkt sind. Es impliziert zum anderen aber

[16] Platon: https://de.wikipedia.org/wiki/Platon
(abgerufen am 05.07.2021)

auch die Empfehlung, sich mit Hilfe von *SÓMA* von *sóma* (= *séma)* – durch regelmäßiges Üben (Bild 1) – zu befreien. Nur so lässt sich den Meistern zufolge all das, was *sóma* uns Menschen zu schaffen macht, vermindern (Phaidon 64a-70):

„*[...] Und solange wir leben, werden wir, wie sich zeigt, nur dann dem Erkennen* (der Schöpfung, dem *lógos*) *am nächsten sein, wenn wir so viel wie möglich nichts mit sóma zu schaffen noch gemein haben, was nicht höchst nötig ist, und wenn wir mit seiner Natur uns nicht anfüllen, sondern von sóma reinhalten [...].*"

Dies ist kein Aufruf zur Askese oder zum Mönchstum, was man dem Zitat entnehmen könnte. Es verweist auf den einzigartigen universellen Erleuchtungsweg (Pfeil I), der sowohl weltzu- als auch weltabgewandt ist.

Kontrollgewinn durch Kontrollverlust

Fangfu empfiehlt seinen Schülern: „*Es ist besser, Sie erlernen es in der Dao-Praxis* (Bild 1) *regelmäßig die Kontrolle dem Leib zu übergeben als diese im Alltag über sich zu verlieren.*" Der Erfolg durch regelmäßiges Üben zeigt sich nicht nur im Vermindern von Stress, Krankheit und Gebrechlichkeit. Damit gelingt es auch, dank des sich daraus ergebenden WISSENS *(epistéme),* den „Plan der Schöpfung (Pfeil II)" zu entdecken. Der Aufstieg bestätigt, dass die exklusive Hinwendung zu (*psyché* =) *sóma,* der Welt der *dóxa* (Meinen, Glauben), Menschen vom *lógos* trennt. Sie hat bedrohliche Folgen für Mensch, Gesellschaft und Natur, worauf die *hýbris-némesis*-Interaktion verweist, die ich noch anspreche.

Stehposition: Schlüssel zur Erkenntnis der drei Welten

Die Stehposition (Bild 1) ermöglicht es dem Leib, sich in (fast) allen Richtungen frei „aus sich heraus" zu bewegen. Es ist daher die beste Haltung, um die ewig schöpferische Wirkung (Wei) aus dem Unbekannten (Wu) – *creatio ex nihilo* – zu erfahren. Es kommt im lockeren Stehen leichter zu ESP (extra-sensory perception)-Wahrnehmungen als in allen anderen Positionen. Damit kann sich die *psyché* für Unerwartetes öffnen (Pfeil I). PD kann sich entwickeln und frei entfalten. Fangfu: *„Stehen ist besser als Sitzen und dies ist besser als Liegen!"* Damit wird das in uns allen verborgene schöpferische Geschehen enthüllt.

Auch Sokrates setzte Stehen (Bild 1) dafür ein. Platon lässt Alkibiades über ihn sagen:[17] *„[...] da bemerkten es die Leute, und verwundert erzählte es einer dem anderen, dass Sokrates schon seit dem Morgen dastehe [...] und konnten gleichzeitig beobachten, ob er auch in der Nacht dort stehen geblieben ist [...] bis es Morgen wurde und die Sonne aufging!"* Übende verlieren im Aufstieg (Pfeil I) – im Zustand meditativer Trunkenheit (Bild 1) – zunehmend das Gefühl für Raum und Zeit. Vergangenheit und Zukunft vermischen sich. Sie erfahren immer mehr den Zustand ewiger Präsenz.

Meditative Trunkenheit

Es gibt mehrere Metaphern der *philosophía*, die direkt oder indirekt auf die meditative Trunkenheit der Übenden (Bild 1) hinweisen. Sie ermöglicht den Wandel ihrer *psyché* von

---

[17] Sokrates: https://de.wikipedia.org/wiki/Sokrates (abgerufen am 06.06.2021).

sóma (in A) zu *pneúma* (in D). Platon spricht von *manía* (μανία Wahnsinn)[18]. Er schreibt (Phaidros 432): *„Nun aber werden uns die größten der Güter durch Wahnsinn zuteil, freilich nur einen Wahnsinn, der durch göttliche Gabe gegeben ist."*

Er unterscheidet vier Arten des Wahnsinns, davon zwei Haupttypen (Phaidros 265a): *„Eine, die durch menschliche Krankheiten und die andere, die* – und genau darum geht es im Üben (Bild 1) – *durch Befreiung von Gewohnheiten* (Dogmen, Hypothesen, Anhaftungen, Glauben, Wünschen, Meinungen, Konditionierungen) *entsteht."* Platon spricht auch (245c) von *eros-manía* (Eros = gutes Qi = Yang-Qi). Es ist für ihn die beste *manía*, weil sie im AusÜBEN der *philosophía* entsteht.

Philon assoziiert *manía* mit:[19] (a) nüchterner Trunkenheit (*μέθη* νηφάλιος), (b) Wahnsinn (μανία) und (c) *eros*-(ἐρώς)-Erfahrung. Bei (c) geht es um den Erwerb des guten Qi. Es geht dabei um die „Berauschung an der *philosophia*" in der „Vermählung mit dem *logós*", um so das „Schöne zu schauen" (*Symposium,* 210a-212a).

Wie sonst, als sich innig dem „trunkenen ESP-Zustand" (Bild 1) anzuvertrauen, wäre der ewig schöpferische *kósmos* (Pfeil I in Bild 2) zu erkunden? Etwa durch die heute so hoch gepriesene Logik und Vernunft der Lehnstuhl-Philosophen?

---

[18] Damit unterscheidet Platon sie von „Trunkenheit durch Wein".

[19] S. 160 in Jean Danielou; *Philo of Alexandria,* James Clarke Lutterworth, 2014.

Entdeckung der Dao-Lehre

Die Entdeckung in China des Großen Wegs (Pfeil I), der das Dao-Wissen (Taijixue = *epistéme*) „aus sich heraus" hervorbringt, geht laut Fangfu in schamanische Zeiten um 10.000 v.u.Z. zurück, als es noch keine Schrift(zeichen) gab. Die Kompetenz, das Dao-Wissen durch Üben zunehmend zu erfahren und zu bestätigen, wurde über Jahrtausende hin, ohne Schrift, in einer ununterbrochenen Genealogie mündlich tradiert.

Was für den Großen Weg gilt, sollte für seine Äquivalente andernorts, die dem S-Prinzip genügen, auch zutreffen. Dazu zählt der Weg (*hodós)* zur Erkundung der *philosophía* (*theología*) auf der Basis der *meléte thanátou* (Praxis des Sterbens, Bild 1). Der wahre *philósophos* „stirbt[20]" Platon zufolge (Phaidon, 64a-b) gerne. In seinem Werk *Theaitetos* ist Staunen (*thaumázein)* der Anfang der *philosophía.*

Nachdem ich ihr Vokabular mit dem der Dao-Lehre in beeindruckende Übereinstimmung brachte, nutzte ich es zur Auslegung griechischer Übersetzungen des AT, NT und apokrypher Schriften. Ich schlussfolgerte mittels der von mir eingesetzten Musterkennung, dass auch die dortigen tiefgründigen Aussagen ihren Ursprung im hypothesen-, dogmen- und glaubensfreien S-Prinzip haben.

Wissen durch Präsenz bei Einstein?

Das weltliche Wissen (*empeiría)* ist dualistisch, zumal es in der Regel a priori den Gegensatz Vergangenheit-Zukunft

---

[20] Auch andere Traditionen weisen STERBEN dieselbe Bedeutung zu.

und somit auch eine Zeitskala akzeptiert. Der Einsatz des S-Prinzips überwindet (Pfeil I) diese Dualität. Es liefert – im trunkenhaften Zustand nicht-dualistischer (monistischer) Gegenwart (Präsenz) – das WISSEN (*epistéme)*, das die Meister mit Wahrheit (*aletheía)* verbinden.

Die Einschränkung des Dualismus erkannte auch Albert Einstein (1879-1955): [21] *„Die Unterscheidung zwischen Vergangenheit, Gegenwart* (Präsenz) *und Zukunft ist nur eine hartnäckige Illusion."* Damit deute ich an, dass es auch mit der Neuen Physik möglich ist, das uralte WISSEN der Weisen zu bestätigen, um somit die „Dichtkunst" darüber zu beseitigen. Darauf komme ich noch zurück.

Unterschied zwischen *empeiría* und *epistéme*

Die *empeiría* beinhaltet alle hypothesen- und somit glaubensbasierten Ansätze und Methoden zum Erwerb von Wissen mit aristotelischem Denken (AD). Ihnen steht das hypothesenfrei erworbene WISSEN *(epistéme)* der Weisen diametral gegenüber, das auf KEINER METHODE basiert. Dies erkennen ungeübte Interpreten nicht, weil sie es nicht mit dem S-Prinzip assoziieren. Der Grund ist, weil sie selber an dies oder jenes glauben: Gleiches durch Gleiches.

Ich zähle zu ihnen Mullā Ṣadrā (c.1571- c.1635), der Suhrawardis beide komplementäre Wissensweisen, hikma al huduri (*epistéme)* und ilm al husuli (*empeiría)*, inkorrekt kommentiert. Ihm war nicht mehr bewusst, dass hikma al huduri (Wissen durch Präsenz), das Ṣadrā ilm al huduri nennt, kein Glaubenswissen, sondern das einzigartige

---

[21] Vgl. www.brainyquote.com/quotes/albert_einstein_148814 (abgerufen am 24.04.2021)

hypothesenfrei erworbene und vielerorts verlorene WISSEN (*epistéme)* ist.

Auch dessen Äquivalente in den anderen zitierten Kulturen werden seit langem als Glaubenswissen ausgelegt. So wird der Eindruck erweckt, als gäbe es nichts anderes. Friedrich Nietzsche: „Glaube heißt Nicht-wissen-wollen, was wahr ist."

Entdeckung der Schrift: Hindernis zur Erfahrung des EINEN

Schrift basiert, wenn sie nicht Schriftzeichen (so wie in China oder Ägypten) nutzt, meist auf Alphabeten. Diese haben ihren Ursprung im westlich-mittelöstlichen Kulturkreis im „ersten Alphabet", das semitische Arbeiter um 2.000 v.u.Z. in Ägypten konzipierten. Im Jahr 1200 v.u.Z verwendeten Phönizier bereits ein Schriftsystem, in dem alle Konsonanten durch 22 Zeichen wiedergegeben wurden. Auf ihren Reisen entlang der Mittelmeerküste verbreitete sich ihr System. Seine Einführung trug dazu bei, das ganzheitliche platonische Denken (PD = *noeín* = Taiji-Denken) vorangegangener Zeiten zu verdrängen und das trennende (zerstückelnde) aristotelische (peripatetische) dualistiche Entweder-oder-Denken (AD = *dianoeín)*, das uns heute prägt, zu fördern.

AD erweist sich als Hindernis zur Erfahrung des EINEN *(hèn)*. Es projiziert das im Aufstieg (Pfeil I) glaubensfrei erfahrbare innere WISSEN (*epistéme)* auf äußeres Wissen (*empeiría)*, an das es zu glauben gilt. Damit setzten sich Meister der Gefahr aus, dass das ursprünglich von ihnen GESEHENE und in Metaphern gefasste WISSEN durch das Sehen der „(ungeübten) Schriftgelehrten" verzerrt wurde.

Platon:[22] „*Also, wer glaubt, eine Fertigkeit* (übersinnlich erworbene Fähigkeit) *mittels Buchstaben zu hinterlassen, und wer andererseits als Empfänger meint, aus Buchstaben gehe etwas Deutliches und Sicheres hervor, der dürfte höchst einfältig sein.*" Doch wer nimmt heutzutage seine Worte noch ernst, in der das nicht in Worte zu fassende subjektiv erfahrbare WISSEN ab- und das in Worte zu fassende „objektive" Wissen aufgewertet wird?

Während Sokrates – wohl aus diesem Grund – nichts zu Papier brachte, hat sein Schüler Platon dies umfangreich getan, soweit es Worten zugänglich ist. Er war wohl – so wie es ihm das Schicksal seines Lehrers Sokrates bestätigte – besorgt, dass die *philosophía* (*theología*) verloren gehen könnte, womit er ja auch rechtbehielt.

Ihr erfahrbarer Inhalt, den ich weiterhin teilweise aufdecke, wurde mangels Kenntnis seiner Metaphern zunehmend verzerrt. Philosophie, Theologie und moderne Wissenschaft ermöglichen keinen Zugang dazu. Dafür ist die von mir eingesetzte Mustererkennung gefragt.

Philosophie/Theologie: Verzerrten *philosophía/theología*

Wer Platons Kritik an der Schrift ernstnehmen würde, dürfte sich eigentlich nicht wagen, die *philosophía* anhand ihrer Worte auszulegen. Dies taten jedoch – und tun noch immer – unzählige Interpreten ohne ihre „Einfältigkeit" zu erkennen. Sie haben – insbesondere nach Untergang der *philo-*

[22] Platon über die Schrift: https://home.uni-leipzig.de/burr/Historisch/images/Platon_Schrift.htm (abgerufen am 06.06.2021).

sophía – über Jahrhunderte hin einen plausibel erscheinenden Meinungskonsens über sie gefunden.

So entstand zum einen daraus, durch *invention of tradition,* die Philosophie und zum anderen die Theologie. Beide sind der Unkenntnis ihrer übungsbezogenen Metaphern geschuldet, die regelmäßiges Üben „aus sich heraus" erzeugt. Dies erklärt die Ursache für den alten Streit (Band I) zwischen *philosophía* und „Dichtkunst", worauf Platon hinweist.

Was für die *philosophía* gilt, trifft gleichermaßen für ihre äquivalenten Weisheitslehren zu. Sie lassen sich mit AD nicht enthüllen, es sei denn, sie werden ausführlich erklärt, was mein Anliegen ist. Dabei geht es mir darum, aus der verzerrten *philosophía* (*theología*) – sprich: Philosophie und Theologie – das erfahrene Original zu rekonstruieren.

Damit konnte ich auch teilweise die Urversion der *Genesis* und die damit stimmige Lehre Jesu wiederherstellen. Ich konnte damit nicht nur beide, sondern auch andere Glaubenslehren entmystifizieren, d.h. naturalisieren, soweit dies mit Worten möglich ist. Ich kenne niemanden, der nach Untergang der *philosophía* (*theología*) das über sie vermittelt, was ich berichte. Ich hätte es ihrer Literatur ohne mein Dao-WISSEN nicht entnehmen können.

Konfrontation zwischen West und Ost

Das einzigartige WISSEN (Taijixue) hat sich in China bis heute erhalten. Ein Grund ist wohl, dass die Schriftzeichen (Langzeichen), die dort um 1.400 v.u.Z. entstanden, das Gemeinsame (Ganzheitliche, Holistische) hinter der diesseitigen Vielfalt besser als das trennende Alphabet ansprechen. Dies könnte erklären, warum sich die Dao-Lehre dort länger als ihre Äquivalente im Westen und Mittleren Osten erhalten hat.

Diese prägte einst auch das naturverbundene Denken (Taiji-Denken = PD) der Chinesen. Dieses passte sich aber – insbesondere nach den Opiumkriegen (1839-1860) – dem des „kolonisierenden und missionierenden Westens“ an. Der Grund ist, dass Chinesen erkannten, dass sie dem expansiven Westen keinen Widerstand damit leisten konnten.

Dennoch konnte sich die *philosophía* – im Gewand der Dao-Lehre (Taijixue) – in China bis heute erhalten. Als ich Fangfu einmal fragte, wie dies denn möglich sein konnte, antwortete er lächelnd und stolz, dass China „ideale Bedingungen“ dafür gehabt hätte. Er ging aber nicht auf Details ein.

Ich zitiere später Suhrawardi, der in seiner *Allegorie über Exil im Okzident*[23] den Westen mit „dunkel“ und Osten mit „hell“ assoziiert. Es sollte klar sein, dass beide Attribute nicht wortwörtlich zu nehmen sind.

Ein „heller Kopf“ wäre für ihn also nicht das gewesen, was wir heute – mit Verweis auf die *empeiría* – damit verbinden, in einer Welt, die nur AD und kein PD kennt. Was Suhrawardi berichtet, bestätigt mir, dass die *philosophía* auch im Iran bis ins 12. Jh. überlebte. Sie war dort und im Mittleren Osten, wie ich noch zeige, schon vor seiner Hinrichtung[24] in Aleppo bedroht.

---

[23] Carole Hillenbrand; *Islam, A New Historical Introduction,* Thames and Hudson Ltd 2015.

[24] Über seinen Tod gibt es widersprüchliche Aussagen.

Relative Bewertung von dunkel und hell

Einige von Heraklits Zeitgenossen nannten ihn den Dunklen[25]. Ich betrachte ihn jedoch – ob seiner Äußerungen im besten Einklang mit der mich beeindruckenden Dao-Lehre – als erleuchtet (sehr hell). Dies erkennen logisch denkende Ungeübte aber nicht, wie folgendes Beispiel zeigt:[26] „Die Dunkelheit der Sprache Heraklits ist die Folge einer für ihn charakteristischen doppelbödigen Ausdrucksweise [...], die der Doppelbödigkeit seiner Gleichnisse entspricht." Dazu ist zu sagen, dass weder Heraklit noch seine Gleichnisse doppelbödig, sondern eindeutig und universell sind, sofern man seine Metaphern erkennt. Dies werde ich noch mit weiteren Zitaten von ihm belegen.

Zur falschen Zuweisung über Doppelbödigkeit gelangt das polarisierende AD derer, die seine Metaphern nicht erkennen, weil sie nur Sehen und nicht SEHEN: Gleiches durch Gleiches. Was für sie „dunkel" erscheint, ist für GeÜBTE „hell". Was für Sehende Mythen sind, sind für SEHENDE (GeÜBTE) tiefgründige Allegorien.

Dies ist nur eines von vielen Beispielen dafür, das zeigt, dass dem natürlichen Denken (*noeín)* der Meister mit AD (*dianoeín)* oft das Gegenteil entnommen wird, von dem, was sie vermitteln. Das natürliche ist mit dem *lógos* im Einklang, woraus jedoch mit AD all der *mythos* erzeugt wird, den viele als wahr (logisch) oder doppelbödig betrachten.

---

[25] Vgl. Cicero, *De finibus bonorum et malorum.*

[26] S. 185, Klaus Held; *Heraklit, Parmenides und der Anfang von Philosophie und Wissenschaft*, De Gruyter 1980.

Die Unkenntnis des tiefgründigen Vokabulars der Meister hatte für sie – bedingt durch deren Fehlinterpretation im religiösen Umfeld – bedrohliche Folgen. Sie führte im Westen und Mittleren Osten zu deren Ausrottung und bewirkte den damit einhergehenden Untergang der übungsbasierten *philosophía*.

Schwierigkeit der Auslegung von Weisheitsschriften

Ich kenne keine Übersetzung des *Daodejing*, obwohl ich mehrere studiert habe, die damit übereinstimmt, was Fangfu berichtet. Der Grund ist, dass Laozis Metaphern – ohne Bezug zur formlosen Dao-Praxis (Bild 1) – mit AD missinterpretiert und verdreht werden. Man schaue sich nur an, was Übersetzer und Interpreten – im Vergleich zu mir – über Wuwei berichten. Es ist „überzeugende Dichtkunst", an die ich auch früher geglaubt habe, bevor ich mit Fangfu in Kontakt kam.

Er zeigte mir den Weg, peu à peu meine (inneren) Augen zu öffnen, damit allmählich mein in mir verschüttetes PD wieder aufzudecken, um so meine hier vermittelte ganzheitliche Sicht der Dinge zu erlangen.

So wie Laozi und viele andere Daoisten hinsichtlich Wuwei missverstanden werden, ergeht es allen Meistern, die über seine Äquivalente – *philía,* mahabbah, *ahabah* und Akarma – berichten. Diese werden ohne Übung, die das einzigartige Netzwerk von in sich stimmigen Metaphern hervorbringt, missinterpretiert, was jedoch nur wenige Menschen erkennen.

Der Grund ist, weil die „Dichtkunst" ihrem AD viel plausibler erscheint, als was ich hier aufdecke. Dafür sind *philosophía* = Philosophie = Liebe zur Weisheit und *theología*

= Theologie zwei allgemein akzeptierte Beispiele, die ich infrage stelle und revidiere.

Geschriebene und ungeschriebene Lehre

Ist man mit den Dao-Metaphern hinreichend vertraut, so findet man deren Äquivalente durch Mustererkennung in den anderen Lehren, die alle ihren Ursprung in der Praxis (Bild 1) haben. Sie umfassen eine ungeschriebene und geschriebene Lehre. Die erste ist bekanntlich in der *philosophía* umstritten, weil Interpreten ihre Übung (Bild 1) und das dafür nötige S-Prinzip nicht kennen. Damit ist ihnen – aus daoistischer Sicht – der Zugang zum Universalgesetz (*nómos*[27]) (Gorgias 483c-d; 484a; Protagoras 337c) versperrt, das die psychokosmische Ordnung (Pfeil I und II) charakterisiert. Diese ist, ich wiederhole und ergänze, durch die drei Welten repräsentiert, deren erfahrbare Inhalte sich hinter den vier (fünf) Symbolen (Bild 2) und ihren neun Prinzipien (Jiuxi) verbergen. Davon sind nur drei Prinzipien, die sich auf das unterste Symbol (Bild 2), Sixiang (4) = Yin-Yang-Symbol, beziehen, veröffentlicht. Die restlichen sechs werde geheim gehalten.

Sixiang entspricht der Tetrade (4) der Pythagoreer, die fälschlich als Mathematiker bezeichnet werden. Der Grund ist, weil man ihnen unterstellt, sie hätten sich der Astronomie, Geometrie und Arithmetik gewidmet. Dies ist wiederum ein „schönes Beispiel“ für die „Dichtkunst“ ungeübter Interpreten. Auch die Pythagoreer waren geÜBTE *philósophoi.* Sie bestätigten im Aufstieg die dreistufige Metamor-

[27] Was die Griechen *nómos* nennen, bezeichnet Fangfu wesentlich detaillierter mit Sanjie Jiuxi (drei Welten und neun Prinzipien).

phose der *psyché,* die nichts mit der ihnen angedichteten *métempsychose*[28] zu tun hat.

Das holistische Netzwerk

Das Netzwerk einer Traditionellen Lehre ist deshalb holistisch, weil gilt: „In jeder Metapher sind alle anderen latent vorhanden.“ Spricht man eine davon an, so hat man indirekt alle anderen auch angesprochen. Dies betrifft insbesondere die acht von Sanjiexue (LDDW), in denen jede einzelne alle acht repräsentiert.

Die LDDW ist sozusagen das „tragende Gerüst“ des gesamten Netzwerks (Systems). Spricht man eine seiner acht Metaphern an, so sind indirekt nicht nur alle acht, sondern auch deren Beziehungen und Abhängigkeiten im Auf- und Abstieg angesprochen. Findet man z.B. in einem Dao-Text nur Wuwei, so weiß man, dass dort nicht nur alle acht der LDDW latent vorhanden sind, sondern auch das komplette holistische Netzwerk.

Je besser man dieses in einer Lehre – in meinem Fall: Dao-Lehre – erkennt, umso leichter ist es es in Texten anderer unbekannter Lehren aufzufinden, selbst wenn diese – mangels Kenntnis der Metaphern – verzerrt sind, so wie es meist der Fall ist.

Aufdeckung unbekannter holistischer Netzwerke

Ist man mit dem Netzwerk in einer Lehre ausreichend vertraut, dann reicht die Kenntnis von nur einem Teil des Netzwerks einer möglicherweise äquivalenten Lehre, die

[28] Umseelung, Seelenwanderung, Wanderung der menschlichen Seele durch verschiedene tierische und menschliche Körper.

dem S-Prinzip genügen mag, aus, um auf deren komplettes System von Metaphern zu schließen. Dazu ein Beispiel.

Die *Goldenen Verse*[29], die Pythagoras[30] zugeschrieben sind, verzerren mangels Kenntnis seiner Metaphern seine Lehrinhalte. Die *Verse* lassen jedoch einige der LDDW, die der Aufstieg „aus sich heraus" generiert, erkennen. Seine Metaphern sind, so wie in Band I angesprochen, vergleichbar mit dem Sternbild des Großen Wagens, den man am Himmel sucht, um sich zu orientieren.

Ich hebe später die große Ähnlichkeit zwischen Pythagoras und Laozi noch mehr als bisher hervor, die sich anhand der ihnen zugewiesenen Metaphern über den Schöpfungsakt (Pfeil II) offenbart. Der Akt (Pfeil II) verbirgt sich auch hinter der *Tetraktys* (Bild 4) und dem *Tetragrammaton* (Bild 5), wofür ich später Hinweise liefere, die dies bestätigen.

1.1 Universelle Lehre der drei Welten

Die innige Erfahrung der drei Welten (Himmel, Sphären) im Aufstieg (Pfeil I) erfolgt in meiner Schule, so wie oben angedeutet, in der entspannten Stehposition (Bild 1). Diese

---

[29] Das Geheimnis des Pythagoras: https://zeitenundformen.files.wordpress.com/2014/01/pythagoras.pdf (abgerufen am 06.06.2021)

[30] Pythagoras ist abgeleitet von Pythios, ein Name für Apollon, und *agora* (Versammlung, aber auch Marktplatz). Es besteht offenbar ein Zusammenhang zwischen ihm und dem Apollon Tempel in Delphi und somit auch zum Orakel in Delphi, ebenso zwischen ihm und den pythischen (delphischen) Spielen. Vgl. Hanns-Peter Mederer: *„Lasst die dröhnende Harfe uns wecken". Die Schauplätze der Wettkämpfe und Siegesfeiern in Pindars Epinikien.* In: *Antike Welt.* Band 34, Nr. 8. Verlag Philipp von Zabern, Mainz 2003, S. 433-440.

ist, Fangfu zufolge, die beste Haltung, um zur Erleuchtung (D) zu gelangen und die LDDW damit zu bestätigen, was jedoch nur wenigen Praktizierenden vollständig gelingt.

Der damit erkannte Akt (Pfeil II) lässt sich, wie ich zeige, von zwei Standpunkten beschreiben. Der erste ist A (Bild 2): Anfang des Aufstiegs (Pfeil I) = Ende des Akts (Pfeil II). Der zweite ist D (Bild 2): Zustand der Erleuchtung. In der Regel erklären Meister (Erleuchtete) Ungeübten den Auf- und Abstieg (Akt) vom Standpunkt A.

Für beide Standpunkte gilt: Sanjiexue umfasst

(a) drei Welten (You, Wuyou, Wu),

(b) drei Weltinhalte oder Existenzen (Xing, Qi, Shen) und

(c) die zwei Wirkungen (Triebe) Wuwei und Youwei.

Wuwei nimmt im Aufstieg (Pfeil I), mit der Fähigkeit innig zur Ruhe zu kommen, zu. Dabei nimmt Youwei ab. Im Abstieg (Pfeil II) ist es umgekehrt.

Bevor ich den Akt von beiden Standpunkten, A und D, formuliere, möchte ich auf Folgendes hinweisen. Im Aufstieg (Pfeil I) wird erkannt: „In You (Sein = Diesseits) verbirgt sich Wu (Nichtsein), dessen Wirkung (Wei) in rigoroser Stille durch Nicht-Tun (Wuwei) zunehmend erfahren wird."

Im Abstieg (Pfeil II) gilt: „Wu erzeugt You (Sein)". Dies ist identisch mit (Zhuangzi, Kap. 23):[31] *„Das Tor des Himmlischen ist das Nichts. Alle Dinge kommen aus dem Nichts."* Es ist ebenso stimmig mit: *creatio ex nihilo*. Darauf verweisen auch andere Kulturen.

Dies heißt, dass sich die Wahrnehmung des Diesseits (You), d.h. aller exoterischen 10.000 Dinge (A), mit dem

[31] John Blofeld; *Der Taoismus,* Diederichs gelbe Reihe, Köln 1983, S. 33.

Aufstieg wandelt. Jeder Praktizierende erfasst es vor Einstieg (A) in die Praxis anders und hat seine Meinung (*dóxa)* darüber. Dies gilt aber nicht für die Erfahrung des höchsten EINEN (*hèn* = *lógos* = *theós* = *eón*), die allen Erleuchteten gemein ist. Diese verdient es wahr, einzigartig, holistisch und universell genannt zu werden. Einige dieser Attribute werden heutzutage auch gewissen Erkenntnissen der *empeiría*[32] zugeschrieben, zu der die empirische und evidenzbasierte Wissenschaft zählt. Was für sie Wahrheit ist, ist für die Meister *dóxa,* weil sie auf Hypothesen basiert!

Qi und Wuyou: Oberbegriffe ihrer Triplets

Ich formuliere nun den Aufstieg (Pfeil I) und Akt (Pfeil II) für beide Standpunkte. Dazu ist Folgendes hervorzuheben. So wie Wasser der Oberbegriff ist von (Eis, Wasser, Dampf), ist es, wie schon angedeutet, auch *psyché* von (*sóma, psyché, pneúma)*. Dies hätte ich der missinterpretierten *philosophía* (*theología*) nicht entnehmen können, wenn ich nicht *psyché* als Äquivalent von Qi, dem Oberbegriff von (Xing, Qi, Shen), erkannt hätte.

Damit liest sich die Metamorphose von Qi im Ab- und Aufstieg vom Standpunkt A: Shen ⇨[33] Qi ⇨ Xing ⇨ Qi ⇨ Shen. Oder: Qi verwandelt sich von Shen in Xing und wieder in Shen. Vom Standpunkt D lautet dies: Qi ⇨ Xing-Shen ⇨ Qi. Oder: Qi verwandelt sich (Pfeil II) in die Paarung, Xing-Shen, und wieder zurück (Pfeil I) in Qi.

Was für Qi und *psyché* als Oberbegriffe von (Xing, Qi, Shen) und (*sóma, psyché, pneúma)* gilt, trifft für Wuyou

---

[32] Die *empeiría* umfasst alles Wissen, das nicht zur *epistéme* zählt.

[33] „⇨" bedeutet „erzeugt" oder „verwandelt sich in".

als Oberbegriff für (You, Wuyou, Wu) und *okeanós* für (*gaía, okeanós, ouranós*)[34] auch zu. Ich erinnere daran, dass ich im Band I den drei Welten (You, Wuyou, Wu) auch drei leibliche immaterielle Regionen zugewiesen habe. Dies gilt auch für (Xing, Qi, Shen) und (*sóma, psyché, pneúma).*

Wir lesen über den Aufstieg (2. Makkabäer 7,28) vom Standpunkt D, d.h. für Wu-You ⇨ Wuyou (*ouranós-gaía* ⇨ *okeanós*): *„Ich bitte dich, mein Kind, schau dir den Himmel (ouranós =* Wu) *und die Erde (gaía* =You) *an; sieh alles, was es da* (in Wu-You = *ouranós-gaía* = dualistische Welt in A) *gibt, und erkenne: Gott hat das aus dem Nichts* (Wu) *erschaffen* (Pfeil II), *und so entstehen auch die Menschen."*

Der letzte Satz (Gott hat …) verweist auf *creatio ex nihilo* (Entstehung aus dem Nichts). Dies ist nicht zu verwechseln mit *ex nihilo nihil fit* (Aus Nichts kommt nichts). So wie Wuyou und Qi Oberbegriffe für ihre jeweiligen Triplets sind, ist es auch Wuwei für das Duplet (Wuwei, Youwei). Dies gilt auch für *philía* als Oberbegriff für *(philía, neíkos*).

Die Assoziation von Gott mit *okeanós* ist stimmig mit Gen (1,2), wonach der „Geist (*pneúma)* Gottes" über dem „Wasser *(okeanós)*" schwebt. Auch lesen wir: „Gott teilte für Moses im Exodus der Israeliten das Wasser."

Ich liefere später weitere mit der *philosophía* stimmige Bibelzitate, die darauf hindeuten, dass deren Ursprung in der Erleuchtung (in D) und damit erkannten LDDW liegt.

---

[34] Übersetzung Erde, Wasser, Himmel.

Wuyou (Taiji) = Wuwei = Qi

Es ist noch zu bemerken, dass die Inhalte aller Metaphern der LDDW erfahrungsabhängig sind, worauf P in Pfeil I hinweist. Dies impliziert, dass sich in der Erleuchtung (D), im EINEN *(hèn)*, im formlosen Chaos, die Inhalte aller Metaphern vermischen. Dann gilt: Wuyou (Taiji) = Wuwei = Qi. Dies beinhaltet, dass die höchste Erfahrung (D) durch jede der drei Metaphern repräsentiert ist. Benennt man eine der drei, so sind die beiden anderen auch damit angesprochen.

Auf die *philosophía* übertragen, entspricht dies: *Lógos (theós)= philía = psyché.* Qi (*psyché,* nafs, Atman) wird oft auch mit Licht (*phos*) übersetzt.[35] Dies erklärt: Gott *(theós)* = Liebe (*philía)* = Licht (*phos*).

Qi (Licht): Oberbegriff für die drei Weltinhalte

Für Suhrawardi sind „Engel (Lichter)[36]" Äquivalente für die sich im Aufstieg wandelnde überseinnliche Qi *(psyché,* nafs, Atman)-Wahrnehmung. Er berichtet auch, so wie Fangfu, über die Hierarchie (Metamorphose) des Lichts (Qi), die auf dem Weg zur Erleuchtung in der Innenschau erfahren wird. Je näher sich der Übende dem Ende (D) seines Wegs (Pfeil I) nähert, um so tiefgründiger ist die erhellende Botschaft, die ihm das Licht (Qi) vermittelt.

---

[35] Laozi (Kap. 52): *„Nutzt man sein inneres Licht, um zur Erleuchtung zurückzufinden [...]."* Laozi (Kap.28): *„Wer das Licht erkennt und sich im Dunkeln hält, wird zum Vorbild der Welt."*

[36] Engel stammt ab von altgriechischen *ángelos,* das Bote (Botschafter) bedeutet. Auch Qi ist ein Bote, da es zunehmend erkenntnis- und heilungsbringe Information im Aufstieg liefert. Der Große Weg (Dadao) lässt es zwar erkennen, aber beantwortet nicht, warum es existiert.

Wenn Fangfu sagt „Alles ist Qi", so lautet dies bei Suhrawardi: *„Alle Wesen bestehen aus Licht."* Fangfu: *„Wir sind umgeben von Qi* (Qi-Feldern), *so wie der Fisch im Wasser."* Qi (Licht) kann man SEHEN (mit *sophrosýne*), jedoch auf andere Weise, als dem Sehen (*aphrosýne)* mittels der Yin-Liugen (sehen, riechen, schmecken, hören und fühlen) zugänglich ist.

Wir lesen: *„Gott ist Licht, und keine Finsternis ist in ihm* (1. Joh 1,5)." *„Ich bin das Licht der Welt* (Joh 8,12 und Joh 9,5)." Damit im Einklang ist: *Ich bin die Auferstehung und das Leben* (Joh 11,25). *Ich bin der Weg und die Wahrheit und das Leben* (Joh 14,6). Dazu ist zu betonen, dass alle Aussagen von Johannes und Jesus, so wie die aller Meister, ursprünglich stimmig sind, jedoch – durch Unkenntnis ihrer Metaphern – verzerrt wurden.

So entstand aus der einzigartigen spirituellen Erfahrungslehre Jesu – durch *invention of tradition* – die christliche Religion. Dies geschah auf ähnliche Weise bei Buddha, Laozi, Zoroaster, Krishna und Mani. Zu behaupten, sie seien Religionsstifter, ist *mythos.* Sie wurden dazu gemacht!

Damit werte ich Religionen nicht ab, die als „erfundene Tradition" aus der universellen Erfahrungslehre entstanden sind und viel mehr Menschen ansprechen, als das woraus sie hervorgingen. Dies ist die ewig schöpferische Natur, woraus die Kultur inlusive Religion entstanden ist. Beide, Natur und Kultur, sind untrennbar.

Ich erinnere an Hubert Wolf (Band I): „Die erfundenen Traditionen sollen eine exklusive – oft gerade auch religiös begründete Auserwähltheit der eigenen Nation belegen." Er schreibt, dass der Kontakt zu Religionsstiftern in ferner

Vergangenheit damit immer neu aktualisiert wird. Was er jedoch verkennt ist, dass sich unter den von mir zitierten Meistern keine Religionsstifter befinden.

Einige von ihnen wurden vielmehr durch Uminterpretation ihrer Metaphern dazu gemacht. Dies ist nicht negativ zu bewerten, wenn es ihre Anhänger zufriedenstellt. Doch die Überzeugung religiöser Auserwähltheit bestärkt deren Ego und gibt denen Macht über sie, die ihnen das Gefühl vermitteln, mehr als andere zu sein. Die Gefahr, die davon ausgeht, bezeugen unzählige Glaubenskriege, die viel Unheil verursachten. Dies gilt für jede Ideologie, die auf *psyché = sóma*, d.h. Sehen (*aphrosýne)* und somit *dóxa* und *hýbris* basiert.

Religiös verzerrte *philosophía*

Die Lehre Jesu fußt, so wie auch die *Genesis* (Kap. 3), auf der *philosophía.* Dafür liefere ich viele Hinweise. Sie bestätigen, dass Jesus, so wie die Verfasser der *Genesis,* damit vertraut war und sie lehrte. Seine Lehre wurde jedoch nach seinem Tod, so wie die *Genesis* schon zuvor, religiös verzerrt.

Sie bekam z.B. von Clemens von Alexandria (150-215) einen nachhaltigen christlichen und für mich zweifelhaften Anstrich: [37] „Er (Clemens) war in der Welt der griechischen Philosophie mehr zu Hause als jeder christliche Lehrer vor ihm, und er schuf eine ganze christliche Philosophie von solcher Tiefe und Subtilität, dass die Heiden sie respektieren mussten.“ Seine *Trilogie* zeigt, dass er die Litera-

---

[37] Ivor C. Fletcher, Peter Nathan; *Origenes – Christlicher Platoniker.* Vgl. www.vision.org/de/biografien-origenes-christlicher-platoniker-462 (abgerufen am 06.06.2021)

tur der „heidnischen undogmatischen *philosophía*“ studierte, doch was er über sie schreibt, ist nicht damit stimmig.

Dies bestätigt seine Dogmatik, die den undogmatischen Aufstieg (Pfeil I), wenn auch verzerrt, noch erkennen lässt:[38] „Der Inhalt dieses ersten Teils der *Trilogie* ist Ermahnung, Einladung zum Heil, Ermunterung. Er wendet sich an die Gesinnungen der Menschen, will also das Metanoëite, Sinneswandlung, bewirken. [...] Sein Inhalt und Ziel ist Herauslösung aus den weltlichen Gewohnheiten, Heilung der Leidenschaften, Bildung des Charakters. Es ist ganz deutlich (Bem: für mich überhaupt nicht), dass der Aufbau dieser *Trilogie* den Graden der antiken Mysterien-Einweihung folgt [...].“

Seine *Trilogie* zeigt, dass er die *philosophía* und deren LDDW, so wie diese sich „aus sich selbst“ im Aufstieg ergibt, missinterpretiert, was er wohl selbst nicht erkannte.

Suhrawardi äußert sich wesentlich kompetenter als er über die LDDW:[39] *„Alle sprechen von drei Welten und sind sich über die Einheit Gottes einig. [. ..] Unter ihnen sind die Boten* (ahl al-sifdra) *und Gesetzgeber* (al-shdri'un) *wie Agathadaemon [Seth], Hermes, Asclepius und andere.“* Gesetzgeber sind nicht, was wir heute damit verbinden. Es sind Meister, die das spirituelle Gesetz (*nómos)* im Aufstieg hypothesenfrei „aus sich heraus“ erfahren, immer wieder bestätigt und SINNVOLL eingesetzt haben.

---

[38] S. 204-205 in Wilhelm Kelber; *Die Logoslehre: Von Heraklit bis Origenes,* Fischer 1986.

[39] S. 14 in John Walbridge; *The Wisdom of the Mystic East: Suhrawardi and Platonic Orientalism,* State University of New York Press 2001.

Davon ist Clemens weit entfernt. Er extrahierte aus der undogmatischen Aufstiegserfahrung, die die *philosophía* ermöglicht, seine dogmatische Vorstellung vom christlichen Glaubensweg: Gleiches durch Gleiches.

Seine Empfehlung wurde von „Schriftgelehrten (Exegeten)" übernommen und „weiterentwickelt". Dies ist nur eines von vielen Beispielen, das zeigt, was mit *invention of tradition* oder *theología* Theologie gemeint ist. Viele Autoren, so wie Clemens, haben dazu beigetragen.

Drei Welten in biblischen Schriften

Die Hebräer berichten nicht nur über die drei Seelen (Band I), sondern über die drei Welten, so wie sie im Aufstieg angetroffen werden:[40] *„Die zweite ist die zwischen der ersten und dritten vermittelnde. Diese dritte ist nämlich das Reich Gottes."*

Ebenso spricht Petrus, wenn auch verzerrt, im 3. Kapitel seines *2. Briefes* von drei Welten: „(a) Die ‚damalige Welt' war die Erde vor der Sintflut, die im Wasser unterging (2. Pet 3,6)[41] (b) Die ‚jetzige Welt' ist die Welt nach der Sintflut bis zum Ende des Tausendjährigen Reiches. Sie wird durch Feuer zerstört werden (2. Pet 3,7; 10.12). (c) Die ‚zukünftige Welt' ist die Welt im ewigen Zustand. Sie wird neue Himmel und eine neue Erde umfassen, in denen Gerechtigkeit wohnt (2. Pet 3,13)."

Die Punkte (a) und (b) beschreiben den Akt Wu ⇨ Wuyou ⇨ You (Pfeil II) und (c) die Rückkehr You ⇨ Wu (Pfeil

[40] S. 43 in Lazarus Bendavid; *Ueber die Religion der Ebräer vor Moses*, Hitzig 1812.
[41] Ich habe dies in meiner noch folgenden Erklärung des *Arche-Noah-Mythos* berücksichtigt.

I). Dies tun sie in einer Weise, die die LDDW im Weltenzyklus Wu ⇨ Wuyou ⇨ You ⇨ Wuyou ⇨ Wu erahnen lässt.

Es gibt viele weitere Hinweise im NT, die – so wie die von (a) bis (c) – auf die LDDW hinweisen. Sie alle artikulieren den Wandel (die Metamorphose) der *psyché* im *kósmos* (Pfeil II), den die Erleuchtung (D) bestätigt. Dazu zählt (Röm 1,19-20): *„Die Welt ist eine Erscheinung ewiger Kraft und göttlicher Natur."* Dahinter verbirgt sich: *pneúma ⇨ psyché ⇨ sóma.*

Paulus (2. Kor 12,2) verweist auf einen Erleuchteten, der alle drei Welten (Himmel) durchdrungen hat (Pfeil I): *„Ich kenne einen Menschen in Christo*[42]*; vor vierzehn Jahren [...] ward derselbe entrückt bis in den dritten Himmel* (Bild 2). *Und ich kenne denselben Menschen [...]; der ward entrückt in das Paradies* (D) *und hörte unaussprechliche Worte, welche kein Mensch sagen kann."* Was er über die Erleuchtung und damit erkannten drei Welten scheibt, ist vermutlich geprägt von Hinweisen, die Jesus zugeschrieben wurden, den er nie kennenlernte.

Paradies (Garten Eden, D) allegorisiert die Illumination (Epiphanie) nach vollendetem Aufstieg (Pfeil I). Vieles spricht dafür, dass Jesus sie erlangte. Dafür liefere ich weitere Indizien, z.B. Joh (6,62): *„Das pneúma ist das, was* (im Aufstieg) *lebendig macht* (die *psyché* erhöht), *das Fleisch (sarx = sóma) nützt nichts."*

Der Aufstieg (Pfeil I) führt zur Erkenntnis des Schöpfungsakts (Pfeil II) (Joh 1,14): *„Und der lógos* (und nicht

[42] Ich verweise auf Christus = *pneúma.*

das Wort, womit *lógos* übersetzt wird) *ward Fleisch und wohnte unter uns, und wir sahen seine Herrlichkeit, [...].“*

Ich zeige weiter unten, dass sich die drei Welten in weitere unterteilen lassen. Darauf verweist wohl auch die Jakobsleiter (Gen 28), die allegorisch den stufenweisen Aufstieg (Pfeil I) von der Erde (*gaía*) zum Himmel (*ouranós*) beschreibt (oder sollte ich sagen: verzerrt):[43] *„Und ihm* (Jakob) *träumte, und siehe, eine Leiter stand auf Erden, die rührte mit der Spitze an den Himmel, und siehe, die Engel Gottes stiegen daran auf und nieder.“* Ebenso betont der *Arche Noah-* oder *Sintflut-Mythos,* so wie ich bald zeige, die spirituelle Rück- oder Umkehr (Pfeil I).

Beide und weitere Mythen, inklusive ihrer Metaphern (Leiter, Erde, Himmel, Engel), die ich im Folgenden detaillierter als bisher erkläre, sind also nicht wortwörtlich zu nehmen. Tut man es, so wird eine „echte natürliche Qi-Erfahrung“ zum *mythos* verzerrt. Auf diese Weise sind alle Mythen entstanden, die ich – oder sollte ich sagen, deren *lógos* ich – enthülle, soweit es mit Worten möglich ist.

Mythos: Projektion des Inneren auf das Äußere

Wir lesen (Band I): *„Philon bestimmt Gott als das Seiende (eón = to ón =* SEIN *= lógos*)*, als die ewige einzig-einfache Einheit. Er ist noch ‚über das Gute erhaben‘.“* Ich präzisiere nun meine Interpretation des Zitats.

„Über das Gute erhaben“ ist eine Allegorie für das dualistische Diesseits, wo man sich Gutes nur im Vergleich zum Schlechten vorstellen kann. Dieses ist die vertraute

---

[43] www.bibelwissenschaft.de/bibeltext/1.Mose 28/bibel/text/lesen/ch/4e7488a48978f09177166d0dda164e2b/ (abgerufen am 06.06.2021)

Welt, wo – egal ob ausgesprochen oder nicht – Schlechtes (Böses) dem Guten gegenübergestellt wird. Wer Gut in den Mund nimmt, verweist damit indirekt auf Gutes und Schlechtes, wobei beides wohlgemerkt relativ bewertet wird. Dies ist typisch für AD, womit die Bewertung – so wie die aller Gegensätze – dem eigenen Gutdünken oder gesellschaftlichen Konsens unterworfen ist.

Dies versperrt den Zugang zum Seienden *(eón = to ón =* SEIN = *lógos*), der „ewig einzig-einfachen Einheit", die „über das Gute" erhaben ist. Es verhindert die ganzheitliche Sicht der Dinge, die jedoch dem PD (platonisches Denken) zugänglich ist. Ich spreche aus eigener Erfahrung, denn mir ging es nicht anders.

Auch ich dichtete früher – auf der Basis von „Gleiches durch Gleiches" – mein äußeres Wissen (*empeiría*) in das innere WISSEN (*epistéme*) der Meister hinein. Doch dies hat sich geändert, sonst hätte ich dieses Buch nicht verfasst.

Vermutlich hätte auch ich früher das, worüber ich nun berichte, als Hokuspokus abgetan. Doch aus heutiger Sicht betrachte ich meine frühere kultur-geprägte Anhaftung – mit AD (Entweder-oder-, richtig-falsch- und Gewinner-Verlierer-Denken) – an *sóma, aphrosýne*, *dóxa* und *empeiría* als *hýbris.* Auf ihre negativen Folgen auf Gesellschaft und Natur komme ich noch ausführlich zu sprechen.

1.2 Wahrnehmung: Gewöhnlich und außergewöhnlich

Ich wäre ohne Unterscheidung zwischen Yin- und Yang-Liugen, die zur Dao-Lehre gehören, nicht zur Revision von all dem gelangt, was ich an der spekulativen Auslegung der *philosophía* (*theología*) ohne Bezug zur Praxis (Bild 1) bemängele. Ich hätte ohne mein Dao-Wissen nicht den Unterschied zwischen *aphrosýne* (Wahrnehmung des Diesseits, A) mit AD und *sophrosýne* (Wahrnehmung des Jenseits: Pfeil I) mit PD erkannt und all dem, was sich daraus ergibt.

Ich hätte auch nicht herausgefunden, warum Jesus seinen Schülern die *sophrosýne* zugänglich machte und wie dies mit seinen Worten zusammenhängt:[44] *zéteite kai heurésete* (Suche und du wirst finden). Zum tiefgründigen Verständnis dieser und vieler anderen damit zusammenhängenden Aussagen von ihm, erweitere ich nun meine bisherige Erklärung der Yin- und Yang-Wurzeln.

Yin-Liugen und Yang-Liugen

Yin-Liugen sind die irdischen und Yang-Liugen die himmlischen sechs Wurzeln (Liugen). Es gilt: „Wenn die Yang-Wurzeln aktiv sind, sind die Yin-Wurzeln inaktiv und umgekehrt."

Mit der Reaktivierung der im Schöpfungsakt (Pfeil II) verschütteten außergewöhnlichen Yang-Liugen wird das Taiji-Denken *(noeín)* im Aufstieg (Pfeil I) entwickelt und damit das Taiji-WISSEN (Taijixue, *epistéme,* hikma alhuduri, Brahmavydia) durch Wiedererinnerung *(anamnésis)* (Pfeil I) zunehmend aufgedeckt (enthüllt). Damit verändert sich auch das zuvor mit den Yin-Liugen wahrgenommene Diesseits, d.h. man sieht es mit neuen Augen.

Was ich anspreche, erklärt den Unterschied zwischen Sehen (mit Yin-Liugen) und SEHEN (mit Yang-Liugen). Da-

---

[44] S.159 in Runar M. Thorsteinsson; *Jesus as Philosopher: The Moral Sage in the Synoptic Gospels*, Oxford University Press, 2018.

zu gehört, ich wiederhole und ergänze: Sehen – *aphrosýne* (Wahrnehmung des Diesseits) – geht mit *neíkos* (Youwei) und dialektischem AD *(dianoeín)* einher. SEHEN – *sophrosýne* (Wahrnehmung des Jenseits: Pfeil I) – geht hingegen mit der Aktivierung von *philía* (Wuwei) und noetischem (schöpferischem) PD (*noeín* = Taiji-Denken) einher.

Sehen dient dem Verständnis der erschaffenen Natur *(natura naturata)*, die durch die Kultur geprägt ist. Es widmet sich der dualistischen Vielfalt *(pánta)*, wobei jede ihrer Existenzen (Dinge) dadurch erkannt wird, dass sie – und dies erklärt den Dualismus – davon abgetrennt wird, was sie NICHT ist.

Mit Sehen wird also die getrennte Vielfalt erfasst und mit SEHEN das allumfassende EINE *(hèn)* – die ewig schöpferische (gebärende) Natur *(natura naturans)*, die die Griechen *phýsis* nennen – zunehmend persönlich erfahren. Sehen erfordert die Akzeptanz unbeweisbarer Konzepte, Vorstellungen, Annahmen, Prämissen, Dogmen, z.B. 1+1 = 2. SEHEN kommt hingegen „aus sich selbst".

Die mit Sehen erworbene *empeiría* (exoterisches Wissen) ist stets unvollständig und wird deshalb durch *trial and error* immer wieder „verbessert". Darauf basieren die Wissenschaften.

Neu erworbene (empirische) Erkenntnisse damit erfordern einen Meinungskonsens (unter Experten = peers) und werden relativ beurteilt. So galten früher in Deutschland Kohle- und Kernkraftwerke als gut und heute als schlecht.

Jeder Konsens, an den es stets zu glauben gilt, wandelt sich mit der Zeit. Damit entsteht – auf der Basis der Yin-Liugen – aus dem Diesseits (You) stets neues (erweitertes) Diesseits (You). Dieser meinungsbasierte Wandel wird –

mit meist positiver Konnotation – heutzutage „wissenschaftlicher Fortschritt“ genannt. Er ist auf die Welt der *dóxa* (Meinen, Glauben, Für-wahr-halten) beschränkt und mit dem *lógos* (= *hèn* = *theós* = *eón)* nicht im Einklang.

SEHEN führt zur *epistéme (gnósis)*, worüber unter Meistern ein 10.000-jähriger nicht infrage zu stellender Erfahrungskonsens im Einklang mit dem *lógos (= hèn = theós = eón)* existiert. Was im Aufstieg zunehmend erfahren wird, prägt die innere Welt der *aletheía,* Gegenteil der äußeren Welt der *dóxa.*

Wir lesen:[45] „Das Verb SEHEN erscheint wiederholt in der Geschichte Abrahams“. Abraham[46] war, so wie ich noch zeige, so wie Jesus und Johannes, erleuchtet. Er konnte mit seinen „Augen der *psyché* (inneren Augen)“ SEHEN!

Es gibt nur wenige Menschen, die ohne Üben in dem Umfang SEHEN, so wie Erleuchtete. Es gibt aber viele, die es sich einbilden, und noch mehr, die es ihnen abnehmen, andichten oder absprechen.

---

[45] S. 58 in Karen Armstrong; *In the Beginning: A New Interpretation of Genesis*, Ballantine Books, 1997.

[46] *Fun with Abraham and Zarathustra:* http://abarim-publications.blogspot.com/2016/09/fun-with-abraham-and-zarathustra.html. (abgerufen am 13.06.2021). (Siehe „*Fun with the name Abraham*“): Wir lesen dort zur Etymologie von Abraham: *„Er hat keine Grenzen gesetzt, sondern sie aufgelöst. […]. Sein Patriarchat ist eins, wo es um das die Einheit des Wissens (consilience) geht. Darin sind die Friedensstifter zusammengefasst, von denen Jesus sagte, sie würden Söhne Gottes genannt* (Mat 5, 9). *[…] Abraham galt bekanntermaßen als gerecht und traf den König der Gerechtigkeit (Melchisedek) in Salem* (aus derselben Wurzel wie Shalom, was kein Zufall ist; Gen (14,18).“

Nur ein erleuchteter Meister kann feststellen, ob und wie weit jemand in der Weise SIEHT, so wie er selbst und wie ich es – trotz meines eingeschränkten SEHENS – hier nach bestem Wissen wiedergebe.

Ich hoffe, Leser*innen unterstellen mir nicht, ich würde nur SEHEN bejahen und Sehen abwerten. Dies wäre polarisierendes AD. Bei PD, das sich mit dem SEHEN entwickelt, geht es um Sowohl-als-auch. Alle von mir zitierten Traditionellen Kulturen berichten darüber, was darauf hinweist, dass sie das S-Prinzip einsetzten und all das erkannten, was es „aus sich heraus“ hervorbringt.

***Epistéme* = Wissen des Wissens = Nicht-WISSEN**

Sokrates lässt sich von Kritias bestätigen[47], dass *sophrosýne* (SEHEN) zum „WISSEN *(epistéme)* über sich selbst“ führt. *Epistéme*[48] verweist auf „darüberstehen (*histastha)*“. Man steht, indem man das WISSEN erwirbt, sozusagen „über den exoterischen (weltlichen) Dingen“. Sokrates nennt es „Wissen des Wissens *(epistéme ton epistémón)*“. Man achte auf *ón* in *epistémón,* dem Äquivalent für Dao (*lógos).*

Sokrates assoziiert es auch mit *aporía*[49]. Damit verweist er auf seinen Ursprung in *creatio ex nihilo:* Schöpfung aus

[47] S. 56 in Walter T. Schmid; *Plato's Charmenides and the Socratic Ideal of Rationality,* Suny Press 1998.

[48] *Epistéme:* https://wordinfo.info/ (abgerufen am 13.06.2021).

[49] Wörtlich übersetzt, bedeutet *aporía* ‘Nicht-Weg’, von *a* = nicht und *poros* = Weg. Um was geht es? Es geht um keinen festgelegten Weg, sondern den zu entdeckenden unbekannten Pfad (Pfeil I), der sich „aus sich selbst“ durch Nicht-Tun (Wuwei) ergibt. Das dafür nötige Bewusstsein ist sowohl weltzu- als weltabgewandt, aktiv wie auch inaktiv. Wäre der Praktizierende bei vollem Bewusstsein, so könnte in ihm nichts Neues geboren werden. Wäre es ausgeschaltet, könnte er das

dem Nichts (Wu) oder Unbekannten. In Platons *Apologie* wird *aporía* mittels der Hebammenkunst *(maieutiké téchne)* erworben und führt zur Wahrheit *(alétheia)*.

Das Nicht-WISSEN, was Sokrates zugeschrieben wird, hat also nichts mit dem ihm Angedichtetem zu tun: *„Ich weiß, dass ich nichts weiß."* Ihm wird damit fälschlich unterstellt, er sei auf seine Ignoranz stolz gewesen. Mit einer derartig unsinnigen Behauptung wird das tiefgründige „Wissens aus dem Nichts", das Gegenteil der *empeiría,* total verdreht.

Nichts im Übermaß

Platon (Protagoras 464a):[50] *„Sokrates kritisiert die empeiría von Gorgias. Sie ist für ihn das Resultat der Lust –* Youwei *(neíkos) – und bringt Menschen dazu, nicht gut, sondern unfrei und nicht aus sich selbst heraus zu handeln."* Man könnte Sokrates damit unterstellen, er hätte seinen Schülern Weltentzug, Askese und Mystik empfohlen. Doch *áskesis, mystikós* und *mystérion* gehören zum Vokabular der unreligiösen *philosophía.* Sie beschreiben die dogmenfreie Erkundung des EINEN *(hèn)* im Aufstieg.

Übernahmen wir Wissen und Vernunft der Griechen?

Vielen Philosophen, Bibelforschern und Schriftgelehrten ist der Unterschied zwischen *empeiría* und *epistéme,* in der hier vorgestellten Weise, nicht bewusst. Wie sollten sie es

---

Neue nicht wahrnehmen. Er ist im „trunkenhaften Zustand" sowohl halb ab- wie auch halb anwesend. In Anbetracht dieser Erklärung sollte es nicht überraschen, was in *aporía* alles hineingedichtet wird.

[50] Siehe *Platon: Sämtliche Werke in drei Bänden.* Band I. hrsg. von E. Loewenthal, Darmstadt 2004.

auch wissen, wenn sie zwischen *philosophía* und Philosophie nicht unterscheiden? Zu ihnen zähle ich Karen Armstrong:[51] „Unsere Kultur wurde tief geprägt durch die klassische Literatur der Griechen, in der Wissen und Vernunft als die höchsten Werte angesehen wurden.“ Damit ist sie weit davon entfernt, was ich den weisen Griechen entnehme, um es meinen Leser*innen schrittweise zu vermitteln.

Es resultiert, ich wiederhole, aus der Rekonstruktion der Metaphern der missinterpretierten *philosophía*, die auch Jesus zugewiesen sind.[52] Es verwundert mich daher nicht, dass auch ihm damit, so wie allen Meistern, viel Falsches angedichtet wird, das nichts mit seiner *lógos*-Erfahrung (D) zu tun hat.

Der *protagonistés*

Sophokles (497/496-406/405 v.u.Z.) hat sich, so wie in Band I angedeutet, in seinen Tragödien über den *protagonistés* lustig gemacht. Dieser symbolisiert den Menschen, der seine Meinung (seinen Glauben) als wahr betrachtet. Er steht auf die heutige Zeit übertragen – in allen weltlichen Disziplinen, i.e. *empeiría* (Wirtschaft, Wissenschaft, Politik, Medizin, Religion, Sport usw.) – für den strebsamen Akteur (Macher), der von vielen Zeitgenossen bewundert wird.

---

[51] S. 26 in K. Armstrong; *In the Beginning: A New Interpretation of Genesis*, Ballantine Books, 1997.

[52] Siehe Runar M. Thorsteinsson, dem das S-Prinzip jedoch fremd ist.

SEHEN? - Von anfänglicher Aversion zur überzeugten Akzeptanz

Ich war es als „eingefleischter Naturwissenschaftler" gewohnt, als echt und wahr zu akzeptieren, was ich mit Sehen, AD und meiner *ratio* erfasste. Alles andere erschien mir – im Einklang mit meiner Zunft – obskur, mystisch und esoterisch. Mein AD hat mir im Alltag und Beruf viel geholfen. Ich begann jedoch an dem, was es bewirkt, immer mehr zu zweifeln. Der Grund ist, dass mir – trotz Begeisterung am Forschen – seine negativen Auswirkungen auf Gesellschaft und Umwelt zunehmend bewusster wurden.

Je mehr ich übte, umso mehr wurde mir klar, dass ich – in meiner „Liebe zur Welt"– ein „Höhlenforscher" war. Ich bildete mir in meiner einseitigen Zuwendung zur *empeiría* ein, die damit erkundeten „Schatten an der Höhlenwand" seien die Realität.

Ich erkannte zunehmend meine *hýbris* und die all derer, die sich der *empeiría* in dem Ausmaß hingeben, so wie ich es getan habe. Ich betrachte nun die Ökokrise als Antwort der *némesis*[53] auf meine und ihre (lustvollen) Bemühungen. Damit verweise ich auf die *hýbris-némesis*-Interaktion, so wie sie der Aufstieg bestätigt und ich im Folgenden noch ausführlicher als bisher erörtere.

---

[53] So wie *hýbris* nicht Hybris ist, ist *némesis* auch nicht Nemesis (Göttin des Zorns). Die Lehnworte sind dem AD geschuldet, das nicht erkennt was sich ursprünglich dahinter verbirgt und im Aufstieg erfahren wird. Sie sind somit Teil der „Welt des Glaubens (Meinens).

Jesus: SAH er oder sah er?

Von welchem „Sehen“ spricht Jesus (Joh 14,9): *„Wer mich gesehen hat, der hat den Vater gesehen"?* Spricht er vom Sehen oder SEHEN? Entspricht sein Wissen dem der *empeiría* oder *epistéme (gnósis*)? Wir lesen:[54] *„Er Jesus setzt sein Nichtwissen von jenem Moment als ein heiliges ‚Nicht-wissen (-wollen)‘ dem ‚sündhaften Wissen-wollen*[55] *‘ seiner Jünger entgegen [...].“*

Dies sind zwei von vielen Hinweisen, denen ich entnehme, dass Jesus seinen Schülern die ewig beständige *epistéme (gnósis)* – das Nicht-WISSEN, das sich „aus dem Nichts ergießt“ – zugänglich machte. Ich erkenne die *epistéme* auch angesprochen in (Joh 7,16): *„Ich habe mein WISSEN [...] von Gott (lógos, theós), der mich gesandt hat.“*

Ich erkenne sowohl Sehen als auch SEHEN angesprochen in (Mk 13,31): *„Himmel und Erde* (Metapher für das mit Sehen wahrgenommene dualistische Diesseits) *werden vergehen; meine Worte* (womit Jesus sein GESEHENES in Gleichnissen artikuliert) *aber werden nicht vergehen.“*

Während sich die *empeiría* stets wandelt und vergänglich ist, ist, ich wiederhole, die *epistéme (gnósis)* – so wie das Dao-Wissen – unvergänglich, d.h. ewig beständig.

---

[54] S. 1280 in Johann Peter Lange; *Das Leben Jesu nach den Evangelien dargestellt; Die einheitliche Darstellung der Geschichte Jesu*, Bände 2-3 Verlag Heidelberg Karl Winter 1844.

[55] „Sünde“ und „sündhaft“ sind der *philosophía* und ihren äquivalenten Lehren fremd: www.abarim-publications.com/DictionaryG/a/a-m-a-r-t-a-n-om.html. Es fällt mir schwer zu akzeptieren, dass sich Jesus beider Worte bediente. (Internetquellen abgerufen am 13.06.2021)

Dass Jesus die *epistéme (gnósis)* lehrte, erkennt man auch daran, dass seine Schüler (Jünger) *mathetés* genannt werden. Sie waren *mathétai* (Lernende), was mit *máthema* (Gelerntes, Kenntnis), *máthesis* (WISSEN), *mathematikós* (lernbegierig) und *mathein* (erlernen) zusammenhängt.

Doch Vorsicht ist geboten. Es geht bei den Originalen um gänzlich anderes als ihnen die Übersetzungen in Klammern zuweisen. Es geht um die *epistéme,* die „aus sich selbst" zunehmend erfahren werden will. Dafür liefere ich weitere Indizien, wie ich nun zeige.

Demokrit: Obskures und echtes Wissen

Demokrit (ca. 460-400 v.u.Z.) (Frag. 9 Sextus VII 136): *„Vom Wissen gibt es zwei Weisen, eine echte (gnesie) und eine obskure (skotie). Zur obskuren zählt folgende Gruppe: Sehen, hören, riechen, schmecken und berühren."*. „Obskur" bezieht sich, im Gegensatz zu heute, auf *empeiría* und „echt" auf *epistéme.* Dies bestätigt die Etymologie von *gnesie* (echt, wahr), die auf *gnósis (epistéme)* verweist. Dies mag irritieren, doch Demokrit ist, wie ich noch zeige, nicht der einzige Weise, der vor den negativen Folgen einseitiger Zuwendung zur *empeiría* warnt. Weise wie er haben erkannt, dass „Fortschritt" – auf der Basis der *empeiría* – auch Rückschritt bedeutet, so wie es die Ökokrise zeigt.

Epistéme (gnósis)* kontra *empeiría

Aristoteles wurde mit zunehmendem Alter immer mehr ein Befürworter der *empeiría.* Er wertet sie in Kap.1 seiner *Metaphysik* (981b7-10) gegenüber der *epistéme* auf:[56]

[56] *tên téchnēn tês empeirías mâllon hēgoúmetha epistêmēn eînai.*

„weshalb wir auch meinen, dass die Kunst der empeiría mehr sei als die Erfahrung der epistéme.“ Er begründet seine Behauptung damit, dass die *empeiría* (willentlich) gelehrt werden kann, die *epistéme* nicht. Damit wurde er zum „Fahnenträger des Siegeszugs der *empeiría“*, zum „Vorreiter der Ausrottung der *epistéme“* und „Urvater unserer schönen neuen Welt.“

Dies war wohl der Grund, der Platon dazu veranlasste, ihn „das Fohlen, das gegen die Mutter ausschlug“[57] zu nennen. Es scheint also gerechtfertigt, Aristoteles das AD als Gegenüber von PD zuzuweisen. Auch Suhrawardi kritisierte das Denken der Anhänger (Peripatetiker) von Aristoteles, wie ich noch zeige.

Etymologie von Jesus und Johannes

Auf *epistéme* verweisen die Namen Jesus und Johannes. Wir lesen:[58] „Der Name Jesus ist die griechische Transliteration des Namens Joshua (יהושע) oder seiner Kurzform Jeshua (ישוע) und besteht aus zwei Elementen. Der erste Teil ist die Bezeichnung *yah* (יה) = *yahu* (יהו) = *yu* (יו), die wiederum abgekürzte Formen des Namens des Herrn sind: JHWH oder Jahwe. Das zweite Element des Namens Joshua/Jesus stammt vom Verb *yasha'* (ישע) und bedeutet retten oder liefern. Es bedeutet, uneingeschränkt und damit frei zu sein und gerettet zu werden.“

Gerettet von was? Wer die Antwort bisher nicht hinreichend erkannt hat, sollte sie hoffentlich im Folgenden finden. Sie verbirgt sich auch hinter Platons *Sonnengleichnis,*

[57]Aelian, Varia Historia 4,9 (ca. 210 n.u.Z.).

[58] Vgl. Meaning „Jesus“: www.abarim-publications.com/Meaning/Jesus.html.

Liniengleichnis und *Höhlengleichnis.* Sie alle fußen auf dem Aufstieg (Pfeil I) und deuten an, was er bewirkt.[59] Er führt zum „Ziel des Lebens“, der „Schau des Guten“. Auch wenn nur wenige das Ziel (D) erreichen, lohnte es sich doch früher für genügend Suchende, sich auf den Weg zu begeben. Wer sucht, der findet!

Ich komme nun zum Name Johannes[60] oder vielmehr dem hebräischen Original Johanan, das auch aus zwei Teilen besteht. Der erste ist, so wie im Fall von Jesus, *yah* (יה) = *yahu* (יהו) = *yu* (יו), was auf YHWH hinweist. Der zweite Teil von Johanan stammt vom Verb *hanan* (חנן) ab. Es bedeutet, gnädig, wohlwollend und (zu)geneigt zu sein. Geneigt zu was und wie? Ich werde noch einiges über ihn berichten, zumal er der Lehrer Jesu ist.

Sowohl bei Jesus wie auch Johannes handelt es sich – so wie bei vielen anderen Meistern – um „Künstlernamen“, die schon auf ihr spirituelles Wirken und das damit erworbene WISSEN hinweisen. Es geht bei beiden um die Zuwendung zu YHWH im Aufstieg (Pfeil I) durch Befreiung (Rettung) von weltlicher Einschränkung und Unterdrückung. Der Schlüssel ist *philía (= ahaba* = mahabbah). Damit kommt es zur Rück- oder Umkehr (*metanoia),* worauf ich – unter Einbezug von Adam und Eva (Bild 7) – noch genauer eingehe (Kap 3).

---

[59] S. 225 in Jens Halfwassen; *Der Aufstieg zum Einen. Untersuchungen zu Platon und Plotin*, München/Leipzig 2006.

[60] Vgl. Meaning „John“: www.abarim-publications.com/Meaning/John.html.(abgerufen am 20.06.2021)

Traditionelle Lehren sind weltab- und weltzugewandt

Fangfu lehrt im Einklang mit Laozi (Kap. 57): *„Wer nach* (diesseitigem) *Wissen (empeiría) strebt, muss jeden Tag vermehren. Wer nach dem Dao* (und Taijixue, *epistéme) strebt, muss* (im Üben) *jeden Tag vermindern."* Damit betont er, so wie Laozi, dass die Dao-Lehre sowohl weltab- als auch weltzugewandt ist. Es ist in der Tat uralte Dao-Tradition, sich beiden Wissens- und Denkweisen anzuvertrauen.

Nur so lassen sich die negativen Folgen (Nebenwirkungen) einseitiger (exzessiver) Weltzugewandtheit, die uns heute prägt, vermindern: *Tue nichts im Übermaß (gnothi seautón).* Doch wer tut dies in einer Welt, die sich dem AD-basierten „wissenschaftlichen Fortschritt" bedingungslos verschrieben hat?

Meinen Recherchen zufolge waren alle Meister, die das S-Prinzip einsetzten, sowohl weltab- als weltzugewandt. Es ging ihnen nicht um Entweder-oder, sondern Sowohl-als-auch. Was ich hier erneut anspreche, entnehme ich auch Platons *Philebos*[61]. Dort empfiehlt er das „gemischte Leben", wo richtige Eingebung *(orthos lógos)* (im Aufstieg) und weltzugewandte Lust (*hedoné*) ihren angemessenen Platz einnehmen und somit das „gute Leben" bestimmen.

Dao-Meistern zufolge muss für das „gemischte Leben" als erstes der eigene Lebensunterhalt gesichert sein, was nur die *empeiría* ermöglicht. Je mehr dieser abgesichert ist, umso sorgloser übt man und entwickelt, „aus sich heraus" die *epistéme.* Diese kann man aber auch, wie mein Buch

[61] Philebos: www.opera-platonis.de/Philebos.pdf.
(Abgerufen am 13.06.2021)

hoffentlich zeigt, bis zu einem gewissen Grad ohne Üben erwerben und in den Alltag integrieren.

Je mehr man übt, umso mehr Weisheit (*sophía)* erwirbt man. Mehr noch, man wird sich der Bedrohung bewusst, die vom einseitigen Hinwenden zur *empeiría* ausgeht. Diese hat für viele von uns heutzutage quasi einen Heiligenschein, sodass sie von ihnen nicht als Verursacher von, sondern vielmehr als Retter aus der ökologischen Krise angesehen wird.

Salman und Absal

Ich kehre zurück (Band I) zu Salman (Salaman) und Absal. Beide symbolisieren zwei Facetten der *psyché* (nafs) in uns. Salman: (Innerer) Frieden, Absal: „Berauschung" am Diesseits. Salman suchte seine friedvolle Seele (al-nafs al-mutma'inna).[62] Absal hinderte ihn daran.

Und wie sieht es mit „König Salomon (10. Jh. v.u.Z.)"[63] aus? Salomon[64] hat viele Varianten: Solomon, Salaman, Salamun, Salman, Salomone, Suleiman/Sulaiman usw. Besiegte auch er sich, so wie sein „Sohn" David, auf den ich noch zurückkomme?

---

[62] Chad G. Lingwood; *STUDIES IN PERSIAN CULTURAL HISTORY, POLITICS, POETRY, AND SUFISM IN MEDIEVAL IRAN;* New Perspectives on Jamfs Salaman va Absal, Brill 2014.

[63] Salomon entstammt dem Verb *shalem* (שלם). Es bedeutet, ganz oder vollständig sein. *Shalom* (שלום) bedeutet Ganzheit, Vollständigkeit oder (innerer) Frieden. Er war also erleuchtet.
Vgl. https://www.abarim-publications.com/Meaning/Solomon.html

[64] Ebda.

Salomonische Weisheit? - Nein, danke!

Salomons Weisheit zeigt sich im ihm zugeschriebenen *Hohelied.* Dies deutet darauf hin, dass er, so wie die Verfasser der ursprünglichen J (Jahwist)-Version der *Genesis* (Kap. 3), JHWH übersinnlich erfahren hat. Dafür spricht, dass er (Prediger; Ecc 4, 4)[65], so wie alle Weisen, zwischen beiden Erkenntnis-, Denk- und Wissensweisen unterscheidet. Diese sind in allen Mythen – wenn auch nicht direkt, so doch indirekt – angesprochen.

Dies erkenne ich daran, dass er die *empeiría*, die „Streben in Auseinandersetzung mit anderen“ erfordert, kritisiert:[66] *„Und ich sah, dass alle Arbeit und alle Errungenschaften durch Arbeit das Ergebnis des Neides (neíkos = gala) und der Rivalität des Menschen mit seinem Nächsten waren.“*

Er lobt hingegen – im Einklang mit Theognis, Demokrit, Platon und Suhrawardi – die *epistéme*: *„Aber besser ist die Erkenntnis des ‚Menschen‘, der noch ungeboren* (in D) *und nicht damit konfrontiert‘ ist, was der ‚Neid unter der Sonne* (nach dem Abstieg)‘ *bewirkt.“* Er spricht damit das im Aufstieg erfahrbare WISSEN (Taijixue, *epistéme, gnósis,* al ilm al huduri, Brahmavydia) an, das sich „aus sich selbst“ in der Erleuchtung (D) vollständig offenbart.[67]

---

[65] https://biblehub.com/ecclesiastes/4-4.html
Prediger oder Ecclesiastes (450-200 v.u.Z.) ist eins der Weisheitsbücher im AT. Der unbekannte Autor führt dort "Kohelet" als Sohn von David (1:1) ein, der in allem Geschehen „Dampf“ und „Atem“ SIEHT. Dies ist ein Hinweis auf seine Qi *(psyché,* nafs, Atman)-Erfahrung.

[66] Ebda.

[67] Es ist holistisches WISSEN, weil sich in jeder Metapher alle anderen verbergen. Der Grund dafür ist der erfahrbare *lógos,* der es „aus sich heraus“ erzeugt. Es wird also nicht, so wie die *empeiría,* durch Rivali-

Salomon hat sich also, um mit Plato zu sprechen, so wie David und viele andere so weit wie möglich an *theós* (JHWH) – oder sollte ich sagen: Sonne(nscheibe) – angeglichen. Er hat angeblich Baalbek / Heliopolis (Syrien) gegründet.[68] Darüber lesen wir in *Höhle des Schatzes (Cave of Treasures),* die am Toten Meer gefunden wurde: [69] [70]
„Als sie an den Ausläufern von Seïr vorbeikamen, bauten sie dort einen Altar für die Sonne. Als Salomo es sah, baute er eine Stadt."

Baalbek gilt als Zentrum des Heidentums[71], denn dort ging es noch, so wie in Achet-Aton, um Erfahren (Pfeil I) und nicht Anbeten des EINEN, symbolisiert durch die Sonne.[72]

Auch Salomon wurde – mangels Kenntnis der Metaphern – missinterpretiert, was ihm, so wie vielen anderen Weisen, sein Leben kostete. Auch der bekannte Ausspruch des erleuchteten al Hallaj (Band I) hat sicherlich dazu beigetragen, dass er von Glaubensfanatikern erhängt wurde: „Ana \`l - Haqq" (*„Ich bin die absolute Wahrheit / ich bin Gott."*).

---

tät (Streit, Diskurs, Dialektik) – sprich: *neíkos* (Streben, Wollen, Dominieren, Wünschen, Hoffen, Glauben) – erlangt.

[68] https://library.oapen.org/bitstream/id/7919da07-1830-41ae-b70b-6bcae6524ba6/1002559.pdf

[69] Vgl. S. 517 in A. Toepel; *Late Paganism as Witnessed by the Syriac Cave of Treasures,* Greek, Roman, and Byzantine Studies 59 (2019) 507-528

[70] Siehe auch S. 106 in: https://sufipathoflove.files.wordpress.com/2019/03/book-of-the-cave-of-treasures.pdf.

[71] Ebda.

[72] https://de.wikipedia.org/wiki/Baal_(D%C3%A4mon)

Ich hoffe, deren Metaphern bereits genügend erklärt zu haben, um zu erkennen, dass es sich bei den folgenden Worten weder um Anmaßung, selbst Gott zu sein[73], noch Häresie handelt, so wie berichtet in (Hesekiel 82): *„Ich bin Gott und sitze auf dem Thron Gottes mitten im Meer*[74]*.“* Sind sie nicht stimmig mit (Joh 10,30): *„Ich und der Vater sind eins?“*

Qi = Wasser = Feuer

Ich habe schon darauf hingewiesen, dass Licht oft eine Metapher für Qi ist. Für Thales (ca. 624-548) ist es Wasser: *„Das Prinzip aller Dinge ist Wasser; aus Wasser ist alles, und ins Wasser kehrt alles zurück.“* Damit ist er im Einklang damit, was ich über (*ouranós, okeanós, gaía)* mit Verweis auf den Auf- und Abstieg berichte.

Für Heraklit ist Qi = Feuer:[75] *„Aus dem Feuer entsteht die Welt, die in allen ihren Erscheinungsformen eine den meisten Menschen verborgene Fügung gemäß dem Weltgesetz des Logos erkennen lässt.“* Wir lesen:[76] „Gotteserscheinungen (Epiphanien) haben im AT häufig Feuer als Begleitphänomen.“ Hebräer (12,29): *„Denn auch unser Gott ist ein verzehrendes Feuer.“* Alle Aussagen artikulieren außergewöhnliche ESP-Erfahrungen (Pfeil I).

---

[73] Jesaja (45, 21): *„Es gibt keinen Gott außer mir; außer mir gibt es keinen gerechten und rettenden Gott.“*

[74] Dies ist ein Hinweis auf die allegorische Bedeutung von *okeanós* (Meer) in (*ouranós, okeanós, gaía).*

[75] Heraklit: https://de.wikipedia.org/wiki/Heraklit (abgerufen am 21.06.2021)

[76] Feuer – Bibel-Lexikon: bibelkommentare.de.

Ich SEHE was, was du nicht siehst

Die uns allen umgebenden und herumschwirrenden Qi-Felder, die dem Sehen zwar verborgen bleiben, dem SEHEN nicht, sind lebendig[77]. Sie tragen im SEHEN abrufbare Informationen in sich. Fangfu konnte z.B. Qi-Blockaden in Schülern SEHEN und beseitigen. Er konnte elektromagnetische (EM) Felder und Elektrosmog, die in der Physik mit Messgeräten erfasst und als leblos betrachtet werden, SEHEN. Er kritisierte einmal eine Schülerin, die seine Empfehlung ignorierte, kein Smartphone, das Elektrosmog erzeugt, in seine Vorlesung mitzubringen. Er SAH es, obwohl es versteckt und für alle Schüler unsichtbar war. Da er es als störend empfand, bat er sie, es zu entfernen. All dies und vielmehr sind – zumal es im Aufstieg „aus sich selbst" erworben wird – natürliche außergewöhnliche ESP-Fähigkeiten. Das, was Sehende in sie „hineindichten" ist jedoch *mythos*.

Solange die Wortführer in „Platons Höhle" sich ihm hingeben, bleiben sie an den „Ketten in Platons Höhle gefesselt". Sie werden weiterhin (Politeia, 106b):[78] *„Ehre, Lob und Belohnungen für den bestimmen, der das Vorüberziehende* (Schatten an der Höhlenwand) *am schärfsten sah und am besten behielt."*

[77] Rupert Sheldrake weist dies auch den von ihm entdeckten „morphischen Feldern" zu.
Vgl. https://de.wikipedia.org/wiki/Morphisches_Feld.

[78] https://www.studium-universale.de/platons-h%C3%B6hlengleichnis-text/

Das verborgene WISSEN, das uns allen gemein ist

Platon spricht in *Politeia* (522c-523a) die Verbindung zwischen *máthema, epistéme* und *(e)ón* an. Dort berichtet er von *koinón máthema,* inkorrekt übersetzt mit „gemeinsames Wissen". Es ist vielmehr das einzigartige WISSEN über *ón,* das „uns allen gemein ist", weil es in uns schlummert und „aus sich heraus" erweckt werden kann.

Dies erklärt, warum *epistéme* es verdient *epistéme epistemón* (WISSEN des Wissens über *ón)* genannt zu werden. Platon bringt es in *Politikos* (258e) mit *mathematike téchne* in Zusammenhang. Dort spricht er von *koiné mathematikés epistéme*. Damit spricht er das WISSEN an, das in uns verborgen (uns gemein) ist und durch Üben zur Geburt gebracht und belebt werden will.

Ich verzichte auf die vielen für mich unakzeptablen Übersetzungen der gerade zitierten Metaphern, die so wie viele andere auch der Unkenntnis der Praxis geschuldet sind. Dies tue ich, weil ich mittlerweile die Hoffnung hege, dass Leser*innen – aufgrund meiner bisherigen Hinweise – erahnen, dass dahinter sehr Tiefgründiges steckt, das im Aufstieg erfahren wird und nicht leicht in Worte zu fassen ist, die dem AD zugänglich sind.

Wir lesen darüber in Platons *Parmenides* (235a7-b2):[79] *„und sehr wohl begabt muss der sein, der dies soll begreifen können (dynesamenon mathein), [...], noch vortrefflicher aber der* (Lehrer)*, welcher es gehörig auseinandersetzen und andere lehren kann."* Damit beschreibt Platon die Situation, so wie ich sie in meiner Dao-Schule angetroffen

[79] Rafael Ferber; *Warum hat Platon die „ungeschriebene Lehre" nicht geschrieben?* C.H. Beck 2007.

habe. Es erklärt Platons Kritik an der Schrift, denn wer meint, er könne ihr – ohne Einweisung in die Metaphern – im Lehnstuhl mit seinem AD entnehmen, worüber ich berichte, gibt sich einer Illusion hin.

Mathematiker?

Sokrates in *Theaitetos* (184a9-b2): *„Wir müssen das, womit Theätet schwanger ist, zur Welt bringen."* Was meint er mit schwanger? In *Theaitetos*[80] werden Theodoros, Lehrer von Theaitetos, und Eudemos als Mathematiker bezeichnet, weil sie sich angeblich der Mathematik, Geometrie, Astronomie und Musik hinwandten. Doch diese Lehnworte haben absolut nichts zu tun mit *mathematike*, *geometría*, *mousiké*, *astronomía*, deren Inhalte, wie ich noch zeige, im stufenweisen Aufstieg (Pfeil I) übersinnlich erfahren werden. Die Lehnworte sind daher „Dichtkunst"; verfasst im „platonischen Höhlendelirium". Es ist inkorrekt, die *mathematike téchne* als Mathematik zu bezeichnen.

Pythagoreer, Hypatia (355-415/416)[81] und andere, die damit assoziiert werden, lehrten die *epistéme,* die ihren Schülern (*mathetés)* die persönliche Erfahrung des *kósmos* (Pfeil I) ermöglichte. Dies ist nur eins von vielen Beispielen, das zeigt, dass die Wahrheit eine gänzlich andere ist, als die, die ungeübte Interpreten den Metaphern entnehmen.

[80] Theaitetos: https://de.wikipedia.org/wiki/Theaitetos (abgerufen am 13.06.2021).

[81] Hypatia leitet sich vom griechischen *hupatos* ab, was so viel wie „hoch" oder „Höchstes" bedeutet. Damit wird auf Hypatias hohe meisterliche Kompetenz und „Erfahrung des Höchsten" hingewiesen.

Die *epistéme* im Neuen Testament

Fragen wir: „Haben die *mathetés* von Jesus die *epistéme* von ihm erlernt *(mathein)*?“ Im NT wurden zunächst – so immer im *Evangelium des Johannes,* zum ersten Mal in Joh (2,2) – die zwölf Apostel mit *mathetés* bezeichnet, danach auch die Nachfolger (Luk 6,17; ausdrücklich in Apologie 9,25).

Vieles, was ich dem NT entnehme, legt nahe, dass auch Jesus, so wie Platon und andere Meister, seine *mathetés* unterstützte, die *epistéme* „aus sich selbst“ zur Geburt zu bringen. Ich erinnere an seine Worte untrennbar von der Entwicklung der *sophrosýne*: *„Wer* (hypothesenfrei) *sucht, der findet.“* Wenn er ein erleuchteter *philósophos* war, sollte er die „gute Mischung“ aus *epistéme* und *empeiría,* empfohlen haben.

Hätte er den Weltentzug gelehrt, wäre er ein Asket. Dazu zähle ich die frühen Mönche und Wüstenväter, die sich dem *ora et labora* (bete und arbeite) hingaben. Damit lässt sich die *epistéme* nicht erfahren, worüber ich – übereinstimmend mit anderen traditionellen Kulturen – berichte.

Unterdrückung der *epistéme (gnósis)*

Es gibt mehrere Beispiele, wie ich zeige, dafür, dass Erleuchtete während ihrer Lebenszeit – aus politischem oder religiösem Kalkül – ab- und nach ihrem Tode aufgewertet, z.B. zu Religionsstiftern ernannt und vergöttert wurden. So stellten „Bewunderer“ von Empedokles, die ihn nach dessen Tod neu interpretierten, sein Ableben als „Entrückung und Versetzung unter die unsterblichen Götter“ dar. Andere wiederum behaupteten, er habe sich in den Ätna gestürzt.

Mani wurde von gläubigen Anhängern nach seinem Tod zum Religionsstifter, von gläubigen Juden, Zoroastriern und Christen jedoch zum „falschen Propheten“ erklärt. Auch Sokrates wurde von gläubigen Zeitgenossen verleumdet, ebenso Hypatia, Al-Hallaj, Mani und Suhrawardi.

Empfehlungen am Apollon Tempel

Nützlich sind folgende Empfehlungen am Apollon Tempel in Delphi, um mit der Schöpfung im Einklang zu leben.[82] Sie wurden im Aufstieg entdeckt und gehören zur *epistéme*. Sie sprechen jeden von uns an, auch wenn einige leicht missverstanden werden.

(1) Zügle deinen Intellekt.
(2) Gebe dich nicht der *hýbris* hin.
(3) Respektiere den *lógos (theós, eón).*
(4) Rühme nicht deine Stärke.
(5) Halte die Frau (Eva = *sóma)* unter Kontrolle.

Punkte (1)-(4) habe ich bereits mehr oder weniger angesprochen und werde sie weiterhin beleuchten. Punkt (5) ist stimmig mit (Eph 5, 22): *„Das Weib sei dem Manne untertan.“* Ebenso mit Jesus (NHC[83] II, 51, 18-26): *„Siehe, ich werde sie* (Maria Magdalena) *führen, auf dass ich sie männlich mache.“* Wichtig zum Verständnis von Punkt (5) ist, dass es sich hierbei nicht um eine Abwertung des Weiblichen oder der Frau handelt. Die Fehlauslegung von

---

[82] W. K. C. Guthrie; *The Greeks and their Gods*, Beacon Press 1971. Vgl. www.roangelo.net/logwitt/apollo-and-philosophy.html (abgerufen am 13.06.2021).

[83] Abkürzung für *Nag Hammadi Codex*.

Punkt (5) resultiert, so wie in Band I angedeutet und im Folgenden weiter erörtert, aus Unkenntnis der Metaphern.

Epistéme in der *Genesis*

Zur *epistéme (gnósis)* der *philosophía* zählt nicht nur die Lehre Jesu, sondern auch die ursprünglich erfahrbare J(JHWJ)-Version (kurz: UJ-Version) der *Genesis,* die ich aus ihrer J-Version rekonstruiere. Oder hat Jesus etwa den *mythos* geglaubt und verbreitet, den die *Genesis* zum Ausdruck bringt, wenn man sie wortwörtlich nimmt? Waren etwa Eva und Adam für ihn, so wie für viele seiner Bewunderer[84], Menschen und keine Metaphern für *sóma* und *pneúma*, worauf meine Auslegung des *Adam-Eva-Mythos* (AEM) mithilfe von Bagua (Bild 3) in Kapitel 3 basiert?

Etymologie von Adam und Eva (Hawa)

Fragen wir: „Waren Adam und Eva, so wie wir lesen, wirklich das erste Menschenpaar und die Stammeltern aller Menschen?“ Wenn dem so wäre, würde es sich um eine Umdeutung der Wahrheit *(aletheía)* handeln, die der Aufstieg, so wie ich zeige (Kap. 3), „aus sich heraus“ zugänglich macht.

Dabei greife ich auch auf die Etymologie von Adam und Eva *(Hawa)* zurück. Wir lesen: [85] *Hawa* (חוה) ist das „rudimentärste Kollektiv (Vielheit in A), das (zuvor) als lebendiges, symbiotisches Ganzes (EINS) fungiert.“

---

[84] Die Ostkirche akzeptiert, dass der Tod durch Adam und Eva in die Welt gebracht wurde und in der Auferstehung Jesu das Paradies wieder erschlossen ist. https://de.wikipedia.org/wiki/Adam_und_Eva

[85] Vgl. www.abarim-publications.com/Meaning/Eve.html.

Hawa ist somit was der Akt (Pfeil II) in A hervorbringt: *sóma.* Adam ist das Äquivalent von *pneúma,* woraus *sóma.* entsteht. Dies bestätigt die Wurzel[86] von Adam *dmm* (דמם): Anfangen, erzeugen. Dies heißt, dass Adam auf den schöpferischen Anfang (D) des Akts (Pfeil II) und Eva auf dessen Ende (A) hinweisen.

Etymologie von Moses

Moses[87] stammt vom Hebräischem *masha* (משה) ab: Aus dem Wasser (Meer) hervorgehen (ziehen). Dies sollte auf seine Geburt im *okeanós,* Mischung aus *ouranós* und *gaía* hinweisen. Wir lesen, ich wiederhole, in Gen (1,2), dass der „Geist Gottes" über dem „Wasser *(okeanós)*" schwebt und in Gen (1,7), dass das „Wasser" oberhalb des „Festen (Soliden = *gaia*)" ist. Auch Salomons „Thron" stand, wie angedeutet, im „Meer". Diese Erkenntnis ergibt sich auf dem Erleuchtungsweg (Pfeil I) vom Standpunkt D: *gaía-ouranós* ⇨ *okeanós.* Oder vom Standpunkt A: *gaía* ⇨ *okeanós* ⇨ *ouranós.*

In-Christus Sein

Alles was die *philosophia* vermittelt, entspringt einzig und allein der Praxis des Sterbens, die in der Erleuchtung (D) zum „Tod" führt. Dieses „Sterben" spricht auch der Japanische Zenmeister Bunan (1603-1676) an:[88] *„Sterbe während du lebendig bist und sei dann absolut tot. Danach tue, was du willst. Es ist alles gut."* Ebenso Zhuangzi:[89] *„Die*

---

[86] Vgl. www.abarim-publications.com/Meaning/Adam.html.
[87] Vgl. www.abarim-publications.com/Meaning/Moses.html.
[88] https://laotzu.xyz/quote/display?id=10477
[89] *Das wahre Buch vom südlichen Blütenland.*

Menschen sehen im Fürsten jemand, der besser ist als sie, und sind bereit, persönlich für ihn zu sterben; wieviel mehr erst müssen wir das dem wahren Herrn (Vater im Himmel in uns) *gegenüber tun!"*

Wir lesen:[90] „Für Zhuangzi ist das Sterben nur ein Übergang in einen neuen Zustand und gerade diese Erkenntnis bedeutet für ihn den Zustand höchster Freiheit."

Im *Ägyptischen Totenbuch* steht: [91] *„Wenn der ‚Gestorbene' dieses Kapitel kennt, wird er in der ‚Unterwelt* (Diesseits) *' zu einem geheiligten Geiste werden; er wird dort nicht zum zweiten Male sterben."*

Wir lesen mit Verweis auf das *Tibetische Totenbuch*:[92] „Diese *‚Kunst des Sterbens'* stehe jedem offen und müsse bereits im Leben, durch *‚Zerreißen der Schleier der Maya* (diesseitige Illusion)' eingeübt werden."

Würde ich Sterben und Tod wortwörtlich nehmen, hätte ich nicht enthüllt, was ich darüber berichte. Es hat mich angeregt zu hinterfragen, was mit Sterben und Tod im NT gemeint ist, z.B. bei Paulus (Phil 1,23-24): *„Ich habe Lust, aus der Welt zu scheiden und bei Christus zu sein, was auch viel besser wäre; aber es ist nötiger, im Fleisch (sarx) zu bleiben um euretwillen."* Ich hoffe, genügend Leser*innen haben – anhand meiner bisherigen Erklärungen – erkannt, worauf sich „im Fleisch *(sarx)* bleiben (oder sein)" und folglich „aus der Welt scheiden" verbirgt.

Dies legt nahe, dass auch „bei Christus sein" sich auf *pneúma* – nach dem Aufstieg (Pfeil I) der *psyché* von *sóma*

---

[90] https://taiji-forum.de/taiji-qigong-philosophie/zhuangzi/

[91] Kapitel 135 [3]:
https://de.wikipedia.org/wiki/%C3%84gyptisches_Totenbuch

[92] https://de.wikipedia.org/wiki/Bardo_Th%C3%B6dr%C3%B6l

(sarx) zu *pneúma* – bezieht. Dieser lässt erkennen, warum „in Christus sein“ [93] dem Fleisch *(sarx)* gegenübersteht.

„In-Christus“ ist auch angesprochen in (1. Thes 4,16): *„In Christus werden ‚Gestorbene* (Erleuchtete)*‘ auferstehen.“* Es erscheint auch in (2. Kor 5.17): *„In Christus sind wir eine neue Schöpfung.* Besser wäre: „In Christus (*pneúma)* erneuert sich die Schöpfung“, weil sie zyklisch erfolgt (Kap.3). Dies heißt, dass dem Wandel der *psyché* längs Pfeil I der längs Pfeil II, Pfeil I, Pfeil II usw. folgt, womit sich der *kósmos* stets erneuert. Darauf könnte sich auch beziehen (2. Kor 5,19): *„‘In Christus‘ hat Gott den kósmos verändert.“*

Heiliger Geist

Wind ist in China, so wie Atem, Luft, Dampf und Licht, ein Äquivalent für Qi, dessen Existenz ich vor Übungsbeginn anzweifelte. Danach nicht mehr, denn Qi weht (zirkuliert) spürbar beim Üben im Leib, ähnlich dem Wind. „Reiner Wind“ verweist wohl auf Shen (*pneúma*), das auf dem Großen Weg (Pfeil I) zunehmend intensiviert wird. Ich bin froh, Qi im Üben zu spüren, was mir hilft zu akzeptieren, was ich berichte.

Wir lesen (Joh 3,7f): *„Der Wind weht, wo er will; du hörst sein Brausen, weißt aber nicht, woher er kommt und wohin er geht. So ist es mit jedem, der aus dem Geist* (*pneúma*) *geboren ist.“* Hier haben Wind und Geist eine im

---

[93] Paulus schreibt: *„Ist jemand in Christus, so ist er eine neue Kreatur. Das Alte ist vergangen; siehe Neues ist geworden.“* https://www.theol.uni-leipzig.de/fileadmin/Fakult%C3%A4t_Theologie/Dokumente/Institut_NT/Predigt-In_Christus_sein.pdf

Aufstieg erfahrbare Bedeutung. Beide sollten sich auch verbergen hinter:[94] „Bevor Gott Himmel und Erde schuf, schwebte sein Windhauch über dem Chaos. Die hebräische Bibel nennt ‚Ruach‘ den Atem Gottes, der oft auch als Geist Gottes beschrieben wird. Auch für Jesus galt der Wind als Symbol für den Heiligen Geist.“

Christlich-nestorianische Missionare in China übersetzten Heiliger Geist mit Liangfeng (凉风) oder Jingfeng (净风), was „kühler Wind“ bzw. „reiner Wind“ bedeutet.

Psychokosmos = *kósmos*: Wuwei, Ziran, Fanben

Ich wiederhole und präzisiere nun, was ich bisher über Qi *(psyché,* nafs, Atman) im *kósmos* (Pfeil I und II) angedeutet habe. Qi gehört zu Sanjiexue, Lehre (Xue) der drei (San) Welten (Jie). Seine dreistufige Metamorphose ist den zwei Wirktrieben, Wuwei und Youwei, unterworfen. Dabei vollzieht Qi im Aufstieg den Wandel Xing ⇨ Qi ⇨ Shen und im Abstieg in umgekehrter Richtung: Shen ⇨ Qi ⇨ Xing.

Sanjie (drei Welten) wird, ich wiederhole, durch Jiuxi – neun (Jiu) analytische Prinzipien (Xi) – beschrieben, was zu Sanjie Jiuxi führt. Dabei handelt es sich, Fangfu zufolge, um die VOLLSTÄNDIGE Beschreibung des *kósmos* (Bild 2), der keine Erkenntnisse mehr hinzugefügt werden können.

Dazu Laozi (Kap. 29): „*Das Universum* (besser: *kósmos*) *ist vollkommen. Es kann nicht verbessert werden. Wer es*

[94] Taube, Feuer, Wind: www.katholisch.de/artikel/8952-taube-feuer-wind

(ihn) *verändern will, verdirbt es* (ihn). *Wer es besitzen will, verliert es.*"

Diese uralte Weisheit beeindruckt, weil viele Menschen heutzutage das Jenseits (Pfeil I und II) als unerforschlich betrachten. Dem ist aber nicht so. Fangfu ergänzt: *„Das auf dem Großen Weg* (Pfeil I) *erkannte WISSEN* (Taijixue) *ist genau so umfangreich, wie das vertraute* (mit AD erworbene weltliche: *empeiría*)."

Untrennbar von Sanjie Jiuxi sind die drei höchsten Dao-Grundsätze: Wuwei, Ziran, Fanben.

(1): Wuwei ist das Übungsprinzip,

(2): Ziran ist die damit (aus sich heraus) bewirkte Förderung der schöpferischen Natürlichkeit,

(3): Fanben ist die daraus folgende Rückkehr[95] (Pfeil I).

Auf (1) bis (3) basiert Yangsheng-Xiuzhen (daoistische Gesundheitspflege-Wahrheitsergründung)[96].

Ich gehe davon aus, dass die Meister aller Traditionellen Kulturen, die ich zitiere, das, was ich hier zusammenfasse, ebenso bis zu einem gewissen Grad artikulierten, was ihren mit AD missinterpretierten Schriften jedoch kaum oder nur schwer zu entnehmen ist.

Die *hýbris* des streitbaren Geschlechts

Alles was ich bisher über die Dao-Lehre erörterte und im Folgenden weiter erkläre, gehört für die weisen Griechen zu *sophrón,* der Weisheit (*sophía),* die im Aufstieg (Pfeil I) „aus sich selbst heraus" – mit zunehmender Erfahrung des

[95] Die Rückkehr (Fanben) erfolgt „aus sich heraus" (*auta kath'auta*). Sie entspricht im NT der *metanoia* (Umkehr) und bei Suhrawaridi maad (ma'ad) (Rückkehr).

[96] Taijixue: http://www.taijixue.de/inhalt.htm

SEINs (*eón = ón)* – erlangt wird und im Abstieg (Pfeil II) verloren geht. Dieser aktiviert und fördert die *hýbris.* Sie resultiert aus Mangel von *sophía, sophrosýne, noeín* und *aletheía.* Sie ist Folge der Unkenntnis von *sophrón.*

Sie ist also nicht Hybris im heutigen Sinn, sondern eine Eigenschaft von uns allen, die sich *sóma, aphrosýne, dianoeín* und *empeiría* einseitig verschreiben und damit *némesis* herausfordern. Platon nennt in *Timaios* diejenigen, die es tun, das „streitbare Geschlecht", weil es sich *neíkos* (Streben, Wollen, Dominieren, Beherrschen) exzessiv hingibt.

Damit ist er im Einklang mit Salomon, ich wiederhole: *„Aber besser ist die Erkenntnis des ‚Menschen', der noch ungeboren* (in D) *und nicht damit konfrontiert' ist, was der ‚Neid unter der Sonne' bewirkt."* Ich erinnere daran, was ich in Band I geschrieben habe über: *Werdet wie die Kinder.*

Was allegorisiert der „Wandel (Pfeil I) hin zum Kind" und die „Wiedergeburt des Adams (in D)", so wie beides in der Wiedererinnerung an Verborgenes im Üben durch SEHEN zunehmend wahrgenommen wird? Es geht dabei um Enthüllung und Intensivierung kognitiver, autotherapeutischer und therapeutischer Fähigkeiten, die in uns allen verborgen sind. Es geht um die Reduktion der *hýbris* im ursprünglichen Sinn, d.h. der *hýbris,* die Kindern noch fremd ist.

Ich bin froh, meine erkannt zu haben, um Heraklit zu würdigen (B 43):[97] *„Hýbris soll man noch viel mehr lö-*

[97] Die Zitate (B 48) bis (B 78) und Heraklits Kritik an Pythagoras sind entnommen von: H. Reinhardt: *Der Gott Heraklits,* Academic Press Fribourg 2015.

schen als ein Großfeuer.“ Dies erklärt auch (B 46), warum er *dóxa* (Meinen, Glauben und Für-wahrhalten) „Epilepsie“ nennt und betont, dass das (weltliche, menschliche) Sehen „lügt“.

Damit stimmig sind seine Worte (B 78): *„Denn die menschliche Wesensart* (in A) *hat keine* (tiefgründigen) *Einsichten, die göttliche* (D) *aber hat sie.“* Seine Schlussfolgerung daraus ist (B 47): *„Lasst uns nicht blindlings über das Größte urteilen!“* Doch die wenigsten wissen, was damit gemeint ist und erkennen auch nicht ihre *hýbris!*

Die *hýbris-némesis*-Interaktion in den Mythen

Mythen (Band I), die ich bisher nur unzureichend erörtert habe, verweisen – wenn auch nicht direkt, so doch indirekt – auf die sich aus der *hýbris* ergebende Reaktion der *némesis.* Dies betrifft auch die Mythen, die ich im Folgenden erkläre. Dazu zählen *Untergang von Atlantis* (Timaios 24e; Kritias 120e, 121c), *Sodom und Gomorra* und *Turmbau zu Babel.* Sie zeigen, dass ihren Verfassern die Vermittlung der spirituellen Botschaft von dem was sich dahinter verbirgt, offenbar ein wichtiges Anliegen war, bevor sie – durch Unkenntnis ihrer Metaphern – verzerrt (materialisiert, verkörpert) wurde.

Die enthüllten Mythen zeigen, dass sich die darin stets vorhandene – wenn auch nicht direkt angesprochene – *hýbris-némesis*-Interaktion als tiefgründiger und erhellender erweist als die zwischen Hybris und Nemesis im heutigen Verständnis. Sie spricht uns alle an, die in „diese Welt gekommen sind (Pfeil II)“, insbesondere den *protagonistés.* Doch er wird sich am wenigsten darum scheren, was ich den Mythen entnehme. Leser*innen können sich dabei fragen, ob die Lehre Jesu mit deren Botschaft stimmig ist oder nicht? Ob diese mit der am Apollon-Tempel übereinstimmt oder nicht?

1.3 Der schwierige Zugang zu Wuwei, Gegenteil von Youwei

Es war für mich nicht leicht, nachdem ich mit (Wuwei, Youwei) genügend vertraut war, in der von mir zitierten Literatur der *philosophía* durch Mustererkennung die Gleichheit (Wuwei, Youwei) = *(philía, neíkos*) zu bestätigen. Nachdem ich sie erfasste, war es viel leichter, ihre Äquivalente

(a) (mahabba, qahr oder ghalaba) in Suhrawardis Lehre,

(b) *(ahabah, gala)* im Tanach und

(c) [Akarma (अकर्मन्), Karma (कर्मन्)] in der Brahman-Atman-Lehre ausfindig zu machen.

Jedes der fünf Paare ist in deren LDDW eingebettet. Diese ist, ich wiederhole, das Gerüst ihrer jeweiligen Netzwerke, die sowohl in sich als auch untereinander stimmig sind. Sie resultieren durch Einsatz des S- oder Wuwei (*philía,* mahabba, *ahabah,* Akarma)-Prinzips im Üben. Sie beschreiben die drei Metamorphosen von Qi (*psyché, nafs, rūaḥ*, Atman) im Auf- und Abstieg durch die drei Welten, worüber ich auch Hinweise im AT und NT finden konnte.

Wuwei im *Daodejing*

Wuwei erscheint erstmals im *Daodejing*[98]. Es wird dort 20-Mal in einer Weise erwähnt, die seine Rolle für die Dao-Praxis (Bild 1), die alle Dao-Metaphern hervorbringt, ohne

[98] Wuwei kommt mehrmals im *Daodejing* vor, in Kapitel 2, 3, 10, 37, 38, 43 (2x), 48 (2x), 57, 63 u. 64.

Einweisung nicht erkennen lässt. Dies bildete ich mir zwar früher ein, doch heute weiß ich, dass sich Wuwei, Dao, Qi usw. Laozis tiefgründigem Werk nicht ohne meisterliche Unterstützung entnehmen lassen.

Dies gelang mir – bis zu einem gewissen Grad – zum einen Dank der kompetenten Hinweise von Fangfu und zum anderen durch meine regelmäßige Dao-Praxis, die auf dem S (Wuwei)-Prinzip basiert. Beides ließ mich akzeptieren, dass es auch für Laozi nicht leicht war, seine Dao-Einsichten ungeübten Leser*innen zu vermitteln.

Ich wiederhole und ergänze seine Worte (Kap. 43): *„Die Belehrung ohne Worte, den Wert des Nicht-Handelns* (Wuwei) *erfassen nur wenige auf Erden."* Im Einklang damit ist (Kap. 1): *„Das Dao, von dem wir sprechen können, ist nicht das ewige Dao."* Ebenso (Kap. 81): *„Wahre Worte sind nicht schön, schöne Worte sind nicht wahr."* Kein Wunder also, dass über Dao und sein wichtigstes Attribut, Wuwei, aber auch alle anderen damit einhergehenden Metaphern wie z.B. Qi so viel „schöne Dichtkunst" verfasst wird.

„Dichtkunst" zu *philía*, mahabba, *ahabah* und Akarma

Was für Wuwei gilt, betrifft auch seine Äquivalente *philía*, mahabba[99] und *ahabah*[100] [101], übersetzt mit Liebe. Es be-

---

[99] Mahabba ist abgeleitet vom arabischen haba, übersetzt mit Liebe. Indem haba noch ma (überfließend) vorangestellt wird, drückt es überfließende (emanierende) Liebe aus.

[100] Vgl. https://www.abarim-publications.com/Dictionary/a/a-he-b.html *Ahabah* (אהבה) erscheint in *Prediger* (9,1), *Hohelied Salomos* (2,7), *Hosea* (11,4). Auf seine Stimmigkeit mit *philía* und deren Unvergänglichkeit (Ewigkeit) verweist (Jeremia 31,3): *„Ich habe dich mit ewiger Liebe (ahaba) geliebt.*" Es gibt zwei weitere Liebesbegriffe in der

trifft ebenso Akarma = Nicht-Tun, das ohne Übungsbezug fälschlich mit Faulheit, Nichthandeln, Tatenlosigkeit und Müßiggang übersetzt wird. Zur „Dichtkunst“ gehören auch alle auf *philía* verweisende Metaphern, sofern sie die Praxis (Bild 1) ignorieren. Dazu zählt, dass ein *philósophos* ein Weisheitsliebender sei. Für diesen gilt Platon zufolge, dass er:[102] *„nicht eher Befriedigung findet für seine Liebe, bis er die Natur eines jeden, was ist, erfasst hat.“*

Hinter Liebe verbirgt sich *philía*, also wesentlich mehr als ihr mit *philía* = Liebe zugewiesen wird. Es verwundert mich daher – in Anbetracht der der *philosophía* zugeschriebenen „Dichtkunst“ – nicht, dass man Sokrates unterstellt[103], „er wisse nichts außer Liebesdinge und sei stolz auf sein Nichtwissen“. Dazu zählt auch die irrsinnige Behauptung, er hätte eine päderastische Liebe („Knabenliebe“) entwickelt, denn er soll sich – in der Runde der

---

hebräischen Bibel: *ahab* und *ohab*, beide maskulin. Das am meisten benutzte von den dreien ist – man höre und staune – *ahaba* (feminin).

[101] Vgl. https://www.bibletools.org/index.cfm/fuseaction/Lexicon.show/ID/H160/ahabah.html. Es gibt viele Zuweisungen von *ahabah (= ahava)*, die nur schwerlich erkennen lassen was ich der Metapher zuschreibe. *Ahava* (אהבה) verweist auf *hav* (הב) = geben (aus sich heraus hervorbringen). Was steckt dann hinter *ahabah* (AHaBaH) in 1.Joh (4,7-8): *„Ihr Lieben, lasst uns einander liebhaben, denn die Liebe ist von Gott* (JHWH)*, und wer liebt, der ist von Gott geboren und kennt Gott. Wer nicht liebt, der kennt Gott nicht, denn Gott ist die Liebe?“* Ohne *ahabah (ahava)* – im Sinne von *philía* (mahabba, Wuwei, Akarma) – gibt es keinen Aufstieg (Pfeil I). Er beschreibt den Akt (Pfeil II) der *Genesis* (Kap.3) und ebenso dortige Mythen.

[102] Platon, *Politeia* in *Platon.* Werke, hrsg. von Gunther Eigler / Heinz Hofmann, 2011, Darmstadt, 490a/b und 177d.

[103] Barbara Zehnpfennig (Hrsg), Platon (Autor): *Einführung,* in Platon. *Symposion,* Philosophische Bibliothek, 2000.

Symposiasten (Praktizierenden) – angeblich als Mensch dargestellt haben, der nichts anderes verstünde als „Erotika“ (*Symposium* 177d).

Werden die ihm zugewiesenen Metaphern ohne Übungsbezug interpretiert, so betrifft dies, ich wiederhole, auch alle anderen ihm zugeschriebenen Äußerungen. Sie werden missinterpretiert. Man schaue sich nur an, was aus der *philosophía* geworden ist: Philosophie und Theologie. Beide wollen geglaubt werden und geben somit nicht wieder, was ursprünglich dahintersteckt und innig erfahren werden will.

Zur umfangreichen „Dichtkunst“ über *philía* und ihre Äquivalente in anderen Traditionen zählt:[104] „*Philía* ist die Ursache des Guten und *neíkos* des Bösen.“ Ebenso gehört zur „Dichtkunst“ über mahabba:[105] „Qahr und mahabbah sind zwei Dimensionen der intelligiblen Welt[106].“

Dies sind nur zwei von vielen unakzeptablen Auslegungen, die zeigen, dass ihre ungeübten Verfasser mit ihrem Sehen (*aphrosýne*) alles Mögliche (Unmögliche) in Wuwei, *philía,* mahabba, *ahabah* und Akarma hineindichten. Damit erzeugen sie die Schatten des EINEN (*lógos*) an Platons Höhlenwand.

---

[104] S. 559 in https://www.philosophie.hu-berlin.de/de/lehrbereiche/antike/mitarbeiter/menn/apongodasnous.pdf

[105] Meine Kurzfassung von: *In al-Suhrawardi, qahr and mahabbah are two 'dimensions' of the intelligible world.* Aus Henry Corbin, *History Of Islamic Philosophy,* Routledge 2014. https://www.fatuma.net/text/Corbin_-_The_History_of_Islamic_Philosophy.pdf

[106] Die „intelligible Welt“ ist eine Erfindung der Dichtkünstler. Vgl. https://www.zeno.org/Eisler-1904/A/Intelligible+Welt

Erkenntnishürde für *philía*

Man erkennt die Bedeutung einer der beiden Metaphern in (*neíkos, philía)* umso mehr, je besser man ihr jeweiliges Gegenteil kennt. Dies betrifft ebenso ihre Äquivalente in anderen Traditionen. *Neíkos* (= Youwei = qahr = Akarma) ist z.B. dem Literaturvergleich gut zu entnehmen, weil es meist mit Streben (Handeln, Beherrschen, Dominieren), aber auch – auf unakzeptable Weise – mit Hass übersetzt wird, z.B. in:[107] „Die Neikea (altgriechisch νείκεα, singular *neíkos* = νεῖκος) sind in der griechischen Mythologie Personifikationen des Hasses."

Diese Unterstellung, die dem trennenden (polarisierenden) AD geschuldet ist, hat zur Behauptung beigetragen, *philía* sei das Gegenteil von Hass, also Liebe, höchste Liebe oder gar Freundschaftsliebe, z.B. in:[108] „*Philía* ist in der antiken griechischen Literatur und Philosophie eine Art der Liebe, bei der die freundschaftliche Beziehung zwischen den Liebenden im Vordergrund steht (gegenseitige Freundesliebe)."

In Anbetracht dieser weitverbreiteten „Dichtkunst" war es für mich nicht leicht, (Wuwei, Youwei) = *(philía, neíkos*) zu erkennen und zu bestätigen. Wer denkt schon daran, dass *philía,* so wie Wuwei, nicht von dieser Welt, sondern der Schlüssel zur tiefgründigsten ESP-Erfahrung – SEHEN (mit Augen der *psyché)* – ist, die von Erleuchteten vollständig erlangt und immer wieder bestätigt wurde.

[107] *Neikea:* https://de.wikipedia.org/wiki/Neikea
[108] *Philia:* https://de.wikipedia.org/wiki/Philia

Die Dichtkunst der „Höhlenforscher"

Die Schatten an der „Höhlenwand", die das „Sehen mit Augen von *sóma"* erfasst, wurden von „Höhlenforschern" schon vor und zu Platons Zeiten als wahr betrachtet und studiert (Politeia, 106b):[109] *„Und wenn sie dort unter sich Ehre, Lob und Belohnungen für den bestimmt hatten, der das Vorüberziehende* (Schatten an der Höhlenwand) *am schärfsten sah und am besten behielt, was zuerst zu kommen pflegte und was zuletzt und was zugleich, und daher also am besten vorhersagen konnte, was nun erscheinen werde: glaubst du, es werde ihn* (den Weisen, der die „Höhle verließ" und SAH) *danach noch groß verlangen und er werde die bei jenen Geehrten und Machthabenden beneiden?"*

Am Ende des *Höhlengleichnisses* steht: *„Und werden sie* (die Höhlenmenschen) *denjenigen, der Hand anlegte, sie von den Fesseln zu lösen und hinaufzuführen* (Pfeil I), *wenn sie seiner habhaft werden und ihn töten könnten, nicht wirklich töten? — Sicherlich wohl, sagte er."*

Platon wusste also nur allzu zu gut (Politeia 493d): *„Wer sich auf die Masse* (und deren Mehrheitsmeinung) *einstellt und dieses große Biest als seine Gebieterin betrachtet, unterwirft sich den Bedürfnissen der Masse."* Weise sein ist ein Wagnis *(sapere aude*[110]*)*. Genügende Weise mussten ihr Leben dafür lassen.

---

[109] Höhlengleichnis: www.studium-universale.de/platons-h%C3%B6hlengleichnis-text/ (abgerufen am 06.06.2021)

[110] Das Zitat stammt von Horaz (20 v. u. Z.) (Epist. I,2,40 f.).

Agape und _philía_ im NT

Im NT werden, wie in Band I angedeutet, *agape*[111] und *philía* mit Liebe übersetzt. Wir lesen:[112] „Der Unterschied zwischen den Wurzeln *Agape* und *Philía* ist nicht immer deutlich. So werden die Christen davor gewarnt, die Welt zu lieben (1. Joh 2,15), und für die Liebe Gottes, des Vaters, zum Sohn (Joh 5,20) wird das Verb *phileo* (in *philia* verbunden) benutzt“. Der zweite Satz verweist klar auf die Besonderheit von *philia,* die mit „Liebe zur Welt“ nichts zu tun hat. Es geht vielmehr darum, sich regelmäßig mit *philia* im Üben von der „vertrauten Welt zu lösen“, um sich ihr danach anhand der damit gewonnen neuen Eingebungen umso inniger zuzuwenden.

Darauf verweist wohl Joh (16,27), wo *phileo* erscheint, das inkorrekt mit „liebhaben“ übersetzt wird:[113] *„Denn der Vater selbst hat euch lieb, weil ihr mich liebgehabt und geglaubt* (nicht gezweifelt) *habt, dass ich von Gott ausgegangen* (Pfeil II) *bin.“*

---

[111] Das griechische Verb *agapao* bedeutet *„sich zufrieden geben mit etwas“,* aber auch *„jemanden mit Achtung behandeln, bevorzugen“.*

[112] Agape: https://de.wikipedia.org/wiki/Agape

[113] Liebe-Liebesgott: www.academic-bible.com/en/keyword/24991/ Siehe *Teil 1.2 Griechisch.* Wir lesen dort: „*philéō* „lieben“ – erscheint im NT – nur 21-mal (davon 13-mal im Joh.), *eráō* „lieben“ und *éros* bzw. *érōs* „Liebe“ gar nicht. Das Substantiv *philadelphía* „Bruderliebe“ allerdings spielt in der paulinischen und johanneischen Literatur thematisch eine herausragende Rolle.“ Dazu mein Kommentar: *Philadelphía* betont die innige *philía*-Verbundenheit der Jünger mit Jesus. Auch für Dao-Praktizierende gilt: *Gemeinsames Üben stärkt die Verbundenheit aller Übenden dadurch, dass sich Wuwei bei jeden von ihnen damit mehr intensiviert, als wenn jeder für sich alleine übt.*

Was ich in Band I über *philía (phileo)* – im Vergleich zu *agape* (*agapao)* – schon angedeutet habe und nun vertiefe, ist stimmig mit 1.Joh 2,15 und 5,20, ebenso Joh 21,15-19, wo Jesus Petrus dreimal fragt, ob er ihn liebe.

„Liebst du mich *(agape)?"*

„Ja, Herr, du weißt, dass ich dich liebe (*philía*)."

„Liebst du mich *(agape)*?"

„Ja, Herr, du weißt, dass ich dich liebe (*philía*)."

„Liebst du mich (*philía*)?"

„Du weißt, dass ich dich liebe (*philía*)."

Dem Dialog ist zu entnehmen, dass es *philía* und nicht *agape* ist, die Petrus die *lógos*-Erfahrung (Pfeil I) zugänglich macht, zumal er stets mit *philía* antwortet. Damit gibt er Jesus die Gewissheit, dass auch er weiß, worum es bei *philía* geht und sie nicht mit *agape* verwechselt.

Der Dialog ist somit ein starkes Indiz dafür, dass die Lehre Jesu mit der *philosophía* – mit *philía* zu *sophía* (Pfeil I) – identisch ist. Doch auch sie wurde und wird immer noch durch Unkenntnis ihrer Metaphern verzerrt. Wäre es anders, hätten Bibelforscher längst aufgegeben, sie zu erforschen.

Deren AD setzt ihnen jedoch unüberwindbare Grenzen. Der sich dahinter verbergende *lógos* will nämlich erfahren und nicht geglaubt werden. Schon Augustinus, für den *philía* und *agape* gleichwertig sind[114], bestätigt mir, dass er beide nicht zu unterscheiden weiß und damit Jesus nicht erkennt.

Wie er zeigt, ist es leicht, den im Aufstieg mit *philía* erfahrbaren *lógos* in *mythos* zu verwandeln und diesen als

[114] Ebda. Augustinus: *De civitate Dei*, Buch 14, Abschnitt 7; online auf Deutsch und Latein.

wahr zu akzeptieren. Es ist schwer, den *lógos* daraus wieder zu rekonstruieren. Fangfu: *„Es ist leicht, klares Wasser zu verunreinigen und schwer es zu reinigen.“*

Rein ist für Platon (Sokrates) die *epistéme (gnósis).* Sie liefert gerechtes und reines Wissen (*mathésis kai epistéme tou dikaiou*)[115]. Folglich sollte die „Dichtkunst“ für ihn unrein sein. Die frommen Athener, die Sokrates zum Tode verurteilten, haben dies aber genau umgekehrt gesehen.

Der Große Weg (des Sterbens): Belehrung ohne Worte

Fangfu: „*Nur wer* (mit Wuwei) *zurückkehrt* (von A) *ans andere Ufer* (zu D) – für Platon: zum Höhlenausgang (D) – *kann sich befreien.“* Dies bringt das buddhistische *Prajna-paramita* (prajna: „Weisheit“; paramita: „anderes Ufer“) auch zum Ausdruck.

Auch Suhrawardi, ich erinnere, spricht[116] – im Zusammenhang mit dem Erwerb (Pfeil I) des „Wissens durch Präsenz“ – von „Rückkehr (ma'ad) zu sich selbst“. Jesus betont ähnliches, wenn er von Umkehr (*metanoia)* spricht. Diese zieht sich, so wie ein roter Faden, durch das NT und wird dort mehrmals angesprochen[117]. *Metanoia* stammt ab von *metanoeín* mit der Bedeutung Wechsel *(meta)* und *no-*

---

[115] *The Lost Plato,* Volume 1; *Plato's Struggle With Socrates*, Chapter 8: *Socrates' floundering in perplexity.* IV.ii.19-29. Vgl. www.juliustomin.org/hippiasminor.html (abgerufen am 13.06.2021).

[116] S. 70 in *Opera Metaphysica et Mystica I,* in Henry Corbin; *Mu'assasa-yi Mutala'at va Tahqiqat-i Farhangi.* Tehran 1993a [1945].

[117] Wer lesen will, was Theologen der *metanoia* zuweisen, dem empfehle ich den Artikel *Typen der Metanoia* von Rudolf Schnackenburg. http://docplayer.org/80520458-Theologische-zeitschrift.html (abgerufen am 13.06.2021).

eín (PD), das wiederum auf *nous*, die höchste Erfahrung im schöpferischen *kósmos (kósmos noetós)* hinweist.

Daoisten nennen die Person, die „das andere Ufer (D) erreicht" hat, Zhenren (真人, wahrer Mensch). Andere nennen sie erleuchtet (illuminiert). Sie hat im Aufstieg (Pfeil I) die innere Welt soweit erkundet, wie es Menschen möglich ist. Ich bin froh, einen von ihnen kennengelernt zu haben. Es irritiert mich jedoch, zu einer Kultur zu gehören, die sich von ihnen schon früh abwandte und sie sogar verfolgte.

Die Folge davon ist, dass die *philosophía* (*theología*) seitdem, mangels Kenntnis ihrer Metaphern, von Philosophen (Theologen) mit AD missinterpretiert wird, was diese selbst aber kaum erkennen. Sie sind sich des erfahrbaren *lógos,* der sich Umkehrern (Rückkehrern, Pfeil I) zunehmend offenbart, nicht bewusst.

Heraklit, ich wiederhole und ergänze, bringt, was ich andeute, auf den Punkt (DK 22): *„Aber obschon der lógos allen* (von uns) *gemein ist, leben die meisten doch so, als ob sie eine eigene Einsicht* (Einbildung, Ansicht, Meinung, Glauben) *hätten* (die sie für wahr halten). *Sie verstehen es nicht* (was ich über den *lógos* berichte), *auch wenn sie es vernommen haben. Sie sind so wie die Tauben. Das Sprichwort bezeugt's ihnen: ‚Anwesend sind sie abwesend'."*

Erfahrung des *lógos* in der freudvollen Todesübung

Ich präzisiere: Die „erhellende Todesübung (*phaidros meléte thanátou)"* offenbart erfolgreich Übenden (Bild 1) das im Aufstieg (Pfeil I) zunehmend erfahrbare „innere Wissen *(epistéme)*" als „Wiedererinnerung (*anamnésis)* an Verborgenes". Es kommt – in der Verschmelzung (Dao = Taiji = Wuyou) von Himmel (Wu) und Erde (You) oder *pneúma* und *sóma* – „aus sich heraus (*auta kath'auta)*" zustande.

Nur so lässt sich das Dao (*lógos)* und die damit einhergehende Wahrheit (Zhihui, *aletheía,* hikma) erkennen, und nur so der *mythos* beseitigen, der in den *lógos* hineinphantasiert wird. Nur so kann die *philosophía* (*theología)* durch Mustererkennung aus der Philosophie (Theologie) wieder rekonstruiert und erkannt werden, was mit *anamnésis* gemeint ist.

Das NT weist ihr jedoch eine gänzlich andere Bedeutung zu.[118] Ich erkenne sie dennoch bei Jesus, der die Wichtigkeit der persönlichen Erfahrung des *lógos* betont, die die *anamnésis* im Aufstieg im ursprünglichen Sinn zugänglich macht.

Ich wiederhole und ergänze: Aussagen über Auf- und Abstieg, worüber Meister zwischen Ost und West berichten, sind stimmig (holistisch), wenn sie dem S-Prinzip genügen!

Im Umkehrschluss: Stimmige Aussagen, so wie diese sich mittels Mustererkennung („Spiritueller Archäologie") aus Verzerrungen rekonstruieren lassen, verweisen auf das S-Prinzip.

Alle Äußerungen Jesu sollten, so wie die aller Meister, die es einsetzen, in ihrer unverzerrten Urversion stimmig sein. Dies betrifft, ich wiederhole und ergänze (Joh10, 30): *„Ich und der Vater sind eins."* Und (Joh 8,31-32): *„Wenn*

---

[118] Wir lesen in https://de.wikipedia.org/wiki/Anamnese_(Liturgie): „Die christliche Liturgiewissenschaft bezeichnet mit Anamnese (von altgriechisch *anámnēsis,* „Erinnerung") das feierliche Gedächtnis des Todes und der Auferstehung sowie des gesamten Heilshandelns Christi bei der Feier der Eucharistie."

ihr in meinem lógos bleibt, so seid ihr wahrhaftig meine Jünger, und ihr werdet die Wahrheit erkennen, und die Wahrheit wird euch frei machen!" Ich entnehme beiden Zitaten die Verschmelzung Jesu mit und seine „Geburt" im *lógos (theós).*

Die Bedeutung der Genealogie

Alle traditionellen Kulturen basieren auf einer Stammlinie (Genealogie) mit unverzichtbarer Qi-Übertragung (Band I). Der Meister führt damit seine Schüler auf den Pfad (*atrapós)*, den er selbst zurückgelegt hat. Dies tut er, indem er sie mit seiner Hebammenkunst (*maieutiké téchne)* unterstützt, diesen Weg selber zu finden und zu erforschen. Damit bringen sie zur Geburt, was in ihnen schlummert und enthüllt werden kann. Sokrates, ich wiederhole und ergänze, in *Theaitetos* (184a9-b2): *„Wir müssen das, womit Theätet schwanger ist, zur Welt bringen."*

Zur „Geburtshilfe" – Bergung des Verborgenen – von Sokrates zählt, dass er wiederholt behauptet, er sei jemand, der sich auf sein Nicht-Wissen (Wuwei-Wissen) verlässt (179b2-3), d.h. er frage nur und gebe selbst keine (verbalen, dafür aber praktische) Anweisungen (148e-151d). Er betont nachdrücklich, dass alles, was sich lohnt im Leben zu erreichen, nicht von ihm, sondern seinen Schülern selbst stammt, die es „aus sich selbst heraus" gebären.[119]

Dafür ist die Qi-Übertragung notwendig, auf die ich später zurückkomme. Sie ist nötig, um im regelmäßigen Üben vom Vertrauten (Glaubhaften) rigoros loszulassen, sich um

---

[119] Vgl. Lott, Thomas (2011): *Plato on the Rationality of Belief:* www.kirj.ee/public/trames_pdf/2011/issue_4/trames-2011-4-339-364.pdf (abgerufen am 13.06.2021).

nichts zu sorgen und nichts anzustreben. Jesus (Joh 5,30): *„Von mir selbst aus kann ich nichts tun."* Jesus: *„Richtet nicht* (Mat 7,1)", *„sammelt nicht* (6,19)" und *„sorgt nicht* (6,25)."

Damit ist er im Einklang mit Sokrates, der Theaitetos die Hebammenkunst erklärt (Theaitetos 572-575):[120] *„Hernach aber, bei fortgesetztem Umgange, machen alle* (Schüler)*, denen es Gott vergönnt, wunderbar schnelle Fortschritte, wie es ihnen selbst und andern scheint; und dieses offenbar ohne jemals irgendetwas etwa von mir gelernt zu haben, sondern nur selbst aus sich selbst entdecken sie viel Schönes und halten es fest"*.

Das Ende der Sokratischen Methode

Die Genealogie, in der die Hebammenkunst – Sokratische Methode – zum Einsatz kam, ging formell mit Schließen der Athener *akademeía* im Jahr 532 und der Verfolgung ihrer Meister zu Ende[121]. Sie existierte aber noch mehr als 300 Jahre danach in Harran (Osttürkei), dem letzten Schmelztiegel mittelöstlicher Traditioneller Kulturen.

Nachdem sie auch dort verschwand, trat Suhrawardi mit der Illuminationslehre an die Öffentlichkeit. Sie zählt zur uralten von mir erörterten universelle Lehre, die dem S-Prinzip genügt, die er auf beindruckende Weise artikuliert und wiederbeleben wollte. Sie stimmt bestens mit der Dao-Lehre überein, die auch Fangfu zu „neuem Leben erweckte", indem er sie in ein modernes spirituell-wissenschaftliches Gewand kleidete. Sie stimmt auch mit der *philosophía* überein, die ich nun weiter beleuchte, um

[120] http://www.zeno.org/Philosophie/M/Platon/Theaitetos
[121] S. 13 in C. Nixey: *Heiliger Zorn.* Deutschc Verlags-Anstalt 2019.

meine Enthüllung der folgenden Mythen damit zu bewerkstelligen.

1.4 Stufenweiser Aufstieg und Abstieg der *psyché*

Der Aufstieg der *psyché* erfolgt stufenweise, weil von einer zur nächsten Metamorphose Barrieren (Gewalten, Hürden) zu überwinden sind. Platon spricht sie im *Symposium* (204-211d) an: „*Indem man durch diese Stufen* (Pfeil I = Himmelsleiter) *schreitet, wird man aufsteigen von der Zuneigung zur Schönheit der einzelnen Dinge* (Laozi: 10.000 Dinge = Diesseits = A) *zur Liebe des SCHÖNEN! [...] Auf dieser* (der höchsten) *Stufe* (D) *des Lebens, lieber Sokrates, erklärte die Freundin Diotima*[122] *aus Mantinea, ist, wenn irgendwo, das Leben für den Menschen erfüllt, da er staunend das SCHÖNE selbst schaut.*" Der erste Satz deutet darauf hin, dass Platon sowohl weltzu- als auch weltabgewandt ist. Er findet beides schön, besonders, wenn man „das SCHÖNE selbst schaut".

Die im Aufstieg angetroffenen Welten (Himmel, Sphären) sind also durch Stufen getrennt. Dies gilt auch für die Jakobsleiter, die in Joh (1,51) auf Jesus übertragen wird. Sie führt zur Erleuchtung *(elampsis, eklampsis)*, die Plotin[123] „Schau des Lichts des EINEN nennt".

Auch wenn ich meist nur von drei Welten (Bild 2) spreche, so können diese, wie ich noch zeige, in weitere unter-

[122] Diotima wird übersetzt mit „die von Zeus *(theós)* Geehrte" oder „die Zeus *(theós)* Ehrende". Bem: Im Üben verschmilzt Objekt (Beobachtetes) und Subjekt (Beobachter). Objekt und Subjekt hatten ursprünglich die entgegengesetzte Bedeutung von heute.

[123] Mugerauer, Roland (2011): *Plotin - Neuplatonismus als Entsokratisierung Platons,* www.grin.com/document/172705 (abgerufen am 03.07.2021)

teilt werden. Diese sind für Erleuchtete nicht anzuzweifelnder eindeutiger universeller Erfahrung geschuldet.

Die zwei Bewegungssysteme des Menschen

So wie der Mensch zwei Wahrnehmungssysteme, Yin- und Yang-Liugen, hat, besitzt er, wie in Band I angedeutet, auch zwei Bewegungssysteme. Er führt, nachdem seine Bewegungen als Kleinkind anfänglich noch spontan gesteuert sind, diese ab einem gewissen Alter willentlich kontrolliert, also bewusst, durch.

Im Aufstieg erfolgt, wie in Band I kurz angesprochen, die Bewegung zunehmend selbstbewegt (aus sich heraus), weil sich der Übende immer mehr der Wirkung (Wei) aus dem Unbekannten (Wu) hingibt. Er wird auf seiner *magical mystery tour* (Pfeil I) – in seiner sich intensivierenden Selbstbewegung *(autokinésis)* – zunehmend durch Wuwei *(philía)* GEFÜHRT, was mit selbstbewegten ESP-Wahrnehmungen einhergeht. Dies ist für ihn eine faszinierende Angelegenheit, ist er doch nur Beobachter davon, was ihm widerfährt.

Ich erkenne die Selbstbewegung in *Phaidros* (245c5-246a2):[124] *„Die Selbstbewegung dagegen hört nie auf, sich zu bewegen, denn sie wird nie zu einer Fremdbewegung* (c7-8). *Als immerwährende Bewegung* (aus dem Immerseienden = SEIN) *ist sie Quelle und Ursprung* (*αρχή*) *der Bewegung für alles andere, was bewegt wird* (c8-9). *Als immer bewegt ist sie auch unsterblich* (c5).“

124 https://www.degruyter.com/document/doi/10.1515/9783110930801.221/pdf

Allegorie vom Seelenwagen

Platon berichtet (Band I) in *Phaidros* (246a–257a) über die *Allegorie vom Seelenwagen*[125]. Dabei geht es um den Aufstieg der *psyché* (Pfeil I) des *philósophos,* der sich selbst zu besiegen sucht. Platon vergleicht ihn mit dem Wagenlenker eines Streitwagens. Dieser hält in der Hand zwei Zügel, (a) einen zu einem Hengst *(pneúma, thymos* = Lebenskraft), der ihn auf seiner „Himmelsfahrt (Pfeil I)" – Intensivierung der Wahrnehmung des *lógos* – vorantreibt, und (b) den anderen zu einer Stute *(sóma, epithumía* = Lust oder Appetit am Diesseits), die ihn am Vorankommen hindert.

Hilfreich zum Verständnis dieser Allegorie ist *Phaidros* (249c): *„Das aber ist eben Wiedererinnerung* (im Aufstieg) *an jenes, was einst unsere psyché sah, als sie mit ihrem Gott* (D) *wandelte über das, was wir jetzt als Sein* (A) *bezeichnen, [...]. Daher wird denn auch gerechterweise allein der Geist (pneúma) des philósophos befiedert, denn er verweilt so viel als möglich ununterbrochen im Erinnern bei jenem, bei dem sein Gott verweilt, um selbst göttlich zu sein."*

Nützlich sind auch folgende drei Zitate. Phaidon (79d): *„Aber wenn sie (psyché) von selbst forscht, geht sie* (Pfeil I) *in das ‚Reich des Reinen und Ewigen und Unsterblichen und Unveränderlichen* (D)'. *"*

Phaidon (82b-c): *„Aber keine Person, die nicht die philosophía praktiziert hat und deren psyché nicht absolut rein ist, wenn sie sóma verlässt, kann zur göttlichen Natur ge-*

[125] Vgl. (a) http://www.tripartite-soul-theory.com/platos-republic/chariot-allegory.html
(b) http://www.opera-platonis.de/Phaidros.pdf

langen; das gilt nur für den ‚Liebhaber der Weisheit (mit *philía* zu *sophía*)*'."*

Phaidon (82d): „*Und deshalb kehren diejenigen, die für ihre eigene psyché sorgen und nicht im ‚Dienste von sóma' leben, all diesen Menschen den Rücken zu [...]. Sie selbst sind davon überzeugt, dass der philosophía* – mit ihrer Befreiung und Reinigung – *nicht widerstanden werden darf, und so wenden sie sich ihr zu und folgen ihr, wohin sie auch immer führt."*

Angleichung an *theos* so weit wie möglich

Platon nennt, ich wiederhole und ergänze, seine im Aufstieg durch SEHEN (*sophrosýne*) erworbene Erfahrung in *Theaitetos* (176b): *Angleichung an Gott (homoíosis theó).* Dazu ist zu sagen: Was sich im Aufstieg (Pfeil I) wandelt, sind nicht die Welten, sondern die sich intensivierende persönliche ESP-Wahrnehmung der „höchsten Realität". Diese wird durch Erweiterung der außergewöhnlichen Sinne (*sophrosýne)* zunehmend stufenweise erfahren.

Äquivalente Beschreibungen der „Himmelfahrt"

Es sollte nicht überraschen, dass es in traditionellen Kulturen weltweit, die das S-Prinzip einsetzten, übereinstimmende Allegorien über die „Himmelfahrt (Pfeil I)" gibt. So ist z.B. Krishna in der *Bhagavad Gita* (Kap. 1, Vers 15) der Lenker des Wagens von Arjuna, der „durch die drei Welten gezogen (Pfeil I)" wird. Das so erworbene WISSEN ist, ich wiederhole und ergänze, das Brahma-Wissen (Brahmavydia) (Bhagavatam 1.2.11):[126] *„Die Wissenden der Wahrheit*

[126] https://www.vishnupedia.org/dk-wiki/doku.php/bhagavan (Abgerufen 18.09.21)

nennen die ewige Wahrheit, deren Wesen zweitlose (nicht-duale) *reine Erkenntnis ist, Brahman, Paramatma und Bhagavan."* Auch Mithra wird in einem „Streitwagen mit vier Pferden" – symbolisiert durch ein Hakenkreuz (Swastika) – dargestellt.[127]

Stimmig damit sind auch die *Zehn Ochsenbilder des Zen[128],* die den stufenweisen Auf- und Abstieg eines „Ochsenhüters" darstellen. Er kehrt im Aufstieg (Pfeil I) zurück zu Taiji (Taiji-Kreis = Taijitu), zu seiner spirituellen Wurzel (D) und erfasst so seine „Fleischwerdung" (Pfeil II).

Es gibt weitere damit stimmige Allegorien[129], z.B. in der iranischen Simorgh-Kultur[130]. Sie alle zeigen, dass den Verfassern der Allegorien die persönliche Erfahrung des Jenseits (Pfeil I) wichtig war. Auch Rumi spricht sie im *Mathnawi III* (3901-06) an: *„Ich werde was kein Geist jemals begriff: Nichtexistenz."*

---

[127] http://balkhandshambhala.blogspot.com/2014/12/garduneh-e-mehr-mithras-wheel-origins.html. Wir lesen: „Mithra, eine Gottheit der alten Perser, von der Einige wollen, sie sei weiblich, Andere, sie sei männlich, und die in den Grundbegriff der *Doppelgeschlechtigkeit* zusammenfließt. Mithra steht als versöhnende und vermittelnde Liebe zwischen Ormuzd und Ahriman, zwischen Licht und Dunkel, Tag und Nacht, ein strahlender Morgenstern, eine himmlische Venus."
Dazu ist zu bemerken, dass mahabba (Liebe) ein Attribut der Mischwelt ist! Vgl. http://www.zeno.org/DamenConvLex-1834/A/Mithra,+Mithras+(Mythologie).

[128] https://zen-integral.com/2020/08/06/die-zehn-ochsenbilder/

[129] Ebda.

[130] Siehe https://iranicaonline.org/articles/simorg. Simorg hat sein chinesisches Äquivalent in Fenghuang, das dem legendären und daoistisch geprägten Gelben Kaiser (Huangdi, ca. 2700 v.u.Z.) erschien. Beide sind Phönix-ähnliche androgyne Wesen.
Vgl. https://chipperbirds.com/fenghuang-bird/

Anzahl der Stufen und Welten

Platon bezeichnet in *Timaios* (92c6-7)[131], so wie Philon, die diesseitige vielfältige Welt (A) *kósmos aisthetós.* Sie ist für ihn Abbild (*eikón*) des schöpferischen *kósmos noétos,* der im Aufstieg zunehmend erfahren wird. Er ist die Welt (Pfeil I und II) jenseits gewöhnlicher Sinneswahrnehmung (Yin-Liugen), die – ohne Übungsbezug und mangels Kenntnis der Metaphern – verwirrend und irreführend mit Ideenwelt[132] übersetzt wird.

Heraklits Äquivalente von *kósmos aisthetós* und *kósmos noétos* sind Alles (*pánta)* und EINS *(hèn).* Auch wenn er, Platon, Philon und andere nur zwei Welten ansprechen, so lässt sich die jenseitige (Pfeil I und II), so wie ich nun zeige, nicht nur in drei, sondern mehrere unterteilen: Der Aufstieg der *psyché* (Bild 2) – von einer zur nächsten Metamorphose – erfolgt im Einklang mit der LDDW – in drei Grundstufen.

Es lassen sich in jede der dabei angetroffenen drei Bereiche (Himmel), die von einer unteren zur nächst höheren Welt durch eine Stufe getrennt sind, drei weitere Bereiche einbetten. Daraus ergeben sich neun oder sieben Welten, wenn die drei oberen in eine zusammenfasst werden.

Aristoteles spricht z.B. von sieben „Gewölben“, in denen „Planeten“ eingebettet sind. Auch Suhrawardi erwähnt in *Hayakal al-Nur* (Gestalt des Lichts) sieben „Planeten“. Er benutzt auch „Lichter“ und „Gestalten“ dafür, worauf ich noch eingehe. Zoroaster berichtet, ihm zufolge, stattdessen von „sieben Herren“.

---

[131] *eikón tou noétou theòs aisthetós*

[132] https://platon-heute.de/ideenlehre.html

Diesen neun oder sieben Welten sind vier zugewiesen, die in der Dao-Lehre durch die vier Symbole[133] (Bild 2) und Folge 1,2,3,4 (Pfeil II) charakterisiert sind. Die Anzahl der weißen und schwarzen Felder in jedem Symbol entspricht der ihm zugeordneten Zahl.

Über die vier Zahlen äußert sich, wie in Band I angesprochen, Laozi im Einklang mit den Pythagoreern. Dies tut ebenso, wie ich noch zeige, Suhrawardi. Was sie berichten dient dem Verständnis der *Tetraktys* in Bild 5 und 6.

Kunst der Entschlüsselung von Weisheitsschriften

Leser*innen werden mir hoffentlich – anhand meiner bisherigen und folgenden Auslegung der Metaphern – zustimmen, dass selbst umfangreiche Kenntnisse der lateinischen, griechischen, hebräischen, aramäischen Sprache, in die z.B. biblische Texte gefasst sind, nicht ausreichen, um deren Inhalte zu erfassen. Dazu ist, wie mehrmals angedeutet, Vertrautheit mit dem S-Prinzip und des sich daraus „aus sich selbst“ ergebenden universellen Netzwerks von Metaphern erforderlich. Hätte ich es in der Dao-Lehre nicht ausreichend kennengelernt, hätte ich es in den von mir zitierten Schriften nicht gesucht und – trotz der oft signifikanten Verzerrungen – dort auch nicht durch Mustererkennung gefunden.

Hinzu kommt noch, dass verschiedene Worte innerhalb einer Traditionellen Lehre identische Inhalte haben, was Interpreten oft verkennen. Die Situation ist vergleichbar mit folgender, in der ein verliebter Mann seine Geliebte Sonnenschein, Baby, Maus, Engel, Göttin, Teufelchen oder

[133] Ich wiederhole: „Die moderne Dao-Lehre ergänzt die vier Symbole in Bild 2 durch ein fünftes oberhalb von Taiji (1). Es ist kein Symbol“.

Häschen nennt. Der Inhalt ist immer derselbe, die Worte jedoch oft gänzlich verschieden.

Entscheidend für das Aufdecken des Netzwerks der Metaphern sind daher nicht Worte. Viel wichtiger ist die Vertrautheit mit dem sich dahinter verbergenden und im Aufstieg zunehmend erkannten holistischem Muster. Ich habe es, ich wiederhole, in der Dao-Lehre bis zu einem gewissen Grad kennengelernt und in den von mir zitierten Lehren und ihren meist verzerrten Schriften vorgefunden.

1.5 Enthüllung des *lógos* aus dem *mythos*

Die Praxis des Sterbens (*meléte thanátou)* offenbart (Pfeil I) die *epistéme.* Zu ihr zählen: *Philosophía* (Philosophie), *geometría* (Geometrie), *arithmetiké* (Arithmetik), *mathematike* (Mathematik), *mousiké* (Musik), *astronomía* (Astronomie), *kosmología* (Kosmologie). Die Disziplinen in Klammern haben, wie angedeutet, mit den Originalen nichts zu tun, sondern gehören zur *empeiría.* Sie erfasst die Welt durch weltliches Sehen und nicht himmlisches SEHEN.

Die Verwandlung vom SEHEN zum Sehen ist Teil des Akts (Pfeil II). Sie resultiert aus der Abwendung vom erfahrbaren *lógos* hin zum zu glaubenden *mythos,* kurz *lógos* ⇨ *mythos.* Sie bewirkte: *epistéme* ⇨[134] *empeiría.* Dies heißt, die *epistéme* wurde verschüttet aufgrund zunehmender Hinwendung zur *empeiría.* Dieser Wandel bewirkte: *Philosophía* ⇨ Philosophie, *geometría* ⇨ Geometrie usw.

Einen ähnlichen Wandel durch *invention of tradition* haben die Metaphern im AT und NT vollzogen. Darüber sind

[134] Das Symbol steht für „erzeugt“ oder „wandelt sich in“.

sich die wenigsten von uns bewusst. Daraus ist in vielen Fällen, wie angedeutet, durch Mustererkennung rekonstruierbar was der *lógos* im SEHEN (Pfeil I) hervorbringt.

Es ist mein zentrales Anliegen, dies zunehmend detaillierter als bisher zu zeigen. Dabei schenke ich meine besondere Aufmerksamkeit den Aufstiegs- und Schöpfungsmythen, die ich im Folgenden damit enthülle. Ich widerlege damit die Behauptung (Mk 10,6 und 13,19), dass Jesus an die „Wahrhaftigkeit des Schöpfungsberichtes“ glaubte. Warum? Nun, weil auch er, so wie alle Erleuchteten, den Aufstieg (Peil I) bewältigte und den Schöpfungsakt (Pfeil II) damit bestätigte. Folglich brauchte er nicht daran zu glauben.

Jesus: „*Ich bin in dieser Welt, aber nicht von dieser Welt.*“ Dies entspricht der Dao-Weisheit: Je mehr man durch SEHEN mit dem Jenseits vertraut wird, umso mehr fühlt man sich im Diesseits zuhause. Man akzeptiert Fangfus Worte: „*Der Große Weg ist nicht von dieser Welt. Er hat jedoch seine positive Wirkung auf sie.*“

Taiji-Ball (Qibao) = *sphairos*

Taiji (Dao) wird im Aufstieg zunehmend als kreisender Qi-Ball (Qibao) wahrgenommen. Platon spricht in *Timaios* (31b-34b) stattdessen vom *sphairos* (Kugel)[135], der von Empedokles und Parmenides auch erwähnt wird. Was beide darüber berichten ist mit Laozi stimmig (Kap.25): „*Es*

[135] *Sphairos* hat mit einer mathematischen Kugel genauso wenig zu tun, wie *geometría* mit Geometrie, *arithmetiké* mit Arithmetik, *astronomía* mit Astronomie und ein Schüler *(mathétés)* von Pythagoras, Sokrates, Jesus, Hypatia usw. mit Mathematik. Alle Metaphern resultieren aus dem Aufstieg.

gibt Chaos, das schon vor ‚Himmel und Erde' (Metapher für dualistische Diesseits) *existierte, still und formlos. Es befindet sich in einem Zustand einer aus sich selbst heraus ernährenden kreisenden Bewegung.“*

Der *sphairos* ist für Empedokles identisch mit dem EINEN *(hèn)*, das er kugelförmig und ewig nennt. Suhrawardi:[136] *„Jede Bewegung mag zum Ende kommen, ausgenommen die kreisende Bewegung der himmlischen Sphären. Sie ist an keinen Ort im kósmos gebunden* (sie ist formlos).“ Ich erinnere an (Band I): *„Dem ‚Tanz und Gesang der Jünger' korrespondiert der ‚Tanz und Gesang überirdischer Sphären* (Bild 2)' *und dadurch wird ein ‚Zugang zur transzendenten Welt* (Pfeil I)' *geöffnet.“*

Es gilt: Dao-Übende werden mit Übungsfortschritt (P) – in den überirdischen Sphären (Pfeil I) – zunehmend selber zum rotierenden Qi-Ball (Qibao), zum *sphairos*. Empedokles beschreibt seine Erfahrung damit (Frag. 191): *„Sphairos, der kugelförmige, froh über die ringsum herrschende Einsamkeit.“* Er betont auch die Rolle des *philía*-Prinzips, um diesen Zustand zu erreichen:[137] „*Wenn philía* (Liebe) *herrscht, bilden die Elemente eine homogene Kugel, den sphairos, in dem sie einander vollständig durchdringen.“*

Auf die persönlich erfahrbare kugelförmige Mischung, die wirbelt (rotiert), verweist auch Xenophanes (580/570-?), der schon lange vor Sokrates den griechischen Polytheismus kritisiert. Er spricht vom „kugelförmig Seienden

[136] S. 30 in *Yaḥyá ibn Ḥabash Suhrawardī*, Hossein Ziai; *The book of Radiance.* Mazda Publisher 1998. Aus dem Englischen: *Every motion may cease, with the exception of the circular motion [...].*
[137] S. 516 in H.G. Nesselrath (Hrsg.); *Einleitung in die griechische Philologie*, De Gryther 1997.

(SEIN)“, übersetzt mit „kugelförmiger Gott“. Dabei geht es um den „Urmenschen“ am Anfang (D) des Akts (Pfeil II), den Platon im *Symposium* „Kugelmensch“ nennt.

Damit im Einklang sind die Pythagoras zugewiesenen Worte, die auf die ESP-Wahrnehmung des *sphairos* hinweisen (Porph.V. Pyth. 44):[138] *„Dieses Weltei (sphairos) zieht die umliegende Luft* (Qi) *ein*[139]*, wird schwanger und gebiert ein doppelgeschlechtliches, männlich-weiblich genanntes Lebewesen.“* Seine Aussage ist stimmig mit der Auflösung des *sphairos* und Entstehung (Geburt, Pfeil II) der dualistischen Welt (A). Darüber schreibt Empedokles (B30f.): *„Der neíkos gewinnt an Kraft und löst den sphairos auf.“* Dies bedeutet, dass sich *philía* dabei reduziert!

Kosmogonía (kosmología)* der *philosophía

Wir lesen in *Timaios* (29)[140], *dass diese Welt* (Diesseits = A) *ein Abbild von einem naturhaften Ursprung* (in D) *ist.* Damit ist angesprochen, dass das Diesseits (A) keine natürliche, sondern gesellschaftlich konzipierte Welt ist. Sie ist das Resultat des mit der *philosophía* erkannten Akts (Pfeil II), den sie *kosmogonía (kosmología)* nennt.

Kurzfassungen davon sind (a): EINS *(hèn)* ⇨ Vieles *(pánta),* (b) SEIN (*eón*) ⇨ Nicht-SEIN (*mè eón)* und (c) *kósmos noetós* ⇨ *kósmos aisthetós.* Für Plotin (Enneaden

---

[138] S. 118. Christoph Riedweg; *Pythagoras: Leben, Lehre, Nachwirkung; eine Einführung*. C.H.Beck 2007.

[139] Der wirbelnde Qi-Ball (*sphairos*) zieht im Aufstieg zunehmend Yang-Qi an und stößt dabei Yin-Qi ab. Im Akt (Pfeil II) ist es umgekehrt.

[140] Platon: http://12koerbe.de/pan/platon.htm.
(abgerufen am 21.06.2021).

II. 3.2) geht es bei (a) bis (c) um „*apórrhoia* (II.3.11) aus *hèn* (EINS)". *Apórrhoia* ist Emanation (Ausfluss).

Diese und folgende Formulierungen des Akts haben ihren Ursprung im Aufstieg (Pfeil I). Dies bestätigen die von mir enthüllten Mythen, die in sich stimmig sind. Dazu zählt der in *Timaios* zitierte *Mythos vom Untergang von Atlantis*. Auch er resultiert, so wie alle anderen Mythen, durch Umdichtung seines ursprünglich Inhalts mangels Kenntnis seiner erfahrbaren Metaphern. Deren Inhalte gingen zunehmend mit Abwendung vom SEHEN und *epistéme* und Hinwendung zum Sehen und *empeiría* verloren.

Androgyner Gott und mehrgeschlechtliche Menschen?

Platon wird – ohne Akzeptanz der allegorischen Bedeutung von Yin (weiblich, irdisch) und Yang (männlich, himmlisch) im Auf- und Abstieg – missverstanden:[141] „*Manche waren rein männlich, andere rein weiblich, wiederum andere – die andrógynoi – hatten eine männliche* (Yang) *und eine weibliche* (Yin) *Hälfte. Die rein männlichen stammten ursprünglich von der Sonne ab, die rein weiblichen von der Erde, die androgynen vom Mond.*" Hier geht es bei männlich, weiblich und androgyn, um keine Genderattribute, sondern – so wie auch bei Sonne, Erde und Mond – um Metaphern, die die drei Welten im Auf- und Abstieg charakterisieren. C.G. Jung meint jedoch, dass nicht nur Gott,

[141] Platon, *Symposion* (189d-190b9). In Bernd Manuwald: *Die Rede des Aristophanes* (189a1-193e2). In: Christoph Horn (Hrsg.); *Platon: Symposion*, Berlin 2012, S. 89-104, hier: 93f.

sondern auch Jesus androgyn sind[142] und er meint es wohl wortwörtlich.

Wer sich Gott männlich, androgyn, weiblich, kugelförmig oder wie auch immer vorstellt, indem er diese Metaphern wortwörtlich nimmt, ignoriert (Ex 20,1-6):[143] *„Du sollst dir kein Gottesbild machen."* Sollen oder Nichtsollen sind ein Hindernis für den Aufstieg (Pfeil I) vom weiblich-irdischen *(sóma)* zum männlich-geistigen *(pneúma)*, der kymischen Hochzeit[144], in der sich beide vermischen. Das absolute Gegenteil davon, Nicht-Tun, ist gefragt!

Kosmogonía (kosmología) in den indischen Veden

Wir lesen, ich wiederhole noch einmal und ergänze, zum Atman-Wandel (Pfeil I):[145] „Die *Atma Upanishad* beschreibt Atman [...] als dreifach: Bahyatman, Antaratman und Paramatman, die transzendente Realität." Wir lesen zum dazugehörigen Akt (Pfeil II) in der *Chândogya-Upanishad* (3,19), wo Brahman als Sonne allegorisiert wird: *„Diese Welt war zu Anfang nichtseiend [...]. Da entwickelte sich ein Ei. [...]. Darauf spaltete es sich in zwei Eierschalen; die eine von Silber* (Erde), *die andre von Gold* (Himmel)."

---

142 Carl Jung on the Androgyny of Christ: https://carljungdepthpsychologysite.blog/2020/03/19/carl-jung-on-the-androgyny-of-christ/#.XzPrz35CSUk .

143 Dies ist als Anweisung zu betrachten, *philia* im Üben – ohne Vorstellungen – „aus sich heraus" wirken zu lassen!

144 Als *Kymische Hochzeit* bezeichnet man die Rückverschmelzung (Pfeil I) der Seelenanteile zu einer Wesenheit!

145 http://veda.wikidot.com/atman

1.6 Stimmige Zitate über Auf- und Abstieg der *psyché*

Folgende augenscheinlich unterscheidliche Formulierungen über Auf- und Abstieg der *psyché* und deren Äquivalente aus unterschiedlichen Kulturen sollen helfen zu verstehen, um was es dabei geht, nämlich ihre inhaltliche Stimmigkeit.

Heraklit: Alles ist Eins

Auf- und Abstieg verbergen sich hinter Heraklits bekannten Worten: *hèn pánta einai* (Eins ist alles). Seine Aufstiegserfahrung (Pfeil I) bestätigte ihm: Was vor Aufstieg (Pfeil I) im Diesseits (A) als *pánta* (Vieles = Alles) erscheint, verwandelt sich durch Intensivierung des SEHENS zunehmend in *hèn* (EINS). *Hèn pánta einai* ist auch stimmig mit all seinen anderen Äußerungen, z.B. (Frag. 59): *„Der Weg hinauf* (Pfeil I) *und herab* (Pfeil II) *ist ein und derselbe."*

Kurz gefasst gilt im Aufstieg *pánta* ⇨ *hèn* und im Abstieg *hèn* ⇨ *pánta.* Doch *hèn pánta einai* beinhaltet mehr. Es drückt aus, dass *pánta* die sinnliche Wahrnehmung (mit Yin-Liugen, Sehen) – sprich: Erscheinung (Abbild = *eikonos*) – von *hèn,* dem EINEN, ist, womit sich Heraklit im Aufstieg vereinte und folgerte (Frag. 54): *„Verborgene Vereinigung ist besser als offene."*

Heraklit spricht den Aufstieg auch an mit (Frag. 53): [146] *„Der Kampf (pólemos) ist der Vater (patér) von allem (pánton) und König (basileús) von allen. Er macht einige*

---

[146] *Pólemos pánton mèn patér esti, pánton dè basileús, kaì toùs mèn theoùs édeixe toùs dè anthrópous toùs mèn doúlous epoíese toùs dè eleuthérous*

zu Göttern und andere zu Menschen, einige zu Sklaven und andere zu Freien.“

Im ersten Satz geht es darum, sich selbst zu besiegen, d.h. sich aus „Platons Höhle“ zu befreien (Pfeil I). Der zweite Satz nach dem Komma erinnert an den bereits zitierten aus Phaidon (66d), hier kurz: *„Sie werden durch sóma zu Sklaven* (also ihrer Freiheit beraubt).“

Es ist leicht zu behaupten: „Alles ist Eins“, es ist aber schwierig durch Üben zu erfahren, was sich hinter *hèn pánta einai* und Heraklits damit stimmigen Zitaten verbirgt. Er deutet an, warum dies schwierig ist (Frag. 123): *phýsis krýptesthai philei* (Die schöpferische Natur liebt es, sich zu verstecken.) Die Übersetzung in Klammern ist unvollständig, denn sie gibt – im Gegensatz zum Original – nicht wieder, dass *philía* zur Erfahrung der *phýsis* (schöpferischen Natur) erfordert ist. Ohne *philía* lässt sich die Vielfalt *(pánta)* nicht in das EINE *(hèn)* verwandeln (Pfeil I). Beide sind verschiedene Wahrnehmungen ein und derselben Realität.

Was ich anspreche zeigt, dass Heraklit mit dem S-Prinzip vertraut war. Er SAH, was Ungeübte sehen. Er assoziiert[147] *phileín* (Verb von *philía)* mit *homologeín* („mit dem *lógos*

[147] Siehe in *Gesamtausgabe, Band* 55 von M. Heidegger den Teil *Heraklit: Der Anfang des abendländischen Denkens; Logik. Heraklits Lehre vom Logos*, ed. Manfred S. Frings (Frankfurt am Main: Vittorio Klostermann, 1979). Heidegger ist im Widerspruch zu dem, was ich Heraklit zuweise, denn dessen Denken ist PD *(noéin).* Das heutige ist AD *(dianoéin)* und steht ihm diametral gegenüber. Heraklits Denken ist daher nicht der *„Anfang des abendländischen Denkens, das uns heute prägt“,* zumal es mit Untergang der *philosophía* verloren ging. Heidegger ist nicht der einzige Interpret, der mir bestätigt welche Gefahr von „Gleiches durch Gleiches“ – vom eurozentrischen „Wunschdenken“ – ausgeht.

konform“). Damit hebt er seine *lógos*-Erfahrung hervor, die er *philía* verdankt. Diese resultiert (Pfeil I), ich wiederhole, aus (Theaitetos 176ab): *homoíosis theó kata to dynatón* (Angleichung an *theós* so weit wie möglich). Sie ist stimmig mit Heraklit (Frag. 50): *„Habt ihr nicht mich, sondern den lógos vernommen* (erfahren), *ist es weise, übereinzustimmen (homologeín), dass Alles* (Diesseitige: *pánta) EINS (hèn) ist.“*

Was er damit betont ist, dass Menschen, die sich nur auf ihr Sehen verlassen, den erfahrbaren *logós* missverstehen. Ich wiederhole und ergänze: *„Für diesen logós aber, obgleich er ewig ist, gewinnen die* (abgestiegenen) *Menschen kein Verständnis. [...] Das Sprichwort bezeugt's ihnen: ‚Anwesend sind sie abwesend‘.“*

Heraklits Worte sind auch stimmig mit Jesus (Mat 18,3): *„Wahrlich, ich sage euch, wenn ihr nicht umkehrt* (Pfeil I) *und werdet wie die Kinder, so werdet ihr nicht in das Reich der Himmel eingehen.“*

Es wäre schön, wenn alle Aussagen, die Jesus zugeschrieben sind, so klar überliefert worden wären wie die von Heraklit. Viele von ihm lassen sich in Übereinstimmung mit Jesus bringen. Daher ist es umso verwunderlicher, dass andere Aussagen, die Jesus zugeschrieben sind, von seinen in sich stimmigen abweichen. Dafür gibt es viele Gründe, die mit *invention of tradition* einhergehen.

Empedokles berichtet über den Akt

Empedokles, der die Dialektik zwischen *philía* und *neíkos* im Auf- und Abstieg kompetent erklärt, liefert folgende Beschreibung des Aufstiegs (Pfeil I). Er assoziiert (Frag.

20)[148] *neíkos* mit „schlimmen (finsteren) Mächten des Zwistes (Streits)". *Philía* ist hingegen für ihn die Macht, die diese im Aufstieg „besiegt". Der damit einhergehende „Kampf" ist, worauf ich schon mehrmals hingewiesen habe, kein zerstörender, sondern vielmehr ein inneres Ringen im Aufstieg (Pfeil I) mit sich selbst, der die *harmonía* mit dem *kosmos* sucht.

Im Schöpfungsakt (Pfeil II) ist es umgekehrt. Dann emaniert die vielgestaltige dualistische Welt *(pánta)* aus dem EINEN *(hèn)* und die *harmonía* geht verloren. Wir lesen dazu (Frag. 117, Diog. Laert. 8,77)[149], Empedokles sei[150] bereits *Strauch, Fisch, Vogel, Knabe und Mädchen gewesen und jetzt hätten ihn die finsteren Mächte der psyché in die „Höhle dieser Erde* (A)*" geführt.*

Mit Strauch, Fisch, Vogel usw. ist das jenseitig gemischte EINE *(hèn, lógos, theós, eón)* angesprochen, woraus das diesseitig Viele *(pánta)* emaniert (Pfeil II). Dieses entspricht *sóma* in Platons *Gorgias* (363): *„Das habe ich auch schon von einem weisen Manne gehört, dass wir jetzt* (in Platons Höhle) *tot seien und sóma*[151] *unser Grab (séma) sei."*

[148] Empedokles-Fragmente:www.uhoeschenstein.ch/texte/Empedokles-Fragmente.pdf (abgerufen am 03.07.2021)

[149] S. 161 *Karl Otfried Müllers Geschichte der griechischen Literatur bis auf das Zeitalter Alexanders*, Erster Band, Verlage bei Josef Max und Co. Breslau, 1841.

[150] Vor seinem Abstieg (Pfeil II) der *psyché* (in biblischer Terminologie: „Sündenfall" oder „Verstoßung aus dem Paradies)".

[151] Für Heraklit ist *sóma* die unterste (der drei Metamorphosen der) *psyché*, womit *pánta* erfasst wird. Er nennt *pyr* (Feuer) – Metapher für Qi – *aer* (Luft) und manchmal „Äther von *sóma (aitherion sóma)"*. Siehe: Felix M. Cleve; *The giants of pre-sophistic Greek philosophy: An attempt to reconstruct their thoughts*, Martinus Nijhoff 1969.

Ich komme auf Empedokles noch zurück, zumal er die vier Elemente – Feuer, Wasser, Luft und Erde – in einer Weise anspricht, die mit all seinen Äußerungen und denen aller Meister über dem vierstufigen Abstieg (Pfeil II) und der Zahlenfolge 1,2,3,4 stimmig sind. Dabei handelt es sich um die erfahrbaren Inhalte der vier kreisförmigen Symbole (Bild 2), also nicht was Empedokles mit Feuer, Wasser, usw. angedichtet wird.

Platon: *Demiourgos* erzeugt den *kósmos*

Wir lesen (Timaios 29d-30c):[152] *„Aus dem formlosen Chaos schuf er (demiourgos =* Schöpfer) *den sinnvoll geordneten kósmos und verlieh ihm die größtmögliche Schönheit. Da solche nur Vernünftigen zukommen kann und nur Beseeltes vernünftig sein kann, gab der Schöpfer dem Weltall eine Seele, die Weltseele. So entstand der kósmos als ein vernünftiges Lebewesen.“* Dabei handelt es sich – wie so oft mangels Kenntnis der Metaphern – um eine fragwürdige Übersetzung von Platons tiefgründigen Worte über den Akt (Pfeil II), wovon die unterstrichenen besonders betroffen sind.

Ähnlich verdreht, aber zu entschlüsseln ist:[153] „Die Welt, die er (Schöpfer) erschuf, hat ein Muster und eine Bedeutung. Sie ist hierarchisch geordnet mit Gott auf dem ‚Gipfel einer Pyramide‘ und Menschen als seine ‚Vertreter auf Erden‘.“ Die Welt (Pfeil I und II) hat in der Tat ein Muster und zwar holistisches, eindeutiges, unvergängliches. Ver-

[152] Vgl. Mischa von Perger; *Die Allseele in Platons Timaios*, Stuttgart 1997, S. 69-71.

[153] S. 10 in Armstrong

gänglich ist lediglich was wir mit Sehen davon wahrnehmen.

Der dreistufige Schöpfungsakt der alten Griechen

Die weisen Griechen haben, wie angedeutet, schon früh den dreistufigen Akt (Pfeil II) mit (*ouranós, okeanós, gaía)* = (Himmel, Meer, Erde) charakterisiert. Dies erkennt man daran, dass der Ursprung (*arché)* des *kósmos* für Homer (ca. 8. Jh. v.u.Z.) und Hesiod (vor 7. Jh. v.u.Z.) *ouranós*[154] ist. Der damit beschriebene Akt (Pfeil II) lautet vom Standpunkt A kurzgefasst: *ouranós* ⇨ *okeanós* ⇨ *gaía.* Oder: Yang ⇨ Yin/Yang ⇨ Yin. Und vom Standpunkt D: *okeanós* ⇨ *gaía-ouranós.* Oder: Yin/Yang ⇨Yang-Yin.

Wir lesen, ich wiederhole und ergänze, in Gen (1,1-2), was auf *okeanós* ⇨ *gaía-ouranós* hinweist: *„Am Anfang schuf Gott Himmel (ouranós) und Erde (gaía). Und die Erde war wüst und leer, und Finsternis lag auf der Tiefe; und der Geist Gottes schwebte über dem Wasser (okeanós).“*

Wir lesen, zur Erinnerung in Gen (1,7), dass „Wasser“ oberhalb des „Festen“ ist. Das „Feste“ ist die duale Welt, die Gott angeblich erschuf, indem er das Wasser (Meer) zweiteilte, was den Exodus (Abstieg, Akt) der Menschheit (Pfeil II) aus dem Paradies (A) bewirkte.

Heraklit: Kein Gott hat die Welt erschaffen

Leser*innen sollten sich fragen, von welchem Standpunkt, A oder D, Heraklit die *kosmogonía* (Pfeil II) artikuliert. Sie

---

[154] *Ouranós* wurde, so wie viele andere im Aufstieg erkannte ESP-Phänomene, zu einem Gott gemacht. Damit wurde das Unverborgene (Erfahrbare) zum Verborgenen und zu Glaubenden.

klingt wirr, lässt sich jedoch mit all meinen Hinweisen zur LDDW enthüllen:[155] *„Diese Weltordnung, die selbige für alle Wesen, hat kein Gott und kein Mensch geschaffen, sondern sie war immerdar und ist und wird sein ewig lebendiges Feuer, nach Maßen erglimmend und nach Maßen erlöschend. Feuers Wandlungen: erstens Meer (okeanós), die Hälfte davon Erde (gaía), die andere Glutwind. […] Es [das Feuer] zerfließt als Meer und erhält sein Maß nach demselben Wort [logós* = Gesetz], *wie es galt, ehe denn es Erde ward.“* Was Heraklit über den Akt schreibt, hat er wohl im Aufstieg selber erfahren.

Platon berichtet über den dreistufigen Schöpfungsakt

Platon spricht, ich wiederhole und ergänze, die drei Metamorphosen der *psyché* im Akt (Pfeil II) an. Sie lassen die drei Welten erkennen (Timaios 50d): *„Im Augenblick aber müssen wir uns drei Gattungen* (Metamorphosen) *denken: Das Werdende (psyché), das was daraus wird (sóma) und das (pneúma,* auch *nous* genannt), *woraus das Gebärende (psyché) entstanden ist.“* Dahinter verbirgt sich: *pneúma* ⇨ *psyché* ⇨ *sóma.*

Platon ergänzt (Timaios 29b): *„Die* (vertraute) *sinnliche Welt (pánta, kósmos aisthetós* in A) *ist eikonos* (Abbild, Emanation[156]) *von etwas, was viel tiefgründiger* (Bild 2: höher) *ist.“* In seinem Mythos vom *Untergang von Atlantis*, den er ebenfalls in *Timaios* anspricht, geht es um nichts anderes. Interpreten haben jedoch den spirituellen Akt

[155] Heraklit, Frag. B 31

[156] Plotin (Ennead II.3.2): Emanation = *apórrhoia* (II.3.11) aus dem EINEM *(hèn).*

(Pfeil II) mit ihrem AD verweltlicht und so in *mythos* verwandelt.

Laozi: Der Vierstufige Dao-Schöpfungsakt

Ich wiederhole und ergänze. Laozi (Kap. 42): *„Das Dao erzeugt Eins, Eins gebärt Zwei, Zwei die Drei und Drei die 10.000 Dinge."* Er präzisiert den Akt (Pfeil II) mit (Kap. 25): *„Es gibt Chaos, das schon vor Himmel und Erde existierte, still und formlos. Es befindet sich in einem Zustand einer aus sich selbst heraus ernährenden kreisenden Bewegung. Man mag es die ‚Mutter der 10.000 Dinge' nennen. Ich kenne seinen Namen nicht, deshalb nenne ich es Dao. Weil ich kein besseres Attribut für Dao finde, bezeichne ich es als groß (Da). Es fließt dahin und kehrt wieder zurück".* Mit „kreisender Bewegung" verweist er auf den *sphairos.*

Die Vier (4), die man nach der Drei (3) erwartet, nennt er 10.000 Dinge. Damit drückt er aus, dass 4 alle höheren Zahlen 5,6,7 usw. „generiert". 1,2,3,4 sind, ich wiederhole, in der Taiji-Lehre den vier Symbolen (Bild 2) zugewiesen, deren Zahl der Anzahl der „Felder" im jeweiligen Symbol entspricht. Die Dao-Lehre kennt, ich wiederhole, noch ein Symbol oberhalb von EINS (1). Es ist KEIN Symbol (0).

Laozi und Pythagoreer: Beeindruckende Stimmigkeit

Ich wiederhole und ergänze. Die Worte von Laozi – *Das Dao erzeugt Eins, Eins gebärt Zwei, Zwei die Drei und Drei die 10.000 Dinge* – sind stimmig mit der *kosmogonía (kosmología*) der Pythagoreer, symbolisiert in der *Tetraktys*

(Bild 4):[157] *„Vier Schritte resultieren aus dem Erwerb der Weisheit* (Pfeil I): *arithmetiké, mousiké, geometría, astronomía) [...].“ Arithmetiké, mousiké* usw. beschreiben, so wie bei Laozi, die sich stufenweise wandelnde Qi *(psyché, nafs,* Atman)-Erfahrung im Abstieg. Was die Pythagoreer berichten, ist also mit Laozi stimmig.

Dies gilt aber nicht für die „Dichtkunst“ von Interpreten, für die 1,2,3,4 algebraisch sind. Die vier Zahlen können nicht manipuliert (addiert, subtrahiert usw.) werden. Sie zu summieren, so wie es oft geschieht – z.B. 1+2+3+4 = 10 – ist so als würde man Himmel und Erde addieren.

Konfuzius' Beschreibung des Dao-Schöpfungsakts

Konfuzius führte Taiji als Äquivalent von Dao ein. Er umschreibt es, Fangfu zufolge, mit: *„vor dem Anfang und nach dem Ende“*. Er ergänzt im *Vorwort zum Yijing* (I Ching), womit er den Akt anspricht: „*Yi* (Wandel) *hat Taiji, daraus entstehen* (Pfeil II) *zwei Pole* (Liangyi).“ Ebenso betont er: „*Taiji ist die Mutter von Lianyi (2), das wiederum zu Sixiang (4) und das wiederum zu Bagua wird.“* Er deutet, ich wiederhole, damit an, dass jedes höhere Symbol (jede Gestalt) (Bild 2) das (die) darunterliegende hervorbringt (Pfeil II).

Bagua[158] (Bild 3) charakterisiert mit acht Trigrammen das Diesseits (A), die Welt vor Einstieg in den Großen Weg (Pfeil I). Das untere Trigramm (mit drei schwarzen ge-

[157] Robin Butterfield; *Theology of Arithmetic,* DOVER PUBN INC. 1991.

[158] Fangfu liefert viele Details zu Bagua (Bild 3). Diese gehen weit darüber hinaus, was ich darüber berichte und Konfuzius darüber wusste. Fangfu zufolge übernahm er sein Wissen von Daoisten.

trennten Strichen) symbolisiert Erde, das obere (mit drei weißen Strichen) Himmel.

Meine Auslegung aller Mythen, der zitierten und folgenden, greift auf Bagua zurück, auch wenn ich es nicht explizit anspreche. Ich zeige seinen Nutzen in meiner Entmystifizierung der *Genesis* inklusive des AEM (Kap. 3). Dann werden mir Leser*innen hoffentlich zubilligen, dass, ich wiederhole (Band I) und ergänze, Taiji dem *aión* (Aion = Äon = Ewigkeit) und hebräischem *ēyn sōf* (En Sof = Ein Sof = Eyn Sof = Ain Soph[159] = „es hat kein Ende") entspricht. *Aión (ēyn sōf)* ist das Äquivalent des ewig beständigen SEINs (*eón = ón)* oder EINEM (*hèn).*

Jesus spricht (Off 22,13): *„Ich bin das Alpha und das Omega[160], der Erste und der Letzte, der Anfang und das Ende."* Er wurde in der Erleuchtung, so wie alle Meister, selbst zum EINEN (Joh. 10, 30), in dem alle Gegensätze (Erstes-Letztes, Anfang-Ende, usw.) zusammenfallen: *„Ich und der Vater sind EINS."* Dies erklärt (Mat 4,17-5,12), was er mit „Reich der Himmel (Pfeil I und II)" und beginnenden „Herrschaft Gottes (D)" meint.

Pythagoreische Schöpfungslehre

Viele Interpreten sind sich darüber einig:[161] „Die Entdeckung der Weltharmonie wurde Pythagoras von Samos, dem Begründer der pythagoreischen Tradition zugeschrieben." Sie meinen. diese Harmonie in der Folge 1,2,3,4 –

[159] Ain Soph wird, so wie Taiji, ein Kreis, jedoch mit liegender Acht, zugewiesen.

[160] Das phönizische Omega ist ebenfalls ein Kreis.

[161] *Tetraktys:* https://de.wikipedia.org/wiki/Tetraktys (abgerufen am 03.07.2021)

Tetraktys =Vierheit (Bild 4) – zu erkennen. Dabei ignorieren sie die *Eidesformel der Pythagoreer.* Diese betont klar, dass die *Tetraktys* auf die sich wandelnde *psyché* (Pfeil II) hinweist:[162] *„[...] der unserer psyché die Tetraktys übergeben hat, welche die Quelle und Wurzel der ewig strömenden* (emanierenden) *Natur (phýsis) enthält."*

Auch wird den Pythagoreern seit Langem, man höre und staune, unterstellt[163], sie hätten sich vom „Fleisch enthalten" und seien die ersten Vegetarier, zumal dies angeblich dem Seelenheil diene. Auch dies ist *mythos,* denn auch sie haben sich von ihren „tierischen Begierden" im Aufstieg von *psyché = sóma = sarx* (Fleisch) befreit. Dies gilt ebenso für die frühen Christen, denen – durch Unkenntnis von *sarx* – ähnliches angedichtet wird. Es kommt also nicht von ungefähr, dass Suhrawardi und andere die unterste *psyché* (nafs) tierisch nennen. Sie ist durch weltliches Streben (*neíkos*) geprägt, das zwar Anerkennung in der Gesellschaft bewirkt, aber den persönlichen Aufstieg behindert.

Vier Welten bei Hesiod, Philon und im *Nag Hammadi Code*

Hesiod spricht in *Theogonie* (Pfeil II)[164] von vier Weltaltern und Menschengeschlechtern. Philon benennt vier Welten (Aziluth, Briah, Jezirah, Aziah), die – als „Ausstrahlungen aus Ensoph (Pfeil II)[165]" – zunehmend „un-

---

[162] Ebda.

[163] https://edoc.hu-berlin.de/bitstream/handle/18452/16141/pungs.pdf?sequence=1

[164] Hesiod, Theogony: https://chs.harvard.edu/CHS/article/display/5289 (abgerufen am 03.07.2021)

[165] Dies erinnert an die Sonnenscheibe, die Aton symbolisiert (Teil I).

vollkommener“ werden. Auch *Zostrianos* (NHC) spricht von vier Äonen[166] (127,11b-128,7a).

Ich erinnere daran, dass jede höhere Welt, die darunterliegende hervorbringt. Die höchste beinhaltet also alle darunterliegenden. In der untersten sind alle oberen latent vorhanden. Ich wiederhole: Es sind keine Welten, sondern unterschiedliche Wahrnehmungen einer einzigen.

Die Vier in altiranischer Schöpfungserfahrung

Empedokles spricht, wie angedeutet, die Folge 1,2,3,4 mit den vier Elementen Feuer, Wasser, Luft und Erde an. Er nennt sie Rhizomata (vier Wurzelkräfte). Es liegt nahe, dass er damit die Qi *(psyché, nafs,* Atman)-Metamorphose im vierstufigen Abstieg anspricht, weil er sich auch kompetent über die damit einhergehende Interaktion zwischen *philía* und *neíkos* äußert.[167]

Wir lesen damit übereinstimmend: [168] *„Alle Gelehrten Persiens stimmen darüber ein, dass jede Art der Himmel, Sterne, einfachen und zusammengesetzten ‚Elementen[169]‘ einen ‚Herrn‘ in der ‚Welt des Lichtes‘ besitzen.“* Noch heute verweisen Monatsnamen im iranischen Hijri-

[166] *Äon* (griechisch *aion* „Ewigkeit“) hängt etymologisch mit *(e)ón* (SEIN) zusammen.

[167] S. 75 in J. Hirschberger; Geschichte der Philosophie, Band I: Altertum und Mittelalter. Vgl. http://pds14.egloos.com/pds/200901/16/93/Hirschberger_Johannes_-_Geschichte_der_Philosophie_I.pdf

[168] S. 46 in M. Horten; *Philosophie der Erleuchtung nach Suhrawardi,* Georg Olms Verlag 1981.

[169] Zu den ‚Elementen‘, die als Synonyme für ‚Lichter‘ benutzt werden, zählen Wasser und Feuer, die Empedokles in seinen „vier Elementen“ anspricht.

Sonnenkalender auf die von Zoroaster erwähnten „Elemente (Lichter, Herrn)“.

Suhrawardi zitiert vier Welten.[170] Er schreibt: [171] *„Ich selbst habe vertrauenswürdige Erfahrungen gemacht, die darauf hindeuten, dass es vier Welten gibt.“* Doch seine Äußerungen werden von Übersetzern durch Unkenntnis der Metaphern verdreht.[172] Sein Retreat (Rückzug zum Üben) sollte ihm bestätigt haben:[173] *„Die Engel wurden zu zweit, zu dritt und zu viert gesandt* (Pfeil II). *In der Tat, was zwei Flügel hat ist tugendhafter, als was drei oder vier hat.“* Dahinter verbirgt sich – wenn auch nicht angesprochen – die Hierarchie (*Tetraktys*) 1,2,3,4: Die Inhalte kleiner Zahlen sind höherwertiger (tugendhafter) als die der größeren.

Die Vier in JHWH

Wie sieht es mit JHWH aus, das in Bild 5 als *Tetraktys* dargestellt ist? Wir lesen: [174] „Jede der vier Stufen der Schöpfung entspricht einer der vier Buchstaben (Bild 4) im

---

[170] S. 65 in Max Horten.

[171] S. 68 in Roxanne D. Marcotte; SUHRAWARDĪ'S REALM OF THE IMAGINAL
Vgl. https://iphras.ru/uplfile/smirnov/ishraq/2/8marco.pdf

[172] https://plato.stanford.edu/entries/suhrawardi/

[173] S. 162 in Mehdi Amin Razavi; *Suhrawardi and the School of Illumination,* Routledge 1996. Wir lesen auch in Sure (35:1): *„Lob gehört Allah, dem Erschaffer (Fatir) der Himmel und der Erde, der die Engel zu Gesandten gemacht hat mit Flügeln, (je) zwei, drei und vier!“* Siehe auch Bettina Löber: *Das Rauschen der Flügel Gabriels:* Drei Erzählungen des „Meisters der Erleuchtung“ Suhrawardi, DRP Rosenkreuz Verlag 2006.

[174] https://de.chabad.org/library/article_cdo/aid/534915/jewish/Die-vier-Welten.htm

Tetragrammaton (JHWH) [175].“ Die vier Stufen beschreiben die Erfahrung des EINEN im Aufstieg (Vers 4 in Dtn 6,4-9)[176]: *„Höre, Israel – j-h-w-h – unser Gott – j-h-w-h – EINER“*. Hier ist der EINE (1) mit der Folge 1,2,3,4 identisch. Darin ist jede höhere Zahl als 1 eine reduzierte Wahrnehmung des EINEN. 1 und 4 sind auch indirekt in *hèn pánta einai* (EINS = Alles) angesprochen.

Die Vier in der jüdischen Kabbala

Wir lesen:[177] *„Vier Welten* (hebr. *Olamot) oder Weltebenen bilden nach den Lehren der jüdischen Kabbala die Stufen, durch die sich aus dem grenzenlosen Schöpfungsurgrund Ain Soph die Schöpfung* (Pfeil II) *bis zur physischen* (materiellen) *Welt* (in A) *verdichtet.“*

Die Vier in der Vedischen Schöpfungslehre

1,2,3,4 sind auch in den *Veden* angesprochen:[178] „Es wird also ähnlich wie in den Weltaltern der Antike die Entwicklung der Welt als ein kontinuierlicher Abstieg beschrieben von einem ‚goldenen‘ Satya Yuga, über das immer noch ‚silberne‘ Tretā Yuga zum ‚bronzenen‘ Dvāpara Yuga mit einem Tiefpunkt im ‚eisernen‘ Kali Yuga.“

Vier und Sieben in der *Genesis*

Gen (2,13) erwähnt den Garten Eden und beschreibt den vierstufigen Akt: *„EIN Strom entspringt in Eden, der den*

---

[175] *Tetragrammaton* und *Tetraktys* sind stimmig mit dem Stammbaum der Kabbala. Vgl. https://de.other.wiki/wiki/Tetragrammaton

[176] https://gemeinde-kirchenentwicklung.ekir.de/wp-content/uploads/2019/10/fb_praedikanten_arbeitsbuch_modul5.pdf

[177] Vier Welten: https://anthrowiki.at/Vier_Welten

[178] Yuga: https://de.wikipedia.org/wiki/Yuga

Garten bewässert; dort teilt er sich und wird zu VIER Hauptflüssen." Strom verweist auf *apórrhoia* (Emanation), womit das Ausströmen (Pfeil II) niederer aus höheren Welten – *ouranós* ⇨ *okeanós* ⇨ *gaía* – gemeint ist. Mit vier Hauptflüssen ist, so wie bei Laozi und Pythagoreern, die vierstufige Aufteilung des EINEN im Akt angesprochen. Der AEM[179] benennt die Vier mit: *„[...] die vierte Frucht verweist auf die Zahl Vier, die symbolisch für die materielle Welt steht."* *Genesis* (1,1) benennt auch die Sieben: *„Gott hat die Welt in sieben Tagen erschaffen."* Da dem spirituellen Akt (Pfeil II) – im Gegensatz zur biologisch-physikalischen Evolution gemäß der Evolutionstheorie – keine Zeitachse zugeordnet werden kann, sind „sieben Tage" nicht wortwörtlich zu nehmen.

Auf- und Abfahrt Jesu in und aus dem siebten Himmel

Im *Maria-Evangelium*[180] wird von sieben Stufen der Verwandlung der *psyché* berichtet. Wir lesen:[181] „Bereits die *Christus-Vaticinia* enthält Jesu Ab- und Auffahrt aus dem und in den 7. Himmel: [...] die Ankunft des Geliebten aus dem siebenten Himmel [...] und seine Verwandlung und

---

[179] Adam und Eva: https://de.wikipedia.org/wiki/Adam_und_Eva Das Zitat resümiert die Auslegung der 2. Paradieserzählung, die mit Gen (2,4b) anfängt.

[180] *Evangelium nach Maria:* https://gcmm.jimdo.com/evangelium-nach-maria /

[181] S. 572-573 in Michael Lütge; *Der Himmel als Heimat der Seele.* Habilitation an der Georg August Universität Göttingen im Fachbereich Evangelische Theologie, 2008. Im Artikel gibt es viele Hinweise über biblische Auffahrten, z.B. die von Abraham durch die „Flächen des Himmels". https://homepage.ruhr-uni-bochum.de/michael.luetge/Himmelfahrtspraktiken.pdf (abgerufen am 03.07.2021)

sein Hinabsteigen und seine Gestalt in die er verwandelt werden sollte, nämlich in Menschengestalt [...].“

Die sieben Städte der mahabba

Der Iraner Attar (1136-1221) durchquerte (Pfad I) Rumi zufolge „sieben Städte der mahabba“. Somit bestätigte er den Akt (Pfeil II). Attar berichtet in *Manṭiq aṭ-ṭair* (Die Rede des Vogels) von Tausenden von Vögeln, die sieben Täler durchqueren (Pfeil I). Davon blieben – am Ende der Reise (D) – nur dreißig übrig, die erkannten, dass „sie der gesuchte König selbst sind“. Ich entnehme der Fabel, dass der „Aufstieg in den siebten Himmel“ nur wenigen gelingt, besonders denen nicht, die glauben Jungfrauen, Planeten, Lichtgestalten und Städte seien wortwörtlich nehmen. Wer – anhand meiner Hinweise – erahnt, um was es dabei wirklich geht, hat sein PD schon ein wenig entwickelt. Ansonsten verweltlicht (verkörpert) er mit AD das einzigartig spirituell Erfahrbare.

Drei, neun und mehr Welten in der Dao-Lehre

Gemäß der Dao-Lehre lässt sich jede der drei Taiji-Welten (Bild 2) in drei weitere unterteilen, sodass neun entstehen. Davon lässt sich wieder jede in drei weitere aufteilen. Diese Teilung lässt sich *ad infinitum* fortsetzen, sodass 3,9,27,91 Welten usw. entstehen. Dies beinhaltet, dass in jedem Punkt P zwischen A und D Beiträge zum Triplet (*sóma, psyché, pneúma)* vorhanden sind. Wäre dies nicht der Fall, könnte sich die *psyché* im Aufstieg nicht von *sóma* in *pneúma* und im Abstieg in umgekehrter Richtung verwandeln.

Aton: Vorderster der großen Neunheit

⊙ ist, ich wiederhole, im hieroglyphischen Schriftsystem das altüberkommene ägyptische Zeichen für Aton (Atum), den „Sonnenkreis“, ebenso für die Monade (⊙). Sie entspricht ohne zentralen Punkt dem Taiji-Symbol (Taijitu: leerer Kreis), d.h. dem im Aufstieg (Pfeil I) erfahrbaren Weltenschöpfer. Aton ist (Band I) „der androgyne EINE *(hèn = lógos)*, woraus das formvolle Viele *(pánta)* hervorgeht“ (Pfeil II). Bei Aton geht es noch um Erfahren (Pfeil I), bei Ra (Re) (Bild 6) bereits um Glauben. So entstand aus Aton der Sonnengott.[182]

Ich erinnere daran, was ich in Band I über Echnaton, den „androgynen“ Aton (Atum) und Achet-Aton – Horizont des Aton – berichtet habe. Achet-Aton ist der von Echnaton gegründete Ort, wo es nicht um Heiligkeit und Glauben, sondern spirituelles Heilen und Erfahren ging. Dies ist den *Pyramidentexten des Alten Reichs*[183] auch zu entnehmen, wonach Atum (Aton) als „Vorderster (D) der großen Neunheit (Pfeil II)“ ebenso belegt ist, wie sein Beiname: *Der sich selbst erschaffen hat.* Dies sind eindeutige Hinweise auf den Auf- und Abstieg.

---

[182] Es gibt viele Sonnengottheiten, denen das erfahrbare Symbol für Sonne(nscheibe) zugrunde liegen sollte. Vgl. https://de.wikipedia.org/wiki/Liste_von_Sonnengottheiten. Ich erkenne das Symbol ⊙ auch in der chinesischen Bi-Scheibe, die für Himmel, Sonne und Ewigkeit steht. Vgl. https://www.researchgate.net/publication/305993337_Speculations_on_the_Religious_Use_and_Significance_of_Jade_Cong_and_Bi_of_the_Liangzhu_Culture.

[183] Atum: https://de.wikipedia.org/wiki/Atum
Vgl. https://www.grin.com/document/205387

Die Zehn in der Kabbala

Wir lesen im *Sefer Jezirah* (1,4):[184] *„Zehn Zahlen aus dem Nichts* (D), *zehn und nicht neun, zehn und nicht elf, begreife diese Weisheit, verstehe dieses Wissen, forsche danach und erwäge es, fasse es in Klarheit und ‚folge dem Schöpfer ‘ wieder zu seinem Thron.“* „Folge dem Schöpfer“ empfiehlt den Aufstieg (Pfeil I), der den zehnstufigen Akt (Pfeil II) betätigt.

Auch meine Schule spricht von 10 Welten (Stufen).[185] Statt von zehn Welten, spricht die *Kabbala* auch von „zehn Früchten“, die auf dem „Lebensbaum (Pfeil I und II) wachsen“. Damit deute ich an, was mit „vierter Frucht“ im AEM gemeint ist (Kap. 3). Dabei denkt man auch an den „Apfel[186]“, womit Eva angeblich Adam verführte.

Auf- und Abstieg im *Ägyptische Totenbuch*

Wir lesen[187] *„Ich bin eine Idee, in Fleisch* (A) *gehüllt, die aus dem Bauch des Himmels* (D) *entsprang* (Pfeil II). *Wie ein Falke fliege ich* (Pfeil I) *über das Bekannte* (A) *hinaus in das Reich des Unbekannten* (D). *“* Der erste Satz spricht

[184] Sephiroth: https://anthrowiki.at/Sephiroth

[185] Fangfu sprach gelegentlich von 10 statt 9 Stufen. Er weist dem Diesseits (A), der Welt vor Einstieg (Pfeil I), die 10 und der Welt nach Einstieg (direkt oberhalb A) die 9 zu. Dies erklärt auch die 10 Sefirot.

[186] Apfel ist die Übersetzung von „Frucht“ im AEM. Sie wird auch mit Todesfrucht und Lebensbaum assoziiert. Vgl. Stephan Stockmar; *Der Granatapfel: Lebensbaum – Liebesapfel – Todesfrucht,* Zur Geschichte eines Symbols an den Schwellen des Lebens.
Vgl. https://wortgartenwerk.de/wp-content/uploads/2018/06/Stockmar-Granatapfel-DD1806.pdf (abgerufen am 03.07.2021)

[187] *Ägyptisches Totenbuch:* www.bestenzitate.com/zitat/a3gyptisches-totenbuch-7

den Abstieg und der zweite den Aufstieg an. Beide verweisen auf das S-Prinzip und die LDDW, die ungeübten Ägyptologen und Archäologen unvertraut sind.

Zur korrekten Auslegung des Zitats ist die Spirituelle Archäologie[188] nötig, die ich anbiete. Sie kostet nichts im Gegensatz zur herkömmlichen Archäologie mit ihren kostspieligen Exkavationen, die weder umweltfreundlich sind noch enthüllen, worüber ich berichte! Dabei geht es um Erfahren und nicht um Glauben.

Es ist daher inkorrekt zu behaupten, so wie es Altertumsforscher tun, Menschen hätten seit eh und je an Götter geglaubt! Diese Unterstellung resultiert aus: Gleiches durch Gleiches. Damit erkennt man in Texten und Symbolen, die ich enthülle, einen Glauben, obwohl diese die einzigartige universelle Erfahrung im Aufstieg und den sich daraus ergebenden Akt artikulieren.

Creatio ex nihilo

Alle obigen Beschreibungen des Akts sind stimmig mit *creatio ex nihilo*. Dazu erinnere ich daran, dass in Bild 2 das oberste Symbol KEIN Symbol ist, woraus jedes darunterliegende hervorgeht. Al-Kindi:[189] „*Wir sagen, dass der wahre erste Akt das Werden von Wesen aus dem Nichtsein ist. Denn das Werden von Wesen aus dem Nichtsein* (Wu) *gehört keinem anderen. Und dieser Akt ist als ‚Ent-*

---

[188] Die Etymologie von Archäologie verweist auf *arché* und *logós,* die im Aufstieg erfasst werden. Genau darum geht es in der von mir eingesetzten SPIRITUELLEN ARCHÄOLOGIE.

[189] Gekürzte Übersetzung von: *We say that the true, first act is the bringing-to-be of beings from non-being,* etc. https://plato.stanford.edu/entries/al-kindi/#DivSim (abgerufen am 03.07.2021)

stehung (Pfeil II)' *zu bezeichnen."* Ich erinnere (Band I) an:[190] *„Gott hat das aus dem Nichts erschaffen, und so entstehen auch die Menschen."* Ebenso korrekt ist, dass was im Aufstieg unterhalb des NICHTS (D) erkannt wird, aus dem *lógos* hervorgeht.

Wer obige Erklärungen des Akts (Pfeil II) nachvollzieht, mag diesen in mehreren Zitaten der *Genesis* – trotz ihrer oft signifikanten Verzerrung – erkennen, z.B. in Gen (1,27): *„Gott schuf den Menschen als sein Abbild; als Abbild Gottes schuf er ihn. Als Mann und Frau schuf er sie."*

Fragen wir: „Warum ist es so schwierig, das Original aufzudecken? Wem lag daran, es zu verzerren, sodass wir uns dem *mythos* darüber hingeben, ohne den *lógos* zu erkennen?" Ich erinnere an Heraklit: *„Aber obschon der lógos allen gemein ist, leben die meisten doch so, als ob sie eine eigene Einsicht hätten."*

Enthüllung des *lógos* für Ungeübte

Wem meiner Leser*innen bereits bewusst ist, dass obigen Zitaten über den Akt – so wie vielen anderen – der Abstieg der *psyché* von *pneúma* (in D) zu *sóma* (in A) zugrunde liegt, wird weitere Zitate entschleiern. Er wird so sein AD, das zuvor *mythos* akzeptierte und erzeugte, infrage stellen und immer mehr sein PD entwickeln. Dazu habe ich zwei Zitate ausgewählt, die aufgrund inkorrekter Übersetzungen *mythos* verbreiten. Das erste ist von Platon, das zweite aus dem NT. Beide sind stimmig, wenn man ihre Metaphern erkennt. Ich habe einige davon unterstrichen, die den *lógos* besonders verhüllen.

[190] 2. Makkabäer (7,28)

(1) *Timaios* (30b9):[191] „Von dieser Überlegung bewogen gestaltete er das All (τοὸ πᾶν), indem er die Vernunft in der Seele, die Seele aber im Körper schuf."

(2) 1. Thess (5,23):[192] „Er aber, der Gott des Friedens, heilige euch durch und durch und bewahre vollständig euren Geist (πνεῦμα), Seele (ψυχή) und Leib (σῶμα) bei der Parusie[193] unseres Herrn Jesus Christus."

Wer meinen Argumenten bisher folgte, sollte den *lógos* in beiden Zitaten erkennen. Dieser bleibt verborgen, wenn man hinter (Geist, Seele, Leib = Körper) die Metamorphose der *psyché* ignoriert.

Erleuchtung ohne meisterliche Unterstützung?

Fangfu zufolge passiert es durchaus, aber äußerst selten, dass ein Mensch ohne meisterliche Unterstützung die Erleuchtung erlangt. Er erzählte von Hui Neng (638-713), dem 6. Patriarchen des Chan-Buddhismus (Fojia), über den er ein Buch verfasste. Darin beschreibt er dessen angeborene Begabung, die ihn ohne Üben zur Erleuchtung führte. Folgende Beschreibung ist daher weit davon entfernt, was ich darüber berichte:[194] „Erleuchtung [...] bezeichnet eine religiös-spirituelle Erfahrung, usw." Religion stammt von

---

[191] τόνδε νοῦν μεὸν ἐν ψυχῇ, ψυχηὸν δ᾽ἐν σώματι συνίστας.

[192] 1.Thess (5,23) ist der viertletzte Satz im *1. Brief an die Thessalonicher,* einer von Paulus gegründeten „Gemeinde". Er lässt seinen Ursprung in den drei Metamorphosen der *psyché* erkennen.

[193] Wiederkunft Christi am jüngsten Tag.

[194] Erleuchtung: https://de.wikipedia.org/wiki/Erleuchtung (abgerufen am 05.07.2021)

religio ab mit Zuweisungen[195], wovon keine den Zugang zur Erleuchtung ohne Glauben beschreibt.

1.7 Aufstiegs- und Schöpfungsmythen

Alle obigen Beschreibungen des Schöpfungsakts sind in sich und untereinander stimmig, weil sie dem S-Prinzip entspringen. Sie resultieren aus SEHEN (mit *psyché)*, wurden jedoch seit Untergang der *philosophía* (*theología*) mit Sehen (mit *sóma)* verzerrt. Sie sind dem Aufstieg der *psyché* geschuldet, womit auch ihr Abstieg beschrieben wird. Was für ihre drei- oder mehrgeteilte Metamorphose im Auf- und Abstieg gilt, trifft für ihre Äquivalente, nafs, *rūaḥ,* Atman auch zu, was ich ohne mein Wissen über Qi nicht erkannt hätte.

So lesen wir z.B. über den Auf- und Abstieg von Atman (*psyché* = Seele) in der vedischen Kultur:[196] „Schon zu Beginn der Schöpfung sprach Krishna das WISSEN (vydia) der *Veden* an, welches die Seelen auf der Reise des Lebens (Pfeil I) und schließlich zurück (Pfeil II) in ihr spirituelles Heim (in D) leitet." Auch Suhrawardi assoziiert[197] den Erwerb seines WISSENS (hikma al huduri) mit Rückkehr (ma'ad) mittels des Wandels (Pfeil I) von nafs.

Stimmigkeit von Auf- und Abstiegsmythen

Die nun folgenden Mythen gewinnen an Tiefgründigkeit, wenn Leser*innen nicht nur jeden für sich allein betrach-

---

[195] *Religion.* In: F. Kluge; *Etymologisches Wörterbuch.* 24, Berlin 2002.

[196] Lebendige Philosophie: https://iskcon.de/iskcon-deutschland-oesterreich/lebendige-philosphie/grundlegende-philosophie/

[197] Suhrawardi: https://plato.stanford.edu/entries/suhrawardi/ (abgerufen am 21.07.2021)

ten, sondern erkennen, was ihnen allen gemein und somit stimmig ist. Die Mythen zeigen, dass deren Verfassern der Aufstieg vertraut war. Dazu trägt sowohl die Erklärung der Etymologie der im Folgenden zitierten Personen, Apollon, Salomon, David, Goliath, Noah, Kain, Abel usw., als auch die allegorische Bedeutung von Löwe, Hydra, Python, Satan, Arche, Atlantis usw. bei, womit die genannten Personen assoziiert werden.

Sobald Leser*innen meine Erklärung der Mythen nachvollziehen, werden sie deren „universelle Botschaft“ hinreichend durchschauen. Sie werden mir dann hoffentlich zubilligen, dass meine Erklärung das Verschüttete offenlegt. Es ist das, was die Wiedererinnerung (*anamnésis*) im Aufstieg zugänglich macht und den Verfassern wichtig zu vermitteln war. Deren Reich war das der *aletheía* (Wahrheit) und nicht der *dóxa* (Meinen, Glauben, Für-wahrhalten), womit die Mythen seit langem – und immer noch in unserer „wissensbasierten Kultur“ – ausgelegt werden.

Apollon tötet die Python

Apollon ging es darum, *pneúma* im Aufstieg zu intensivieren und *sóma* dadurch zu reduzieren. „On“ in seinem Namen verweist auf *eón* (SEIN). Es ist ein Indiz dafür, dass er das Diesseits (Nicht-SEIN = *mè eón* = 10.000 Dinge = *kósmos aisthetos* = *gaía*) im Aufstieg (Pfeil I) transzendierte. Damit vereinte er sich mit dem SEIN *(eón* = *logós*= *kósmos noetós* = *okeanós)* und fand seine verschüttete Weisheit (*sophrón)* wieder.

Ich entnehme was ich hier anspreche auch den *Enneaden* (V 5, 6, 26-28), wo Plotin – mit Verweis auf die Pythagoreer – betont, dass *A-pollon* aus *a-* (Alpha privativum =

beraubendes Alpha) und *pollón* (viel) zusammengesetzt ist. *A-pollón* ist Nichtvieles, woraus im Aufstieg *hèn* (EINS = *logós)* entsteht. Dies ist identisch mit *eón* (SEIN), woraus sich *mè eón* (Nicht-SEIN) ergießt (Pfeil II): *eón* ⇨ *mè eón.*

Indem – allegorisch gesprochen – Apollon (*A-pollón)* die *python* (Schlange) – sie symbolisiert (exzessive) Lust am Diesseits (*sóma)* – „besiegte", befreite er sich von *mè eón* (Nicht-SEIN = *pollón* = *gaía*) und wurde erleuchtet. Damit habe ich auch die Rolle der *python* (Schlange) im AEM angedeutet. Meine Entmystifizierung (Kap. 3) des AEM wird viele noch offen gebliebene Fragen beantworten.

Zeus und Typhon

Der *Zeus-Typhon-Mythos* ist dem *Apollon-Schlange-Mythos* sehr ähnlich. Auch Zeus vollzog den Aufstieg, indem er Typhon, das Ungeheuer besiegte. Dies ist der Etymologie von Zeus und Typhon zu entnehmen. Zeus hat die indogermanische Wortwurzel *diu* („hell", „Tag"), die auch in *theós*, Jupiter und im vedisch-altindischen Dyaúh pitá „Himmel-Vater" enthalten ist. *Typhón* besteht aus *týph* (verraucht) und *eón* (SEIN). *Typhón* ist das „in alle Winde verwehte (verrauchte) *eón",* also Viele (*pánta* = *pollón* = *mè eón*= Diesseits).

Der Sieg von Zeus über Typhon symbolisiert den des Hellen (EINEN, *pneúma*) über das Dunkle (Viele, *sóma*), so wie ihn der Aufstieg ermöglicht. Dies zeigt, dass Zeus erleuchtet war, bevor er durch *invention of tradition* zum Gott deklariert wurde. Damit deute ich an, dass auch der griechische Polytheismus, zu dem Zeus und viele Götter zählen, von Gläubigen erschaffen wurde.

David und Goliath

Ich wiederhole und ergänze. In der Interaktion zwischen David und Goliath geht es um nichts anderes als in beiden vorangegangenen Mythen. Goliath (גלית) bedeutet „Exil [aus Eden]“und stammt ab von *gala* (גלה), was „ins Exil gehen (Pfeil II)“ bedeutet[198]. *Gola* (גולה) bedeutet Gefangenschaft und *gallut* (גלות) Gefangene als Gruppe (Vielfalt).

Dies ist ein überzeugender Hinweis dafür, dass Goliath eine Allegorie für *neíkos* (weltliches Streben, Tun, Handeln, Aufdecken, Trennen) im Diesseits (Exil, Platons Höhle, Vielfalt, A) ist. Dies wiederum legt nahe, dass David eine Allegorie für *philía* ist, womit die Rückkehr (Pfeil I) in Eden (D) aus dem Exil (A) gelingt.

Die Frage, die sich daraus ergibt ist: „Was ist das hebräische Äquivalent von *philía* (Aphrodite)*?“* Die Antwort ist: „*Ahabah.* Es wird – ohne Übungsbezug und Verweis auf den Aufstieg (Pfeil II) – genauso wie Wuwei, *philía* und mahabba missinterpretiert.“

Wenn es heißt[199], David sei der „Geliebte von JHWH“, dann ist ihm *philía (ahabah)*[200] zuzuweisen, denn nur da-

---

[198] Goliath: www.abarim-publications.com/Meaning/Goliath.html https://glorian.org/learn/courses-and-lectures/beginning-here-and-now/the-entire-path-of-liberation

[199] https://www.juedische-allgemeine.de/kultur/der-furchenzieher-und-die-bestrickende/

[200] Vgl. www.abarim-publications.com/Dictionary/a/a-he-b.html *Ahabah* (אהבה ') erscheint in Prediger (9,1), Hohelied Salomos (2,7), Hosea (11,4). Auf seine Stimmigkeit mit *philía* und deren Unvergänglichkeit verweist: Ich habe dich mit ewiger Liebe geliebt (Jeremia 31,3). Salomon entstammt dem Verb *shalem* (שלם). Es bedeutet, ganz

mit ist der Wandel von *sóma* zu *pneúma,* die Rückkehr (Pfeil I) in Eden (D) „aus dem Exil (A)“ zu vollziehen. Diese ist auch in Ps (30,4) angesprochen, wo es Gott war, der seine „Seele aus dem *sche'ol* (Unterwelt = Diesseits) heraufgeführt“ und ihn damit „aufgerichtet und geheilt“ hat. Damit stimmig ist (1.Sam 16,13): *„Der Geist des HERRN geriet über David von diesem Tage an und fortan.“*

Was ich anspreche rechtfertigt es, *(ahabah, gala)* = (*philía, neíkos)* dem Paar (David, Goliath) zuzuweisen, obwohl die Etymologie von David meines Wissens keinen direkten, sondern nur indirekten Bezug zu *ahabah* erkennen lässt.[201]

Wenn David, dem Mythos zufolge, Goliath besiegte, so bedeutet dies, dass er – so wie Apollon, Zeus und andere – aufgestiegen ist (hinaufgeführt wurde), sich so besiegte und somit erleuchtet war. Allegorisch: *Ahabah* überwältigte *gala.* Oder: *Philía* besiegt *neíkos.*

Es gibt weitere Hinweise, die *(ahabah, gala)* = (*philía, neíkos)* bestätigen. Einer ist *(ahabah, gala)* = (mahabbah, ghalaba), wobei ich (*philía, neíkos)* = (mahabbah, ghalaba) schon ausgiebig begründet habe.

Weitere Hinweise liefern Metaphern im *Hohelied*[202], die

---

oder vollständig sein. *Shalom* (שלום) bedeutet Ganzheit, Vollständigkeit oder Frieden.
Vgl. www.abarim-publications.com/Meaning/Solomon.html

[201] David: https://en.wikipedia.org/wiki/David_(name). Wir lesen: David – Tiberisch: Dāwiḏ – hat die Bedeutung von "Geliebter", von einer Wurzel dôwd (דוֹ) , die eine etymologische Bedeutung von "kochen" hatte. (abgerufen am 03.07.2021)

[202] *Hoheslied*, auch *Hohelied Salomos*, ein Buch des AT; *Hohelied der Liebe* (1. Ko 13).

mit (*ahabah, gala)* eng zusammenhängen. Es verweist auf „Tod (D)“ durch „Sterben (Pfeil I)“:[203] *„[...] denn so stark wie der Tod (mawœt) ist die Liebe (ahabah), so unerbittlich wie die Unterwelt (sche'ol* = Diesseits = „Höhle“), *die Leiden schafft (qin'eah). [...]. Wenn jemand seine ganze Habe für die Liebe gäbe, man würde ihn bloß verachten.“*

Die Assoziation von Tod *(mawœt)* mit Liebe *(ahabah)* und ihre Gegenüberstellung zum Diesseits (Unterwelt) ist ein Indiz, dass es sich um den „Tod in der Erleuchtung“ handelt, wenn *ahabah* am stärksten wirkt und *gala (neíkos)* gänzlich besiegt ist. Ich erinnere an *fana* („Stirb bevor du stirbst“), ebenso daran, dass sich *philía* (mahabbah, *ahabah)* in der Praxis des Sterbens (*meléte thanátou)* erst in der Erleuchtung voll entfaltet hat. Ich erinnere auch daran, was Platon zufolge mit denen passiert, die „Höhlenbewohner“, die an ihren Dogmen anhaften, mit *philía* befreien wollen.

Sei frei ohne Dogmen

Das himmlische WISSEN (*epistéme)*, das David mit *ahabah* erlangte, ist dogmenfrei, das weltliche Wissen nicht! Dies entnehme ich Äußerungen von bereits zitierten Weisen, zu denen ich den Iraner Shams Tabrizi zähle:[204] *„Das Ego* (*psyché = sóma) behindert; mahabbah (ahabah) löst* (die Einschränkung) *auf. Mahabba (ahabah) sagt: ‚Sei frei*

---

[203] Übersetzung nach Keel, Othmar; *Das Hohelied* (Zürcher Bibelkommentare AT 18), Zürich 1986, 245.
www.lectio.unibe.ch/04_2/HTML/schroer.htm

[204] *The mind constricts; love unbinds. The mind says: „Don't let go or overflow." Love says: „Be free without formality."*
https://sufism.org/sufism/writings-on-sufism/the-conversations-maqalat-of-shams-of-tabriz-2

ohne Dogmen'." Auf Dogmen basiert die *empeiría.* Dazu zählt alles, was auf Glauben beruht.

Jesus' Reich ist das Königreich Davids

Sowohl Joseph als auch Jesus werden Sohn Davids genannt (Mat 1,20, 9,27, Mk 10,47), und Jesus zusätzlich die Wurzel Davids (Off 5,5, 22,16). Es heißt, er würde das „Zelt Davids" wiederaufbauen (Apg 15,16). Damit deute ich an, dass beide zur (meisterlichen) Genealogie von David gehören könnten.[205] Die Herrschaft des Messias (Jesus) wird ja auch als Reich Davids (Mk 11,10) und Thron Davids (Luk 1,32) bezeichnet. Dies ist ein weiterer Hinweis dafür, dass Jesus und David das *philía* (mahabbah, *ahabah,* Akarma)-Prinzip einsetzten.

Kain und Abel

Philon war bemüht (QG1: 16,76 und Post 39), das Paradoxe im AT zu beseitigen. Was er (Det. 49,70) über den *Kain-Abel-Mythos* berichtet, folgt quasi parallel zur *Genesis.* So wie bei ihm Adam den *kósmos noetós (pneúma)* und Eva den *kósmos aisthetos* (*sóma)* allegorisieren, gilt dies ebenso für Abel und Kain. Dies heißt, dass der jüngere Abel dem „Ursprung der Schöpfung (D)" näher als der ältere Kain, Inbegriff des *protagonistés,* steht.

Dies bestätigt, ich wiederhole, die Etymologie von Abel, hebräisch *hævæl* (Atem, Wind, Hauch), Synonym für Qi *(psyché,* nafs, *rūaḥ,* Atman). Die Etymologie von Kain verweist hingegen auf *qnh* (erwerben, erschaffen und formen) – *neíkos* (Tun, Handeln, Streben) – und somit das

[205] Bedeutung David: www.abarim-publications.com/Meaning/David.html (abgerufen am 05.07.2021)

formvolle Diesseits (*kósmos aisthetos)*, das aus dem formlosen *kósmos noetós* entsteht.

Die „Tötung“ von Abel durch Kain bedeutet, ich wiederhole, dass Kain sich entschied, sich ausschließlich *sóma* zuzuwenden. Er betrachtete, so wie viele von uns, sein weltliches Sehen und AD – worauf Verstand, Intellekt, Vernunft und Logik fußen – als nicht fragwürdig.

Abel „lebte“, Philon zufolge, nach seinem „Mord“ im „unsterblichen *pneúma*“ weiter, während Kain – in seiner exzessiven Lust am Diesseits: *psyché* = *sóma* = *séma* – de facto „tot“ war. Ich erinnere an Platon (Gorgias, 363): *„Das habe ich auch schon von einem weisen Manne gehört, dass wir jetzt* (im Diesseits) *‚tot‘ seien und sóma unser Grab (séma) sei.“*

Daidalos und Ikaros

Der *Daidalos-Ikaros-Mythos* (Band I) ähnelt dem von Kain und Abel. Die Etymologie von Daidalos, Vater von Ikaros, ist „kunstvoll schaffen“, wobei seine Kunst *(téchne)* nicht die ist, die wir damit verbinden. Es ist die Kunst aller Künste (*téchne technón)*, sich *ón (eón* = *lógos*) innig hinzugeben.

Ikaros hingegen symbolisiert, so wie Kain. die weltliche Lust (*hedoné*). Dies bestätigt sein Name: *héko* (gekommen sein) und *aér* (ἀήρ) (Nebel, Luft, Wind). Dies ist ein Hinweis auf seinen Abstieg: *psyché* (*aér)* ⇨ *sóma*.

Sein weiser Vater warnte ihn, er solle mit seinen „künstlichen Flügeln“ – sie symbolisieren die dualistische Welt – nicht zu hoch zum physikalischen Himmel aufsteigen. Ikaros ignorierte dies und stürzte ab.

Der Mythos zeigt, was denen widerfährt, die sich einbilden: *The sky is the limit* (Allegorie für: Was gemacht werden kann, wird gemacht). Seine *hýbris* missfiel *némesis.* Sie hat ihm das „ihm Gebührende“ zugeteilt.“

Alexander der Große sucht sein inneres Selbst

Die Begegnung des extrem weltzugewandten Alexanders mit dem exzessiv weltabgewandten Diogenes, den Platon als „verrückt gewordenen Sokrates“ bezeichnet haben soll, ist eine der meist diskutierten Anekdoten der Philosophiegeschichte. Neben Plutarchs bekannter Überlieferung gibt es weitere Versionen. Dazu zähle ich das Treffen von Alexander mit Calanus, worauf ich noch zu sprechen komme.

Herakles besiegt den Löwen und die Hydra

Ich habe in Band I angedeutet, dass sich Herakles dadurch besiegte, dass er sich von Kakia, Allegorie für *sóma*, befreite. Dies betonen zwei weitere ihm zugewiesene Mythen. Im ersten „tötete“ er den nemeischen Löwen, der *sóma* (Suhrawardi: tierische nafs) symbolisiert. Im zweiten besiegte er die neunköpfige Hydra, d.h. er transzendierte die neun Welten. Wie sonst wäre er Zeus‘ Sohn geworden?

Daniel in der Löwengrube

Die Löwengrube ist eine Allegorie fürs Diesseits, Platons Höhle, Unterwelt *(sche'ol)*, wo Menschen (Rep. 586 a ff) „nach der Art des Viehes“ leben.[206] Es ist die Welt, woraus JHWH – wie wohl? – nicht nur David, sondern auch Da-

---

[206] Ich komme auf „*Nephesch ha-Behemit* (Tierische Seele)“ noch zu sprechen.

niel[207] befreite. So konnte deren *psyché* von *sóma* zu *pneúma* aufsteigen (Pfeil I). Auch Daniel[208] könnte – so wie Zeus, Apollon, David, Herakles, Jesus; Johannes und viele andere – die Erleuchtung erlangt haben. Dies gilt auch für Michael und Noah, wie ich sogleich zeige. Die damit erlangte Freiheit spricht Jesus an (2 Kor 3,17): „*Wo das pneúma des Herrn (theós, logós, eón) ist, da ist Freiheit.*"

Michael kämpft gegen Satan

Michael bedeutet „Wer ist wie EL". EL ist ein Kürzel von Elohim (JHWH). Michael bekämpfte Satan in Form eines Drachens, was an den Sieg Apollons über die Python erinnert. Er wurde, indem er sich selbst besiegte, gottgleich (wie EL), obwohl Satan seinen Aufstieg behinderte. Satan (*śāṭān)* leitet sich aus dem Ägyptischen – „jemanden zurückhalten" oder „in die Schranken weisen" – ab. Er steht EL diametral gegenüber.

Satan hatte ursprünglich nicht die Bedeutung so wie heute, wo er zu Unrecht verteufelt wird, was wiederum dem polarisierenden AD geschuldet ist.[209] Dies ist in der Auseinandersetzung im Garten Gethsemane zwischen Jesus und Satan zu berücksichtigen, worauf ich noch zu sprechen komme.

---

[207] Die Etymologie von Daniel ist zusammengesetzt aus Gott (EL von Elohim) und *adin* (דין): natürliches, d.h. kein politisches Urteilen und Regieren. www.abarim-publications.com/Meaning/Sodom.html (abgerufen am 05.07.2021)

[208] Sein Grab liegt angeblich in Susa, Provinz Chuzestan, Iran. Ich habe es gesehen als ich Susa besuchte.

[209] Satan: www.bibelwissenschaft.de/stichwort/26113/

Untergang von Atlantis

Platon benutzt, wie es scheint, in *Timaios* ein historisches Ereignis, um seine spirituelle *kosmología (kosmogonía)* (Pfeil II) zu veranschaulichen. Er übernahm wohl das WISSEN darüber von Solon (640-560 v.u.Z.), der es aus Ägypten mitbrachte, der dort einen Meister traf, der ihm sagte:[210] „*Ihr* (Griechen) *seid alle jung* (unerfahren) *in eurer Seele, [...] denn ihr habt in ihr keine urtümliche Vorstellung, die aus alter Überlieferung stammt.*"

Daran mangelt es erst recht Interpreten, die den Untergang von Atlantis in Platons *Timaios* wortwörtlich nehmen, was naheliegt für (Timaios 24c): „*Damals nämlich war das Meer (okéanos) dort fahrbar, denn vor der Mündung, welche ihr in eurer Sprache die ‚Säulen des Herakles' nennt, gab es eine Insel, welche größer war als Asien und Libyen zusammen, und von ihr konnte man damals nach den übrigen Inseln hinübersetzen.*"

Diese und folgende Worte (25a) scheinen ein historisches Ereignis anzusprechen. Dieses ist ihnen nicht unbedingt zu entnehmen, da die Worte Metaphern sein können:[211] „*Auf dieser Insel Atlantis bestand eine große bewundernswürdige basileia*[212] (Königsherrschaft). *Späterhin aber entstanden gewaltige Erdbeben und Überschwemmungen.*"

Die *basileia* und was obigen Worten folgt (25c), deuten klar auf den Akt (Pfeil II) hin: „*und da verschwand wäh-*

---

[210] S. 199-224, Michael Baigent; *Das Rätsel der Sphinx,* Bechtermünz 1998.

[211] Die vulkanische Zerstörung der Insel Santorini im 16-17. Jhd. v.u.Z. wird dafür in Betracht gezogen.

[212] Jesus benutzt mehrmals *basileia tou theou* im Sinne von Reich Gottes.

rend eines schlimmen Tages und einer schlimmen Nacht das ganze ‚streitbare Geschlecht' bei euch ‚scharenweise unter die Erde (gaía)'." „Schlimmer Tag und schlimme Nacht" allegorisiert die „finsteren Mächte (Kräfte)", die dafür sorgten, dass das „streitbare Geschlecht (in A), womit wir alle gemeint sind", durch Zunahme (Pfeil II) von (*neíkos)* seine innere „Königsherrschaft (in D)" verlor.

Damit spricht Platon den Akt (Pfeil II) an, dem zufolge die *psyché* in *sóma* = *séma* (Grab) – „unter der Erde *(gaía)*" – begraben wurde. Damit kam die *basileia* in uns Menschen zum Ende, die Homer, Hesiod und Ovid ins „goldene Zeitalter" (D) legen. Ihr Verlust ist in beiden folgenden und damit stimmigen biblischen Mythen auch angesprochen.

Turmbau zu Babel

Die Etymologie von Babel[213] geht auf das sumerische *Bab-ilim* (Tor Gottes) zurück. Durch ein Tor kann man hinein- oder herausgehen. Es muss kein materielles, sondern kann auch ein spirituelles Tor[214] sein.

Der Mythos vom *Turmbau zu Babel* berichtet von einem „Volk aus dem Osten", das sich in der Ebene von Schinar (Iraq) ansiedelte. Er zeigt klar, in welche Richtung sich das Volk durch das „spirituelle Tor" – hinein (Pfeil I) oder heraus (Pfeil II)? – bewegte. Es setzte anfänglich noch die „EINE Sprache" – Ursprache des „ALLES (*pánta)* ver-

[213] Bedeutung Babel: www.abarim-publications.com/Meaning/Babel.html (abgerufen am 05.07.2021)

[214] Die ursprüngliche Bezeichnung meiner Schule ist, ich wiederhole und ergänze, Taiji Men (Tor zu Taiji). Zhuangzu (14. Kap.): *„Das Tor vor dem Leben und nach dem Tod – Taiji Men."*

einenden EINEN *(hèn = lógos)*"– ein. Es verlor jedoch (Pfeil II) zunehmend das „WISSEN über das EINE *(hèn = lógos)*". Der Grund ist, weil es sich, so wie Kain, den diesseitigen Lüsten – Glauben *(dóxa)* ans Viele *(pánta)* – hingab.

Da es sich als Maß aller Dinge betrachtete, entschied es sich, einen „Turm bis zum Himmel" zu bauen. So entstand aus der „Alles vereinenden – einst allen Menschen gemeinsamen – Ursprache " das „babylonische Sprach-, Meinungs- und Glaubensgewirr". Damit entfernte sich das Volk (Pfeil II) aus dem „Garten Eden" und von der inneren „himmlischen Königsherrschaft (D)". Daraufhin „stieg der Herr herab", um das Werk zu begutachten. Was er sah veranlasste ihn, es zum Einsturz zu bringen. Der Mythos spricht die Reaktion der *némesis* auf die *hýbris* an. Insofern ist er für die heutige Zeit, geprägt durch die Ökokrise, aktueller denn je. Dies gilt ebenso für den nun folgenden Mythos.

Sodom

Hinweise im *Tanach, Talmud, Evangelien* nach Matthäus (Mat 10,14 f.) und Lukas (Luk 17,29), lassen Sodom[215] als Ort erkennen, der – so wie Babel im *Turmbau-Mythos* – ein Volk (womit wir alle gemeint sind) beherbergt, das durch sein exzessives lustvolles Wollen, Streben und Handeln *(neíkos)* geprägt ist. Sein Verhalten wird im *Judas-*

215 Bedeutung Sodom: www.abarim-publications.com/Meaning/Sodom.html. Die Etymologie von Sodom verweist auf *sadam* (סדם) brennen, *sadad* (שדד) Eggen oder Pflügen eines Feldes, *shadad* (שדד), gewalttätigen Handeln. Sie betonen das (exzessive) Tun und Handeln im Diesseits: Youwei.

brief (Jud 7) mit „Sünde der Wollust" und „Laster wider die schöpferische Natur *(phýsis)* (Sodomie)" beschrieben. In *Ezekiel* (16,49) wird Sodom mit *hýbris* charakterisiert. Sie fordert *némesis* heraus.

***Arche-Noah-Mythos* - Vom „Tier" zum „Mensch"**

Arché bedeutet: Anfang, Ursprung der Welt (D). Um dorthin zurückzukehren (Pfeil I), ist, wie mehrmals betont, die Fähigkeit erfordert, sich mit *philía* (mahabbah, *ahabah)* regelmäßig vom Diesseits (A) rigoros abzuwenden. Noah besaß sie, ist er doch derjenige, „der (innere) Ruhe schafft".[216] Seine „Reise mit der Arche" allegorisiert seine Rückkehr (Pfeil I) ans andere Ufer (D) zum Ursprung (*arché)*.

Dies gelang Noah dadurch, dass er im Aufstieg (Pfeil I) der *psyché* der Flut (Emanation) des Akts (Pfeil II) entgegenwirkte. Er realisierte damit (Ps 73,22; Eccl 3,18) den Übergang (Pfeil I) von der tierischen zur menschlichen nafs (*psyché*). Ich erinnere daran, dass nafs für Suhrawardi dreigeteilt und nafs-i ḥayawānī (tierische *psyché*) das Äquivalent für *sóma* ist. Der dreistufige Aufstieg von nafs (*psyché*) erfolgt durch Hinwendung zum Nichts (Wu).

Auch Buddha betrachtete seine Lehre als ein „Übersetzen (Pfeil I) ans andere Ufer (D)", um ein besseres Leben zu erlangen.[217] Damit verließ auch er, so wie Noah, *gaía* (Erde), das irdische Exil, und stieg auf (Pfeil I) zum *okeanós*

---

[216] „Noa(c)h" verweist auf *noi* (ruhen). *Noe* ist schöpferische Ruhe und *noeín* schöpferisches Denken. Noah betont also die im Aufstieg erforderliche Ruhe (Stille), um *noeín* zu erwecken.

[217] S. 115-116 in Yudo J. Seggelke; *Sternstunden des Buddhismus:* Buddhawort, Mittlerer Weg und Zen, DONA-Verlag Berlin 2018.

(Meer), der Mischung aus *gaía* (Erde) und *ouranós* (Himmel).

Stimmig damit ist (Mat 24,39), dass für Jesus die Menschen vor der Flut (in D) „NICHTS wussten". Jesus zufolge (Luk 3,36) erreichte Noah das Ziel (D). Er betrachtet (Luk 3,23-38) Noah als seinen „Vorfahren". Dies kann als Hinweis dafür gewertet werden, dass sich Jesus zur selben Genealogie (Stammlinie)[218] wie Noah zählte.

Ein weiteres Indiz, dass meine Auslegung des *Arche-Noah-Mythos* bestätigt, ist, dass die Arche kreisförmig[219] ist. Sie weist damit auf den wirbelnden *sphairos* (Taiji-Kreis, Monade, Sonne, Ensoph, Kugelmensch) hin, woraus alle Welten (Pfeil II), z.B. die zehn Sephirot, emanieren.

Auch Empedokles äußert sich – mit Verweis auf *philía* – umfangreich über den *sphairos,* der für ihn „in sich selbst", in „der ringsum herrschende Einsamkeit ruht" (Frag. 27).

Meine Schlussfolgerung ist, dass sich Noah die höchste Erfahrung (D) der *psyché* im Aufstieg (Pfeil I) offenbarte. Diese ließ ihn die Sintflut – Emanation (Ausfluss, Flut) des Vielen *(pánta)* aus dem EINEN *(hèn),* also den Schöpfungsakt oder Sündenfall (Pfeil II) – erkennen. So konnte er Mitmenschen die Umkehr (Pfeil I) lehren. Dies entnehme ich auch dem *Gilgamesch Epos,* der dem *Arche-Noah-Mythos* ähnelt:[220] *„Lasse ab* (Pfeil I) *vom* (diesseitigen) *Reichtum und suche stattdessen nach dem, das atmet."*

---

[218] Vorfahren Jesu: https://de.wikipedia.org/wiki/Vorfahren_Jesu

[219] Arche Noah: www.bibelabenteurer.de/html/19011l-war-die-arche-rund.html. www.livenet.ch/themen/wissen/architektur/263407-arche_nach_babylonischen_vorgaben_gebaut.html

[220] S. 14 in Stefan M. Maul; *Das Gilgamesch-Epos.* Vgl. https://de.wikipedia.org/wiki/Arche_Noah

Dieser Mythos ist auch in altindischen Weisheitsschriften angesprochen. Ihnen zufolge wurde Manu[221] von Vishnu beauftragt, ein Boot zu bauen, es mit „Tieren[222]" zu füllen und auf seine Rückkehr (Pfeil I) auch sieben Weise mitzunehmen.[223] Damit stimmig ist Philons Interpretation[224] von Noah, dessen sumerisches Vorbild Ziusudra[225] ist.

Ich erkenne meine obige Auslegung des *Arche-Noah-Mythos*, wenn auch religiös verzerrt, in der Bahai-Religion, die in altiranischer Tradition wurzelt. Dort ist Noah der „Heilige Seefahrer", der mit seiner Arche Gläubige[226] zur Erkenntnis Gottes führt. Diese Vorstellung taucht auch im frühen Christentum auf, z.B. bei Ephraim dem Syrer, der in seiner *Nisibensichen Hymne* (1,35) Christus als „Piloten der Arche" bezeichnet.[227]

Ich hoffe, Leser*innen, die mir bisher folgten, akzeptieren, dass es bei Noah, so wie bei vielen anderen Weisen, um Erfahrung und nicht Glauben geht. Ich hoffe, dass sie auch erkennen, dass er, so wie viele andere Weise, seinen Schülern (*mathetés)* den Aufstieg lehrte, um sich auf die

---

221 https://www.encyclopedia.com/people/philosophy-and-religion/hinduism-biographies/manu

222 Die Paarung der Tiere verweist auf das dualistische Diesseits.

223 Vgl. https://www.myindiamyglory.com/2019/03/26/similarity-of-flood-account-of-manu-with-noahs-ark-and-other-civilizations/

224 S. 183-191 in Geljon, A. C; *Philo's Interpretation of Noah.* In: Michael E. Stone, Aryeh Amihay und Vered Hillel (Hg.): *Noah and his book(s).* Leiden, Boston: Brill (Early Judaism and its literature, 28), 2010.

225 Vgl. https://www.tabularasamagazin.de/geheimnisvolles-bahrain-das-verlorene-paradies-der-goetter/

226 Die Dao-Lehre liefert mir den Leitfaden zur Auslegung aller Mythen. Sie hat nichts mit Glauben zu tun. Glauben ermöglicht keinen Aufstieg und auch keine Enthüllung der Mythen.

227 S. 46f in Sours; *The Tablet of the Holy Mariner.*

magical mystery tour (Pfeil I) zu begeben. Dabei geht es um (Mat 18:3): *„Wenn ihr nicht umkehrt und werdet wie die Kinder (paidía), so werdet ihr nicht ins Himmelreich kommen."*

„Kind" betont, ich wiederhole, in vielen Kulturen, denen der Aufstieg vertraut war, die Unverdorbenheit (Reinheit) eines Kleinkinds. „Tier" ist hingegen für viele eine Metapher für Menschen, die sich übermäßig weltlichen Dingen hingeben. Davor warnt der bekannte Ausspruch am Apollon Tempel in Delphi: „Nichts im Exzess."

Viele Hinweise zur animalischen Seele

Bemerkenswert ist, dass anima, mit Ursprung im Wort Tier (animal), das lateinische Äquivalent für *psyché = sóma* ist. Diese animalische Seele ist, ich wiederhole und ergänze, auch angesprochen in:[228] „*Nephesch ha-Behemit* (Tierische Seele) ist der noch am stärksten animalische Anteil der (menschlichen) Seele, von dem die Begierden und Instinkte ausgehen." Auch Laozi spricht die „tierische Seele" – Xing in (Xing, Qi, Shen) – an (Kap. 10):[229] „*Kannst du deine tierische* (animalische) *Seele besiegen, am EINEN festhalten und nie von ihm weichen?"*

Da die Seele, so wie anima, in vielen Traditionellen Kulturen mit weiblich assoziiert wird, hat ihre Fehlauslegung zur Abwertung der Frau und somit indirekt zur Aufwertung des Manns beigetragen. Nimmt man sie wortwörtlich, hat

[228] https://anthrowiki.at/Nephesch

[229] http://mpgtaijiquan.blogspot.com/2018/01/dao-de-jing-laozi-chapter-10.html

dies dramatische Folgen. Wir lesen z.B.:[230] „In der Neuzeit entwickelten sich diese Sufi- und philosophischen Darstellungen zu einem frauenfeindlichen Stereotyp, der das Böse der Frau mit ihrer animalischen Natur verband."

Stimmigkeit aller Mythen

Ich hoffe, meine Erklärung obiger Mythen – auf der Basis der LDDW und Etymologie ihrer Akteure, Apollon, David, Goliath usw. – lässt erkennen, um was es bei Spiritueller Archäologie geht. Es geht darum zu zeigen, dass ihr Ursprung in der Erfahrung (Pfeil I) des *lógos (eón)* von Erleuchteten und nicht im Glauben liegt. Dies bedeutet, dass für uns „kulivierte Menschen" der Akt (Pfeil II), aufgrund des Verlusts des SEHENS, einen signifikanten Paradigmenwechsel im Verständnis des Selbst und der Welt bewirkte.

Er mythologisiert, was der Aufstieg rekonstruiert, so wie es Jesus anspricht (Joh 20,9): *„Ich bin die Tür; so jemand durch mich eingeht, der wird selig* (beseelt) *werden."* Damit betont er die Beseelung: *sóma* ⇨ *psyché* ⇨ *pneúma.* Sie impliziert (Joh 2,15-16): *„Liebt nicht* (ausschließlich) *die Welt* (der *dóxa) noch was in der Welt ist!"* Dies ist seine Kritik an allzu einseitiger Hinwendung zu *sóma* und *empeiría,* die er mit anderen Meistern teilt.

1.8 Gleiches durch Gleiches

Viele Autoren beschreiben den Akt (Pfeil II) auf eine für viele Menschen ansprechende Weise, ohne dass sie selbst und ihre Leser*innen ihre „Dichtkunst" erkennen. Ich zäh-

---

[230] S. 257–280 in Rkia E. Cornell; In *Probing the Depths of Evil and Good.* https://doi.org/10.1163/9789401204620_018

le zu ihnen Dante Alighieri (1265-1321). Er hat die Lehre der drei Welten missverstanden, schreibt er doch im *33. Gesang des Paradiso: „In seiner Tiefe sah im Dreiverein, die Dinge ich, die im Weltall sich entfalten, und Liebe fasst in diesem Bunde sie ein.“* Er schreitet in seiner *Göttlichen Komödie,* geführt vom römischen Dichter Vergil, „neun Kreise der Qual durch die Hölle“ ab. Die „Hölle“ liegt für ihn weit im Inneren der Erde, wo Schurken sitzen, die für „geistige Werte“ kein Interesse haben.

Wie er zeigt, kann man mit der Verbreitung von *mythos*, den er selber offenbar als wahr akzeptierte, gesellschaftlich erfolgreich sein. Was Dante mit „geistigen Werten“ verbindet ist für die Meister „Dichtkunst“. Die alten Römer wussten: mundus vult decipi (Die Welt will betrogen werden). Zhuangzi:[231] *„Die vor Menschen groß sind, sind klein vor dem Himmel.“*

Auf den Schultern von Giganten

Auch der tiefgläubige Isaac Newton, ein aristotelischer Denker par excellence, betrog sich – auf der Basis: Gleiches durch Gleiches – über den Schöpfungsakt:[232] *„Denn ihm* (dem intelligenten Schöpfer), *der sie* (die Dinge) *schuf, ziemte es auch, sie zu ordnen. Und wenn er dies getan hat, so ist es unphilosophisch, nach einem anderen Ursprunge der Welt zu suchen oder zu behaupten, sie sei*

---

[231] Dschuang Dsi (Zhuangzi); *Das wahre Buch vom südlichen Blütenland.*

[232] Jung, Thomas (2014): Welchen Stellenwert hat Gott in den Naturwissenschaften? www.evangelisch-reformierte-kirche-muenchen.de/was-heisst-reformiert/pdf/natur_und_gott_vortrag.pdf (abgerufen am 03.07.2021)

durch die bloßen Naturgesetze aus einem Chaos entstanden [...].“

Physikalische Beschreibungen des Schöpfungsakts sind hypothesenbasiert. Sie wollen geglaubt werden. Nicht aber das SCHÖNE, das im Aufstieg hypothsenfrei übersinnlich erfahren wird (Symposium 211a ff.): *„[...] bis man von den* (diesseitigen) *Kenntnissen endlich zu jener Kenntnis* (Eingebung) *gelangt, welche von nichts anderem als eben von jenem SCHÖNEN selbst die Kenntnis ist und man also zuletzt jenes selbst, was SCHÖN ist, erkenne.“*

Newton bildete sich ein, er würde Plato verstehen, behauptet er doch, er stände „auf den Schultern von Giganten“: *„Platon ist mein Freund, Aristoteles ist mein Freund, aber mein größter Freund ist die Wahrheit.“* Er erkannte in beiden Männern „seine eigene physikalische Wahrheit“. Was für ihn gilt, trifft für viele Interpreten der von mir zitierten Lehren zu. Dies kann ich nachvollziehen, denn mir ging es vor Einstieg in meine Dao-Praxis ebenso.

Die missverstandene Kleopatra

So wie Platon von Dante und Newton missverstanden wurde, erging es vielen anderen Repräsentanten und Kennern der *philosophía,* z.B. Kleopatra VII (69-30 v.u.Z.). Wir lesen: [233] „Kleopatra[234] erlangte ihre Berühmtheit als Geisel im Machtspiel des Römischen Imperiums. Sie hatte eine Affäre mit Caesar, mit dem sie durch Ägypten reiste. Pa-

[233] Frank L. Holt; *I-Witness-History-I-Innocent-Asp*: www.aramcoworld.com/Articles/September-2020/I-Witness-History-I-Innocent-Asp. (abgerufen am 21.06.2021).

[234] Kleopatra bedeutet „Ruhm“ oder „Schlüssel zum Vater(land)“. Vgl. https://www.etymonline.com/word/cleopatra

triotische gut bezahlte Anhänger von Caesars Adoptivsohn Octavius, dem späteren Kaiser Augustus, verleumdeten sie. Sie nannten sie *regina meretrix* (Hurenkönigin) und *dedecus Aegypti* (Schande Ägyptens)."

Der weit gereiste Historiker und Philosoph Masudi (897-952), der „Herodot der Araber", dem das Thema meines Buchs sehr am Herzen lag und den ich sogleich mehrmals zitiere, berichtet:[235] *„Sie war eine Prinzessin versiert in den WISSENschaften, die sich dem Studium der philosophía zuwandte."* Es gibt wenige Interpreten, die sich bemühen, das ihr angedichtete schlechte Image zu revidieren. Dies tut der Ägypter Ahmad Shaqi (1868-1932), der meint, ihre „wahre Natur" aufgedeckt zu haben.

1.9 Harran: Schmelztiegel traditioneller Kulturen

Es gibt viele Orte, die Alexander der Große auf seinem Feldzug aufsuchte, gründete und besiedelte. Davon sind zwei von „spiritueller Bedeutung" in bezug darauf, worüber ich berichte. Der erste Ort ist Alexandria Prophatia in Seistan (Iran, Afghanistan), eine Region, die schon zur Zeit Alexanders das „Land der Propheten[236]" genannt wurde. Es ist für einige Interpreten[237] das Ursprungsland des Zoroas-

---

[235] Ebda.

[236] Wir lesen: ροφητεια *(propheteia)* bedeutet Prophezeiung oder Weitergabe dessen, was man über das (allumfassende) Naturgesetz gelernt hat. Vgl. https://www.abarim-publications.com/DictionaryG/p/p-r-o-ph-et-t-et-sfin.html.
Wir lesen dort: *„In der Antike waren Menschen weit weniger religiös als heute. Denn in der Antike würde eine Überzeugung, die keinen Bezug zur Realität hatte, mit aller Macht zu Fall bringen."*

[237] Ranajit Pal; *The Dawn of Religions in Afghanistan- Seistan-Gandhara and the Personal Seals of Gotama Buddha and Zoroaster.* Mithras Reader Vol. III Web of Wyred Press. BECS Ltd.

trismus, Buddhismus und Judaismus. Deren gemeinsamer Ursprung bleibt unerkannt, solange Interpreten den alten Schriften das S-Prinzip und daraus resultierende universelle WISSEN nicht entnehmen.

Dies betrifft ebenso den zweiten Ort Harran (Carrhea) in der Nähe der Stadt Urfa (Süd-Ost Anatolien, Türkei), die Alexander Edessa nannte, und die ich besuchte. Urfa wurde als biblisches „Ur in Chaldäa" identifiziert. Ich war vom Ort und seiner Umgebung, z.B. Berg Nemrud und Göbelki Tepe, begeistert. Was wir über Harran[238] [239] in seiner Nähe lesen, weist, wie ich nun zeige, darauf hin, dass dort die *philosophía* (*theología*) noch am längsten im Mittleren Osten ausgeÜBT wurde.

Der Ort und die Region scheint für Masudi, der sie 943 besuchte, ein Schmelztiegel hermetischer, zoroastrischer, henochischer, gnostischer, jüdischer, philosophischer (im Sinne der *philosophía)* und urchristlicher Traditionen gewesen zu sein.[240] Er spricht die dortige Vernichtung[241] der *philosophía* durch byzantinische Christen an. Ihm zufolge wurde (S. 42) die Athener Akademie (*akadémeia)* nach ihrem Ende im Jahr 532 von Athen zuerst nach Alexandria und Rom, dann Antiochia und schließlich Harran[242] verlegt.

---

[238] Der Name Haran kommt eventuell vom Verb *hara* (חרה), brennen oder *harar* (חרר), heiß sein oder sogar frei sein. Haran könnte, so wie Feuer, eine Metapher für die befreiende Aufstiegserfahrung sein. Vgl. https://www.abarim-publications.com/Meaning/Haran.html

[239] Sein akkadischer Name Harrānu steht sowohl für „Reise" als auch „Karawane".

[240] Masudi; From *The Meadows Of Gold,* Penguin 2007.

[241] Vgl. Nixey; *Heiliger Zorn.*

[242] Annine van der Meer; *The Harran of the Sabians in the first millennium A.D.* A Channel for the Transmission of a Hermetic Tradition?

Harran ist in *Genesis* (12,4) erwähnt: *„Abraham* (Ibrahim) *war 75 Jahre alt, als er mit Lot von Harran*[243] *nach Kanaan zog.“* Auch Jakob[244] flüchtete (Gen 28,11) angeblich nach Harran und vollzog dort seinen Aufstieg auf der „Himmelsleiter (Jakobsleiter)“. Masudi fand dort am Türklopfer eines Sabischen[245] Hauses: *„Plato sagte: Wer sich selbst erkennt, wird göttlich.“* Sabier (Sabianer) werden in älterer Literatur[246] „Johannes-Christen“ bezeichnet.

Masudi:[247] *„Während unserer Reisen haben wir uns mit mehreren Königen getroffen, die in ihren Manieren und Meinungen ebenso unterschiedlich sind wie die verschiedenen geografischen Regionen ihrer Länder. Aber nach und nach haben wir mit ihnen Übereinstimmung darin gefunden, dass alle Spuren der* (spirituellen) *WISSENschaft verschwunden sind und dass ihre Pracht verloren ging. Lernen ist zu allgemein geworden und hat an Tiefe verloren; man sieht nur noch Menschen voller Eitelkeit und Unwissenheit, unvollkommene Gelehrte, die mit oberfläch-*

August 2000, 18th World Congress of the International Association of the History of Religion, Durbin/Zuid, Africa.
Vgl. https://www.abarim-publications.com/Meaning/Haran.html

244 Jakob stammt ab von *'abaq* (עקב), „auf der Ferse“ folgen und „ersetzen (austauschen)“.
Vgl. www.abarim-publications.com/Meaning/Jacob.html

245 Vgl. Tracy R. Twyman, Alexander Rivera; *Bahomet-The Temple Mystery Unveiled,* 2015. Dem Buch zufolge stammt Sabisch (Sabian) von Sab, einem der Spitznamen oder Beinamen von Hermes‘ Sohn Tat (Toth, Teuth) ab, was Masudi bestätigt. Tracy et al. behaupten, das „Mysterium von Harran“ entschleiert zu haben.

246 Vgl. Mandäer: https://de.wikipedia.org/wiki/Mand%C3%A4er
Vgl. Johanneische Schule:
https://de.wikipedia.org/wiki/Johanneische_Schule

247 S. 4 in Masudi.

lichen Ideen zufrieden sind und die Wahrheit nicht erkennen.“ Und wie sieht es heute aus?

Al-Biruni zitiert weise Griechen in Harran

Der weitgereiste Al-Biruni (973-ca.1050) zählt Weise auf, die in Harran verehrt wurden. Davon waren die meisten Griechen *(philósophoi)*. Er zitiert Hermes, Agathadaimon[248] und Pythagoras[249], auch Solon, der in Ägypten war und den Platon den „Weisesten der Sieben“ nennt.

Abraham: Tugend des Lernens?

Für den mehrmals zitierten Philon, Spross einer jüdischen Priesterfamilie, symbolisiert Abraham die „Tugend *(arété)* des Lernens“. Die *arété* (Dao-Lehre: De) wird zunehmend im Aufstieg „aus sich heraus“ kultiviert und fördert das PD (schöpferische Denken = *noeín)*. Ihr Verlust – gemeinsam mit der „Ersten (spirituellen) WISSENschaft *(philosophía)*“ – ist zu berücksichtigen, um zu erahnen, was Masudi über den Tempel der sieben Planeten in Sogmatar[250] in der Nähe von Harran schreibt: [251]

„An den äußersten Grenzen der Erde steht ein alter Tempel […]. Auf der Kuppel befindet sich ein attraktiver Edelstein oder Kristall, der so groß wie ein Stierkopf ist und die

[248] *Agathós* = gut und *daimon* = Qi.

[249] Pythagoras verweist auf *Pythios,* Äquivalent von Apollon, und *agora* (Markplatz).

[250] Es gibt in Borsippa (Irak) einen Tempel (Ziggurat), der wohl eine ähnliche Funktion hatte.

[251] (a) Masudi; *The Meadows of Gold*, LXVII – “Sacred buildings and monuments of the Sabians of Harran”. (b) *The Hall of Records: The temple of the Seven Planets at Sogmatar.* https://historyofislam.com/contents/the-classical-period/al-masudi/ (abgerufen am 07.07.2021)

Dunkelheit über weite Entfernungen vertreibt. Viele große Könige von früher haben versucht, ihn zu ergattern, aber ohne Erfolg. […] Bis zu diesem Datum gibt es keine Möglichkeit, dass ein Mann diesen Stein ergreift. Diejenigen, die so mutig oder töricht sind zu glauben, sie könnten den Tempel abreißen, werden vom sofortigen Tod getroffen. […] Innerhalb des Tempels befindet sich eine sehr tiefe Grube, wie tief weiß niemand. Sie hat sieben Seiten und ist so konstruiert, dass derjenige, der versucht, zu nahe zu kommen, um nach unten zu sehen, in die Tiefe fällt und somit seinen Tod findet. Um die Grube herum befindet sich ein Messingring mit den Zeichen einer alten Schrift: ‚Diese Grube führt zur Halle der Aufzeichnungen, in der seit jeher alle Weisheit (sophía) der Welt aufbewahrt wird. Hier wird die Geschichte der Welt, die (spirituelle) Wissenschaft des Himmels und das verborgene Geheimnis (mystérion) aller vergangenen, gegenwärtigen und zukünftigen Dinge bewahrt. In ihr liegen alle Schätze der Welt.“

Man muss mit der *philosophía (Hikma al-Ishraq)* vertraut sein, um zu erkennen, dass es sich bei „sieben Planeten“ nicht um Merkur, Venus, usw., sondern ESP (Licht)-Phänomene handelt.

Empedokles‘ Verweis auf Venus (Aphrodite) als Äquivalent von *philía* deutet an, um was es bei *planétes* geht. Auf keinen Fall um einen physikalischen Planeten! Auch Mars, für Suhrawardi das Äquivalent für *némesis,* ist kein Planet, denn so wie *kósmos* nicht der Kosmos und *astronomía* nicht die Astronomie ist, ist *planétes* kein Planet. Die Lehnworte sind materialisierte Hirngespinste in Platons „Höhle“, und es sind nicht die einzigen.

Was zu *planétes* = Planet wohl geführt hat ist: *planétes* = Wanderer. Damit ist das wandernde wirbelnde Qi *(psyché,* nafs, Atman) angesprochen. Es ist ein Äquivalent für Licht, das für Suhrawardi, so wie Qi, alles durchdringt[252] und im Aufstieg zunehmend erfahren wird. Es ist – so wie Wind, Atem, Luft und Feuer – in „ständiger Selbstbewegung *(autokinésis)*. Weitere Metaphern dafür sind Wasser und Engel.

Dazu gehören auch die „sieben Lichtjungfrauen" in der *Pistis Sophía* und „sieben Lichtgestalten" bei Suhrawardi. Auch wenn es seltsam klingt, was darüber berichtet wird, so zählen sie doch zur zunehmend erfahrbaren universellen Wahrheit (*aletheía)* im Aufstieg. Was in sie hineingedichtet wird, ist *mythos.*

Diesen konnte die moderne AD-basierte Wissenschaft bisher nicht enthüllen, denn auch ihr sind, bei allem Respekt den sie heute bekommt, Schranken gesetzt. Wer Metaphern und Mythen wortwörtlich nimmt, nimmt deren „Schatten an Platons Höhlenwand" wahr. Dieser wird heutzutage von „ungeübten Höhlenforschern" eifrig studiert, die sich – ob ihrer „wahren Erkenntnisse" darüber – belobigen.

Schon Platon machte sich über sie lustig, ich wiederhole und ergänze (Politeia, 106b):[253] *„Und wenn sie dort unter sich Ehre, Lob und Belohnungen für den bestimmt hatten, der das Vorüberziehende* (Schatten an der Höhlenwand) *am schärfsten sah und am besten behielt,* usw."

---

[252] Vgl. https://www.artmete.at/imworte/suhrawardi.pdf

[253] Platons Höhlengleichnis: https://www.studium-universale.de/platons-h%C3%B6hlengleichnis-text/

Platon ist hingegen stolz auf seine langjährigen Schüler *(mathetés)* (2. Brief, 314b-c): *„dass das, was ihnen* (als Anfänger) *zuerst am allerunglaubwürdigsten erschien, nun am klarsten und akzeptabelsten ist und das, was glaubwürdig erschien, sich ins Gegenteil verwandelte."*

Genealogie von Meistern der Johannes-Christen

Die Bibelexegese (Bibelauslegung)[254] geht davon aus, dass Johannes der Lehrer von Jesus war. Beide werden Messias und Jesus auch Christus genannt[255].

Der *Harran Gawaita*[256] zufolge wurde Johannes von seinem Lehrer Anuš-'uthra in die Nasirutha („Lehre des geheimen WISSENS") initiiert und darin ausgebildet. Dies deutet darauf hin, dass Anuš-'uthra, Johannes und Jesus, so wie alle authentischen Meister, einer Genealogie angehörten.

Sie waren vermutlich erleuchtete Mandäer[257], bevor nach deren Tod aus ihrer einzigartigen (zum großen Teil geheim gehaltenen) Erfahrungslehre (Nasirutha)[258] durch *invention of tradition* allmählich die christliche Religion entstand.

Wir lesen im *Kanonischen Gebetsbuch*[259] *der Mandäer*[260], das klar auf den Aufstieg (Pfeil I) und die LDDW

---

[254] Joh (1,6-8;19-28)

[255] Das Wort Messias stammt ab von *mashiah* (משיח), was Gesalbter bedeutet.

[256] Vgl. *The Haran Gawaita and the Babtism of Hibil Ziwa:* https://holybooks.com/haran-gawaita-baptism-hibil-ziwa/ (abgerufen am 07.07.2021)

[257] Mandäer: https://de.wikipedia.org/wiki/Mand%C3%A4er

[258] Dies sollte der Ursprung von „Jesus, dem Nazarener/Nazoräer" sein.

[259] Dies ist vermutlich eine Fehlübersetzung.

hinweist, die dem Beten unzugänglich sind: *„[...] steh auf, steh auf, Seele! Steige in deine erste Heimat auf, zu dem Ort, von dem du* (in A) *verpflanzt wurdest, zu deinem guten Domizil der uthras* (Qi-Felder, Engel).*"* Darauf verweist Anuš-'uthra!

Ich liefere später Hinweise, die Suhrawardi zum einen mit Sabiern und zum anderen ihn und Jesus mit Buddha in Beziehung bringen. Meinen Recherchen zufolge setzten sie alle das S-Prinzip ein. Was es hervorbringt ist wichtiger als die Personen, die damit in Verbindung gebracht werden.

Untergang der *philosophía* (*Hikmat al-Ishraq*)

Die uralte – in China 10.000-jährige – Tradition, in der sich im Mittleren Osten *philosophoí* (khāṣṣa) dem „*lógos* im Üben hingaben (al-'ibāda al-falsafiyya al-ilāhiyya)", scheint ihre „letzte spirituelle Festung" in Harran gehabt zu haben.

Die Ismā'īlī-Tradition[261] unterschied dort zwischen exoterischer (ẓāhir) und esoterischer (bāṭin) „Religion". Hinter der esoterischen[262] verbirgt sich keine Religion, sondern die auszuÜBENDE *philosophía (theología)* oder *Hikmat al-Ishraq,* wie immer man sie nennen mag.

Es kommt nicht auf Worte, sondern deren erfahrbaren Inhalte an. Diese sind in Metaphern gefasst, die ohne

---

[260] S. 112 in Arash Emandinia; *The Soul in the Afterlife: Individual Eschatological Beliefs in Zoroastrianism, Mandaeism and Islam.* Dr. Arbeit: George-August-Universität Göttingen, 2017.

[261] Philosophy as a Path to Happiness: www.academia.edu/986100/Philosophy_as_a_Path_to_Happiness_Attainment_of_Happiness_in_Arabic_Peripatetic_and_Ismaili_Philosophy

[262] *esoterikós* = innerlich

Übungsbezug verdreht werden. Dies ist in der Auslegung des Geschehens in Harran/Carrhae zu berücksichtigen.

Prokopios von Caesarea betont im 6. Jhd., dass in dieser Stadt, die die Christen vielfach *Hellenopolis* („Stadt der Hellenen/Heiden") nannten, fast nur „Altgläubige" lebten. Nach einer umstrittenen Theorie war Carrhae der Ort, an dem der Neuplatoniker Simplikios nach 532 eine Philosophenschule einrichtete.

At-Tayyib (geb. 1130) zufolge berichtete bereits Al-Kindi, der in Harran im Jahr 875 vor der „Spaltung (in zwei Lager)" lebte:[263] „*[...], dass er ein Buch gesehen habe, das die Sabianer benutzten. Es ging um Lehrinhalte von Hermes* (Henoch) *von höchster Qualität. Darin vermittelte er seinem Nachfolger die Grundlagen zur Erfahrung des EINEN. Dort ist zu lesen: Kein philósophos, der sich bemüht die Einheit zu erfahren, kann auf das Buch verzichten. Seine Eingebung wird ihm bestätigen, was Hermes berichtet. Er kann ihm damit nur zustimmen und somit nicht widersprechen* (weil es dem S-Prinzip genügt)."

Masudi berichtet über unechte Sabier in Harran, nachdem die *philosophía* dort verschwunden war:[264] „*Die Sabianer von Harran sind nichts anderes als vulgäre Anhänger der Griechen, eine verdrehte Spezies der alten* (geÜBTEN) *philosophoí.*"

Suhrawardi, der Harran und Urfa besuchte[265], im nahen Aleppo (Syrien) unterrichtete und dort – ob seiner „Irrleh-

---

263 S. 750 in An-Nadim (Kap. 9,1); *Fihrist of Al-Nadim, a tenth century survey of Muslim culture,* B. Dodge ed. Vol. 1 und 2, New York London 1970.

264 Vgl. https://pdfslide.net/documents/harran-s-55844e19de6f0.html

265 Hazrat Shihabuddin Yahya al-Suhrawardi; *Die Gestalt des Lichts.* Edition Shershir 2013.

re“ – hingerichtet wurde, schreibt in *Hikmat al-Ishraq* über Hermes *„[...] er war der Gründer der Haramisa* (Lehre, die auf Hermes Trismegistos zurückgeht).“

Spirituelle Zentren, so wie Harran, die PD kultivierten, gab es, Fangfu zufolge, auch in China. Dazu zählen dort die Wudang Berge, die ich besuchte, wo der sagenumwobene San Zhang Feng (geb. 1350) das heute populäre formvolle Qigong einführte, weil er sich erhoffte, seine Schüler damit für die formlose Dao-Praxis zu gewinnen. Auch Achet Aton, das Echnaton gründete, und der Apollon-Tempel in Delphi sollten zu derartigen Zentren gehören. Ich erinnere auch an die ursprünglichen Olympischen Spiele (Band I), wo das S-Prinzip zum Einsatz kam.

1.10 Platon, Suhrawardi, Mani, Al-Hallaj und Jesus

Die Ausrottung des konzeptfrei erworbenen WISSENS (*epistéme)* und das ausschließliche Hinwenden danach zum vielfältig konzept-geprägten Wissen *(empeiría)* erfolgte nicht nur im frühen Christentum. Es geschah, wie angedeutet, noch danach in Harran und im Iran, sodass die traditionelle Weisheitssuche im Westen und Mittleren Osten offenbar ein für allemal dort verschwand.

Normwidrige Lehren

Für den iranischen Gelehrten Al-Shahrazūrī (1181-1245), der wohl noch wusste, um was es bei Suhrawardi und Jesus geht, hat deren äußere Erscheinung, ich wiederhole (Band I) der „Norm (der Gläubigen ihrer Zeit)“ widersprochen: „*Er* (Suhrawardi) *sah aus wie Jesus, seine Charaktereigenschaften waren die eines wandernden normwidrigen* (antinomischen) *Dervishes* (qalandar).“ Meinen Recherchen zufolge war deren Lehre, die *philosophía (Hikmat al-Ishraq),* für viele in deren Wirkungsbereich normwidrig. Auch ich breche – in meiner Charakterisierung von Jesus, Suhrawardi und anderen Weisen – die Norm. Wie sonst könnte ich berichten, was ich über sie schreibe?

Äquivalente von Zhongzi in *philosophía* und *Hikmat al-Ishraq*

Ich hätte was ich nun andeute nicht erkannt, wenn ich nicht mit dem Zhongzi (Samen) in meiner Schule (Taijixue) vertraut geworden wäre. Ich hätte nicht gewürdigt, was Suhrawardi in *Kalimat al-Tasawwuf* schreibt:[266] *„Es ist ihre* (der iranischen Weisen) *hohe und erhellte Weisheit, von der auch die spirituellen Erfahrungen von Platon und seinen Vorgängern zeugen und die wir in unserem Buch Hikmat al-Ishraq wieder zum Leben erweckt haben."* Suhrawardi, der mit „vorewiges Ferment (al-hamirah al-azaliyyah)[267]" die unverzichtbare Qi-Übertragung zum Erhalt einer ununterbrochenen Genealogie[268] erwähnt, benennt zwei Stammlinien.

Deren Meister haben das „Ferment" – so wie den Zhongzi (Samen) in Fangfus Schule – von einer Generation zur nächsten weitergegeben.

---

[266] S. 464 in Hanif; *Biographical Encyclopaedia of Sufis*, Central Asia and Middle East Sarup & Sons 2002.

[267] Guy Ogilvy: *The Great Wizards of Antiquity: The Dawn of Western Magic and Alchemy*, Llewellyn Publications 2019. Vgl. John Walbridge; *The Leaven of the Ancients*.

[268] Zur Genealogie gehört die Qi-Übertragung, die Suhrawardi „al-hamirat al-azaliyya" nennt. www.independentphilosophy.net/Suhrawardi_and_Ishraqi_Philosophy.html

Ich habe nach Genealogien (Stammlinien) von Meistern und deren Äquivalente für Samen (Zhongzi) in der *philosophía* gesucht. In Suhrawardis *Kitab al-mashari' wa-'l-mutarahat* (Der Pfad und die Himmel, Paragraph 223)[269] werden verschiedene Namen dafür in zwei griechischen Genealogien genannt. Der Samen wird dort, mit Verweis auf Pythagoras und Äskulap (Asklepios), sowohl *zerstreuendes* oder *mystisches Licht* als auch *Ferment* (Engl. *leaven)* bezeichnet. Ein weiteres Äquivalent dafür ist *Sokratike ischys* (Sokratische Kraft oder Energie).[270] Ebenso *lógos spérmatikos* (Samenfünkchen), worauf ich noch zu sprechen komme.

Suhrawardis Kritik an der *empeiría*

Es verwundert mich nicht, dass Suhrawardi, der zwischen zwei Denk-, Wahrnehmungs- und Wissensweisen unterscheidet, die *empeiría* kritisierte, die er durch Avicenna (Ibn Sina, 980-1037) repräsentiert sah. Seine Kritik an ihm erinnert an Platons Kritik an Aristoteles, dem Fohlen, das gegen ihn ausschlug. Avicenna war es auch, der Aristoteles'

---

[269] Siehe Part 1 (Teil 1) – *Suhrawardi as a Non-Peripatetic* – in John Walbridge; *The Leaven of the Ancients. Suhrawardi and the Heritage of the Greeks,* State University of New York Press, Albany 2000. Dort werden genealogische Verbindungen zwischen griechischen und mittelöstlichen Meistern, z.B. Pythagoras und denen der hebräischen SHEKINAH angesprochen. Shekinah reinigt Menschen mit „ewigem Licht (Qi)“ in „himmlischer Gegenwart (Präsenz)“. https://wiki.yoga-vidya.de/Shekinah%20#Weitere_Informationen_zu_Yoga_und_Meditation (abgerufen am 24.2.2022)

[270] S.41 in Klaus Döring. *Die Kyniker*. C. C. Buchner, Bamberg 2006. https://www.altphilologenverband.de/forumclassicum/pdf/FC2006-1.pdf

Logik[271] übersetzte und damit die Abgrenzung des gewöhnlichen Denkens (AD) vom außergewöhnlichen PD (Taiji-Denken) befürwortete, so wie ich es auch Aristoteles zuschreibe. Dazu ist noch einmal zu betonen, dass ich am AD nichts bemängele, sondern nur an seiner ausschließlichen Anwendung, womit Aristoteles und Avicenna assoziiert werden.

AD entwickelte sich aus PD schon lange vor Aristoteles und bewirkte zunehmend den Untergang der *philosophía*, *Hikmat al-Ishraq* und äquivalenter Lehren.

Ich erkenne im Verlust ihrer Weisheit (*sophía,* hikma) die Ursache der Ökokrise. Diese ist für mich durch die schon vor Jahrtausenden von Meistern vorhersagte *hýbris-némesis*-Interaktion bedingt. Auch Wissenschaftler sagten die Krise vor geraumer Zeit vorher. Die meisten von ihnen akzeptieren ihr AD als Non-plus-ultra und genießen in Platons „Höhle" damit viel Respekt. Doch nur wenige von ihnen sind sich der Gefahr bewusst, die von ihrem AD und der damit einhergehenden *empeiría* ausgeht, wenn beide, so wie heute der Fall, ausschließlich zum Einsatz kommen.[272]

Eine unvollständige Analyse von Suhrawardis Lehre

Wir lesen was mit meiner Analyse gut übereinstimmt aber unvollständig ist:[273] „Suhrawardis Projekt besteht aus drei

---

[271] Vgl. https://de.wikipedia.org/wiki/Geschichte_der_Logi

[272] Vgl. https://www.hin-online.de/index.php/hin/article/view/273

[273] S. 5 in Tianyi Zhang: *Light in the Cave -A Philosophical Enquiry into the Nature of Suhrawardī's Illuminationist Philosophy*, PhD-thesis, Trinity College 2018.! Die Arbeit erwähnt kein einziges Mal die wichtigste aller Metaphern: mahabba. Ohne sie gibt es keinen „Weg aus der Höhle (cave)".

Teilen. Ein Teil besteht darin zu beweisen, dass Avicennas peripatetische Philosophie die ‚Höhlenphilosophie' ist, die auf baḥth (ثحب, Untersuchung oder diskursives Denken oder Wissen durch Formen (يروصملع, ʿilm ṣūrī) basiert. [...]. Ein anderer Teil besteht darin, eine grundlegend überlegene *philosophia* (außerhalb der Höhle) zu konstruieren[274], die auf Taʾalluh (هلأت, gottähnlich werden, sich *theós* oder *lógos* angleichen oder auf dem Wissen der Illuminationisten (إيروضحملعيقارش, ʿilm ḥuḍūrī ishrāqī) basiert. Suhrawardī ist der ‚Gefangene', der sich außerhalb der Höhle befunden hat, und seine Philosophie der Illuminierung basiert auf unmittelbarem Wissen und direkter Erfahrung von der Sonne, Lebewesen unter dem Sonnenlicht und anderen schönen Dingen außerhalb der Höhle' [...]."

Was der Analyse fehlt ist die Erklärung der Metaphern, die mittels des S-Prinzips erkannt werden. Die Sonne ist nämlich – so wie auch im Aton-Kult und vielen anderen – das Symbol für die höchste persönliche Erfahrung der Schöpfung. Sie wird auch dem vor-zoroastrischen Mahabad zugeschrieben, der angeblich vor 12.000 Jahren lebte.[275] Er wird Azar Hooshang, Feuer der Weisheit, genannt.[276] Er wurde zum Propheten des Mithraskults[277], der später die Sonne anbetete.

---

[274] Suhrawardi hat sie nicht selbst konstruiert, sondern auf ansprechende Weise artikuliert.

[275] S. 20-22 in Hamma Mirwaisi; *The Abrahamic Religions: The Hidden Secrets of the Judaism,* CreateSpace Independent Publishing Platform; 2017.

[276] Es wäre schön, den sehr plausibel erscheinenden Zusammenhang zwischen mahabba (Pers: maḥabb, maḥab, maḥabat) und Mahabad (Mah-abad; Pers: Mehabad, Mihabad, Muhabad) durch Literaturzitate

Meisterliche Genealogien

Suhrawardi gehört zu einer Genealogie, die – so wie die aller authentischen Lehrer – ihren Ursprung in einer Folge von Altmeistern hat, die in schamanische Zeiten zurückgehen sollte. Diese brachten – im Verlauf der Entwicklung ihrer Lehre – bekannte Personen, so wie Laozi, Buddha, Zoroaster, Mithra, Platon usw., hervor, was nicht heißt, dass diese kompetenter als ihre oft analphabetischen Vorgänger (Altmeister) oder Nachfolger waren.

Sie alle besaßen außergewöhnliche spirituell-therapeutische Fähigkeiten, die Philon von Alexandria auch den Qumran-Essenern (Band I) zuweist.[278] Er setzt sie zu buddhistischen Therapeuten (θεραπευτής) in Alexandria (Ägypten) in Beziehung[279], deren Heilmethode (θεραπεία) Therapneuma (θεράπευμα) genannt wird.

Es geht dabei um Qi (*psyché*)-Heilung, die im „Patienten" Shen (*pneúma)* aktiviert. Sie setzt die Erleuchtung des Therapeuten voraus und hat nichts mit Seelsorge und Psychotherapie im heutigen Sinn zu tun. Dies sollte nicht nur bei den von mir bisher zitierten Griechen, sondern auch bei Hippokrates (460-370 v.u.Z.) der Fall gewesen sein.

---

zu begründen. Dies gilt gleichermaßen für den Zusammenhang zwischen mahabba und *bharata* im *Epos Mahabharata,* zumal dort *bharata* mit Liebe (mahabba) übersetzt wird.
Vgl.https://wiki.yoga-vidya.de/Bharata.

[277] Römische Soldaten brachten den Kult nach Europa. Das Wort für ihren Tempel ist *spelunca.*

[278] https://de.wikipedia.org/wiki/Essener#Jesus_und_die_Essener

[279] E. R. Gruber, H. Kersten; *Der Ur-Jesus: die buddhistischen Quellen des Christentums.* Ullstein, Frankfurt am Main 1996, S.262f.

Suhrawardi: Ein Sabianer?

Masudi betrachtet Buddha (Budhasaf) als Begründer der Sabianer (Sabier), die auch Johannes-Christen genannt werden. Shahrastani (gest. 1153)[280]: „Was Sabianer besonders mit Suhrawardi verbindet, ist genau ihre Verehrung von Hermes, Agathadaemon und Platon."

Suhrawardi würdigt Mani

Henry Corbin über Suhrawardi:[281] „Von großer Bedeutung war für ihn Mani, jedoch ein Mani, so wie Zoroaster, gänzlich verschieden von dem seiner dualistischen Anhänger." Damit deutet er an, dass Zoroastrismus und Manichäismus als Religionen, die heutzutage von vielen Interpreten als besonders dualistisch bezeichnet werden, mit der ursprünglichen undogmatischen Erfahrungslehre von Zoroaster und Mani nichts zu tun haben. Beide Männer waren keine Religionsgründer, sondern wurden nach ihrem Tod – im Einklang mit *invention of tradition* – dazu gemacht. Manis meisterliche Kompetenz zeigt sich darin, dass er über die dreigeteilte *psyché* berichtet[282].

Wir lesen:[283] „Er (Mani) hielt es für einen verhängnisvollen Fehler, dass seine Vorgänger Buddha, Zarathustra und Jesus keine Bücher geschrieben, sondern sich auf mündliche Unterweisung ihrer Jünger beschränkt hatten. Wegen dieses Versäumnisses seien ihre Lehren verloren gegangen

---

[280] S. 41 in *Wisdom of the Mystic East.*

[281] S. XLVI in Henry Corbin; *The Voyage and the Messenger: Iran and Philosophy*, North Atlantic Books, Berkley 1998.

[282] S. 80 in Lee Irwin; *Reincarnation in America: An Esoteric History,* Lexington Books 2017.

[283] Mani: https://de.wikipedia.org/wiki/Mani_(Religionsstifter)

oder verfälscht worden, so dass Irrtümer überhandnahmen.“ „Er (Mani) bezeichnete sich als Apostel Christi. Der weitaus gewichtigste Teil des manichäischen Gedankenguts stammte aus der Gnósis.“

Wir lesen:[284] „Als Mani in der Stadt Gundishapur[285] (Iran) ankam, gab es Aufruhr, genauso wie beim Einzug Jesu in Jerusalem. Nach Protesten von Kartir und anderen zoroastrischen Priestern wurde Bahram I (der dortige Herrscher) überredet, Mani einzusperren, der 274 zum Tode verurteilt wurde.“ Was Mani als Meister erkennen lässt ist, dass ihm ein ähnliches Schicksal wie Sokrates, Hypatia, Al-Hallaj und Suhrawardi widerfuhr. Der Islamwissenschaftler Massignon meint, in Manis Folterung und Hinrichtung das Leiden und Sterben Jesu (Isa) zu erkennen.

Al-Hallaj: Märtyrer seiner Gottesliebe?

Suhrawardi bewunderte nicht nur Jesus und Mani[286], sondern Al-Hallaj (ca. 858-922). Wir lesen:[287] „Al-Hallaj findet in Jesus den perfekten Typ eines ‚vergötterten Menschen‘, der in den ‚Vertreter Gottes‘ verwandelt wurde, eine Vereinigung von himmlischem Willen und schöpferischer Natur. Er wurde als Jesus eins mit al-Haqq (‚Der Wahre‘ oder ‚Die Wahrheit‘).“ Verwirrend, doch für mich

---

[284] Bahram: https://en.wikipedia.org/wiki/Bahram_I (abgerufen am 05.07.2021)

[285] Gundishapur wird im *The Cambridge History of Iran* als das weltweit wichtigste medizinische Zentrum während des 6.-7. Jh. angesehen. Khosrau I. (531-579) bot dort griechischen *philósophoi* und syriakisch-sprachigen nestorianischen Urchristen Zuflucht, die vor religiöser Verfolgung im byzantinischen Reich in den Iran flohen.

[286] S. 104 Louis Massignon, Louis Gardet; *Encyclopedia of Islam,* 2nd ed., Vol. 3, "Al-Halladj", Brill 1986.

[287] Al Hallah: http://orvillejenkins.com/pathoflove/5alhallaj.html

im besten Einklang mit Platons Metaphern Sterben, Tod und Leib sind seine Worte:[288] *„Denn im Tod nur ist mein Leben. Ja, im Leben ist mir Tod nur, und im Sterben liegt mein Leben! Wahrlich, höchste Gnade ist es, selbst verlöschend zu entschweben. Und als Schlechtestes erkenn ich, Fest an diesem Leib zu kleben. Überdrüssig ist die Seele, Hier noch im Verfall zu leben.“*

Er wurde in Bagdad durch Kreuzigung hingerichtet. Auch seine folgenden Äußerungen[289] lassen die erste Philosophie (fi al-Falsafah al-Ulā), der er sein himmlisches WISSEN verdankt, erkennen.

(1); *„Seht, ich, einer von den Alten, Die nach höchsten Rängen streben, Bin jetzt ein Kind geworden, Nur der Mutterbrust ergeben.“*

(2): *„Ich bin die göttliche Wahrheit* (ana l-ḥaqq)“.

Al-Hallaj weiter: [290]

(3): *Ich bin der, den ich liebe, und der, den ich liebe, bin ich.“*

(4); *„Wer Gott kennt, der beschreibt ihn nicht, Wer Gott beschreibt, der kennt ihn nicht.“*

(5) *„Glaube und Unglaube unterscheiden sich in Hinblick auf die Namen; aber im Hinblick auf die Wirklichkeit gibt es keinen Unterschied zwischen ihnen.“*

Damit artikuliert er seine glaubensfrei erworbenen Eingebungen auf der Stufenleiter (maqam) zur Erleuchtung

---

[288] *Al-Hallaj übersetzt von Schimmel;* Hrsg. (1985): S. 105. Vgl. http://othes.univie.ac.at/24638/1/2013-01-04_0701064.pdf

[289] *Übersetzung und Nachdichtung:* Annemarie Schimmel, aus: *Al-Halladsch – „O Leute, rettet mich vor Gott“.* Texte islamischer Mystik, S. 105 f. Vgl. https://de.wikipedia.org/wiki/Al-Hall%C4%81dsch

[290] Al Halladj: https://gutezitate.com/autor/mansur-al-halladsch (abgerufen am 05.07.2021)

(Egoauflösung in D). Es liegt auf der Hand, dass er sich unter streng Gläubigen, die sich nur allzu gerne von Ungläubigen abgrenzen, damit viele Feinde machte.

Gefangen im Mythos

Masudi wusste zwischen persönlichem Erfahren, das PD fördert, und gesellschaftlichen Glauben, das auf AD basiert, klar zu unterscheiden. Dies bestätigt folgende Anekdote[291], in der er das Treffen eines arabischen Händlers, der sich zur Familie des Propheten zählt, mit einem chinesischen Kaiser schildert. Dieser fragte den Händler, wie es denn den Arabern gelingen konnte, das persische Reich, das nobelste, reichste und ausgedehnteste Imperium mit seinen klugen Bürgern, zu besiegen?

Darauf antwortete er: „Es war durch Gottes Hilfe. Möge seine Macht erhöht werden! Die Perser haben das Feuer angebetet und sich vor der Sonne und dem Mond und nicht vor Gott verbeugt."

Daraufhin fragte ihn der Kaiser: „Was glaubt dein Volk ist das Alter der Erde?" Er antwortete: „Darüber ist man unterschiedlicher Meinung. Einige sagen es sind 6.000 Jahre, andere mehr oder weniger." Der Kaiser wollte wissen: „Sagt dies auch der Prophet?" „Ja": antwortete er. Daraufhin mussten Kaiser und Wesir heftig lachen. Sie wunderten sich, dass die Sintflut angeblich die ganze Erde unter Wasser setzte und man in China nichts davon wisse.

---

[291] S. 108-112 in Masudi; From *The Meadows Of Gold*, Penguin 2007.

1.11 Suche nach Weisheit

Es gab seit Menschengedenken Suchende und wird sie immer geben, die sich ihres Abstiegs (Pfeil II) und der damit erworbenen *hýbris*, die *némesis* herausfordert, bewusst sind. Sie suchten Weise auf, die sie unterstützten, sich selbst zu besiegen. Sie unterschieden noch nicht, so wie wir heute mit AD, zwischen gesund und krank. Vorbeugung (Prävention) war ihr Hauptanliegen zur Gesunderhaltung und der damit einhergehenden Selbsterkenntnis.

Sehnsucht nach einer besseren Welt

Konfuzius, der diesbezüglich die soziale Verantwortung eines jeden Einzelnen hervorhebt, auf die Verbesserung der Welt hinzuwirken, betont (Lunyu, 5.7, 18.7):[292] *„Im Lunyu erfährt man immer wieder, dass das Dao (lógos) auf der Welt nicht zum Zuge kommt.* Er schreibt (Lunyu 18.6): *„Hätte die Welt bereits das Dao, dann müsste ich nicht dazu beitragen, sie zu ändern* (verbessern)*!"*.

Auch Fangfus Anliegen war es, das Dao im Bewusstsein seiner Schüler zu verankern, was kein leichtes Unterfangen ist. Ich erinnere an Heraklit: *„Aber obschon der lógos allen gemein ist, leben die meisten doch so, als ob sie eine eigene Einsicht hätten."* Dies entnehme ich auch Jesus (Band I): *„Der Logos kommt in die Welt und erleuchtet die Menschen* (Joh 1,9). *Doch die Welt kannte ihn nicht* (Joh 1,10) *und die Seinen nahmen ihn nicht auf* (Joh 1,11)."

[292] Amberger, Alexander, Möbius, Thomas (Hrsg.); *Auf Utopias Spuren: Utopie und Utopieforschung.* Festschrift für Richard Saage zum 75. Geburtstag, Springer 2017.

Platons „Schönstaat“

Es mag – heute mehr denn je – als Utopie erscheinen, dass jemals eine Gesellschaft (große spirituelle Gemeinde) existieren könnte, wo Menschen – zum Wohle aller – mit dem *lógos* (Dao) so gut wie möglich dadurch im Einklang leben, indem sie regelmäßig üben (Bild 1). Platon konzipierte in *Politeia* dafür den „Schönstaat (Idealstaat)[293]“. Dies entnehme ich vielen, wenn auch inkorrekten Interpretationen darüber, z.B.:[294] „In Analogie zum dreiteiligen Aufbau des idealen Staates beschreibt Platons Dialogfigur Sokrates die Struktur der Seele, die ebenfalls aus drei Teilen zusammengesetzt sei.“ Korrekt ist: „In Analogie zur dreigeteilten *psyché,* deren Metamorphosen im Aufstieg erfahren werden, konzipierte Sokrates eine (spirituelle) Gemeinde mit einer dreistufigen Hierarchie[295], die dem persönlichen Übungsfortschritts (P) der einzelnen Mitglieder Rechnung trägt.“

Suhrawardi:[296] *„Nach Sokrates kann nur derjenige die* (alte) *spirituelle Wissenschaft erwerben, der begabt und* (im Üben) *ausharrend ist* (Bild 1).“

Dies erinnert mich an Fangfus Antwort (Band I) auf meine Frage, wie ich Laozi besser verstehen könnte? Sie laute-

---

[293] Dieser basiert auf keinem politischen Model, das von vielen Autoren in den „Staat“ hineingedichtet wird. Daraus haben sich durch *invention of tradition* – auf ähnliche Weise wie: *philosophía (theología)* ⇨ Philosophie (Theologie) – unterschiedliche politische Konzepte entwickelt.

[294] *Politeia:* https://de.wikipedia.org/wiki/Politeia

[295] Valentin spricht die Dreiteilung an: *(somatikoi = hylikoi, psychikoi, pneúmatikoi).*

[296] S. 2 in Max Horten.

te: *„Üben, Üben, Üben!"* Die Antwort umfasst, was Laozi schreibt (Kap. 3):[297] *„Er* (der Lehrer) *macht ihr Herz leer* (still) *und ihren Leib tüchtig. Er macht ihr Begehren* (Youwei) *schwach und ihre Knochen stark. Er sorgt stets, dass die Leute [...] das Nicht-Handeln* (Wuwei) *üben: so kommt alles in Ordnung."*

Was der selbstbewegte Leib Praktizierenden zugänglich macht, ist in der Weltseele (Bild 2) gespeichert und im regelmäßigen Üben als Wiedererinnerung zunehmend „abrufbar". Auf die fundamentale Bedeutung des Leibs dabei verweist auch (1. Kor 6, 19-20): *„[...] darum preist Gott mit eurem Leibe."*

Ich wiederhole, dass alle ursprünglichen Aussagen, die dem S-Prinzip genügen, holistisch sind. Ihre Umdeutung führte zur Philosophie und Theologie und der sich daraus ergebenden Unstimmig- und Widersprüchlichkeit. Beide sind der *invention of tradition* von ungeübten Interpreten zu verdanken! Dies gilt auch für alle Originalaussagen von Jesus[298], z.B. über *sophrosýne.*

Der missverstandene Idealstaat

Solange *sophrosýne,* die mehrmals von Platon zur Bildung des Idealstaats benutzt wird, ohne Übungsbezug mit Besonnenheit, Bescheidenheit, Mäßigung und Geisteskraft übersetzt wird, mache ich mir keine Hoffnung, dass sein „Ideal- oder Schönstaat" – so wie von mir hier erklärt –

---

[297] Laotse: www.iging.com/laotse/LaotseD.htm (abgerufen am 05.07.2021)

[298] S.159 in Runar M. Thorsteinsson; *Jesus as Philosopher: The Moral Sage in the Synoptic Gospels*, Oxford University Press, 2018. Jesus war kein Philosoph, sondern erleuchteter *philósophos.*

jemals korrekt erkannt, geschweige denn realisiert wird. Dies gilt auch für die dort eingesetzte und missverstandene *paideía* (Erziehung, Bildung), die nichts damit zu tun hat, was in sie mit AD hineingedichtet wird. Platon wollte den „Staat" in Sizilien gründen. Er scheiterte und fand sich am Sklavenmarkt in Syrakus zum Verkauf wieder. Auch Echnaton versuchte es ohne Erfolg.

1.12 Ursprung des Christentums

Meine These ist, ich wiederhole, dass auch die christliche Religion – so wie die daoistische, altägyptische, jüdische, zoroastrische, manichäische, buddhistische, hinduistische Religion und andere – ihren Ursprung im Erleuchtungsweg (Pfeil I) mit dem S-Prinzip hat.

Frühe praktizierende Christen

Ich liefere nun weitere Indizien dafür, dass Jesus ein erleuchteter *philosophós* war und wusste, worum es in der *philosophía* (*theología)* geht. Seine Lehre wurde jedoch, mangels Kenntnis seiner Metaphern, uminterpretiert. Somit wurde aus seinem persönlichen Erfahrungsweg (Pfeil I) eine gesellschaftliche Glaubenslehre.

Seine ursprüngliche Lehre hat sich, so wie ich es dem *Nag Hammadi Code* (NHC), der *Pistis Sophía*[299] und anderen Schriften entnehme, nach seinem Tod noch einige Zeit bei praktizierenden „gnostischen Christen" erhalten. Dies sind nicht die „gläubigen Christen", worüber Catherine Nixey in *Heiliger Zorn* berichtet. Sie unterscheidet, im

---

[299] Sie ist einer der wichtigsten koptisch-gnostischen Texte. https://de.wikipedia.org/wiki/Pistis_Sophia

Gegensatz zu mir, nicht zwischen *philosophía* und Philosophie, *epistéme (gnósis)* und *empeiría.*

Ihre „Christen“ sind bereits Anhänger der zunehmend mächtiger werdenden „Großkirche“ zwischen dem 2. und 6. Jh. Diese bewirkten ihr zufolge die „größte Zerstörung heidnischer Kunst seit Menschengedenken“. Ihr Augenmerk gilt überwiegend dem Konflikt zwischen fanatischen Gläubigen und angeblichen Philosophen, die sie als Polytheisten betrachtet. Ihr ist nicht bewusst, dass es sich bei ihnen um geÜBTE *philósophoi* handelt.

Dies bestätigt deren Kritik am Polytheismus, die schon auf Xenophanes zurückgeht. Dies betrifft ebenso Platons Kritik an der „Dichtkunst“ der (polytheistischen) Griechen. Ich erinnere auch an Plotin, den renommierten *philosophós,* der die Anbetung von Aphrodite kritisierte.

Was ich andeute, erklärt, warum Hypatia von Nixey nicht als praktizierende Meisterin der *philosophía* im überwiegend christlichen Alexandria wahrgenommen wird. Ebenso nicht, warum Hypatia dort von einer aufgehetzten christlichen Menge in eine Kirche gezerrt, ermordet und ihr Leichnam zerstückelt wurde.

Wen wundert es, zumal wir, ich wiederhole, in Platons *Apologie* lesen, was einer Weisen wie ihr widerfahren kann, die Menschen aus Platons Höhle zu befreien versucht:[300] *„Und werden sie denjenigen, der Hand anlegte, sie von den Fesseln zu lösen und hinaufzuführen* (Pfeil I), *wenn sie seiner habhaft werden und ihn töten könnten, nicht wirklich töten? — Sicherlich wohl, sagte er.“*

---

[300] S. 47 in Ekkehard Ortmann; *Was in der Seele nachklingt ...: Aphorismen, Mythen und Legenden, Lehrgeschichten und Vorträge,* Books on Demand 2012.

Christliche Kritik an der *philosophía*

Gläubige Christen wandten sich zwischen dem 2. und 6. Jh. zunehmend gegen die *philósophoi,* die sie als Häretiker bezeichneten und verfolgten. Zu diesen zählen frühe praktizierende Christen in „gnostischen Traditionen", die noch wussten, dass Jesus ein Meister war. Sie waren – in den Augen der Gläubigen – Ketzer, die die „sündige" *philosophía* ausÜBTEN, derentwegen schon Sokrates angeklagt war.

Johannes Chrysostomos (ca. 344-407) nannte die *philosophía* Wahnsinn, Mutter des Bösen und Krankheit.[301] Er jubelte:[302] „Die Schriften der Griechen sind allesamt untergegangen und ausgelöscht[303]. Wo ist Platon? Nirgends! Wo ist Paulus? In aller Munde!" Die Schriften waren jedoch nicht alle ausgelöscht, denn sonst hätte ich dieses Buch nicht verfassen können.

Kritik an frühchristlicher Verzerrung der *philosophía*

Ich zitiere nun zwei von vier berühmten neuplatonischen Kritikern, die „frühe Christen" für die Unterdrückung der *philosophía* verantwortlich machten. Dies sind Kelsos (zweite Hälfte des 2. Jhd.) und Porphyrios (ca. 233-301). Die beiden anderen sind Iamblichos (ca. 240-325), den ich noch einmal erwähne, und Julian (ca. 331-363). Alle vier

---

[301] S. 230 in Nixey: *Heiliger Zorn.*

[302] S. 240 ebd.

[303] Dies stimmt nicht, denn die Schriften haben sich in der arabischen Welt erhalten, von wo sie in die christliche Kultur gelangten. Sie wurden dort – auf der Basis von: *Gleiches durch Gleiches* – übersetzt und daher missverstanden.

sind erfahrene Weise der *philosophía,* die bis zum Schließen der *akademeía*[304] in 532 in Athen ausgeÜBT wurde.

Kelsos (2. Hälfte des Jh.) und andere, denen das Vokabular der *philosophía* (*theología)* vertraut war, beschuldigten die Christen ihrer Zeit, dass sie es in verdrehter Form für sich in Anspruch nahmen, um Un- und Andersgläubige für sich damit zu gewinnen. Dies taten sie, indem sie ihnen Heil versprachen (*Contra Celsum* 3,55): *„Höre auf uns und du wirst gesund, glücklich und wohlhabend sein."* Auch Martin Luther wusste noch, wie man Zweifler für sich gewinnt: *„Man muss dem Volk aufs Maul schauen."* Damit lassen sich Menschen beherrschen, besonders dann, wenn man vorgibt, man wüsste, was Gott will.

Kelsos' Schrift *Logós Alethes* (Wahrer *Logós*) entstand um 178 und ging verloren. Teile davon sind in *Gegen die Christen* von Origenes (185-254) enthalten. Dieser zitiert Kelsos mit:[305] *„Denn besser und schärfer sind diese Dinge bei* (geübten) *Hellenen* (als bei gläubigen Christen) *gesagt."*

Origenes zufolge richtet sich Kelsos' Kritik an Christen, die sich weigerten, die Grundlagen ihrer Religion nicht zu begründen und belegen. Er unterstellt[306] Kelsos die Behauptung, das AT sei „heilloser Mist" und die *Genesis*

---

[304] S. 16 in Nixey: *„Im Jahr 529 holten die Christen dann zum endgültigen Schlag aus: Laut Gesetz durfte keiner, der beruflich ‚unter dem Irrsinn des Heidentums' tätig war, weiterhin lehren."*

[305] Das Zitat und weitere von Kelsos, Origenes und Porphyrios sind Armin Pfahl-Traughber (Brühl) entnommen: *Antike Philosophen als Kritiker des Christentums; Eine Fallstudie zu Celsus, Porphyrios und Julian.* www.gkpn.de/Pfahl-Traughber_AntikeKritiker.pdf (abgerufen am 05.07.2021)

[306] S. 64-69 in Nixey.

würde nur Schwachsinn verbreiten. Dies betrifft, so wie ich zeige, nicht ihre UJ (ursprüngliche Jahwist)-Version, die ich – durch Mustererkennung – aus ihrer verzerrten Jahwist (J)-Version rekonstruiere (Kap. 3). Damit zeige ich, dass die UJ-Version mit der *kosmogonía (kosmología)* der *philosophía* und meinen Beschreibungen des Akts stimmig ist. Beide drücken den universellen Schöpfungsakt mit unterschiedlichen Worten (Pfeil II) aus.

Ich komme nun zu Porphyrios[307]. Für ihn sind Evangelisten „Erfinder, nicht Berichterstatter" der Begebenheiten, die sich um Jesus zugetragen haben. Er schließt dies aus Widersprüchen in der Passionsgeschichte bei Matthäus, Markus, Lukas und Johannes. Besonders aus deren Diskrepanzen in Erzählungen vom Tod Jesu, die für ihn den Eindruck der Sagenhaftigkeit erwecken.

Er betont:[308] *„Wenn diese* (Apostel) *nicht einmal wahrheitsgetreu den Hergang seines Todes berichten konnten, sondern ihn in der Art der Fabeldichter erzählten [...], so ist ihnen auch nicht zuzutrauen, dass sie sonst die geschichtlichen Vorgänge getreu der Wirklichkeit wiedergaben [...]".*

Wichtiger als widersprüchliche Aussagen, Unterstellungen und historische Vorgänge, ist mir der Lehrinhalt Jesu. Dieser stimmt, meiner Auslegung zufolge, mit dem der anderen zitierten Traditionellen Lehren überein, die dem S-Prinzip entspringen. Dieser ist auch mit Plotins *philosophía*

---

[307] Porphyrios gilt als Kritiker von Paulus. Doch auch Paulus liefert Hinweise über Jesus, wenn auch oft verzerrt, die sich in Einklang mit der übungsbasierten Dao-Lehre, *Hikmat als Ishraq* und *philosophía* bringen lassen.

[308] Historisches: www.christentum-hinterfragt.de/histor.htm (abgerufen am 05.07.2021).

stimmig, womit Porphyrios vertraut war. Er berichtet im Alter von 68 Jahren:[309] *„Er sei nur ein einziges Mal dem ersten jenseitigen Gott nahegekommen, der keine Gestalt und keine Form hat und oberhalb des Geistes und der ganzen geistigen Welt seinen Sitz hat, und er habe sich mit ihm vereinigt."*

1.13 Vernichtung des Aberglaubens

Die Beseitigung des „Aberglaubens" der „Heiden" durch Christen nahm in der Verfolgung und Ausrottung der heidnischen *philósophoi* ihren Anfang. Der Hass des Klerus auf Platon, ihren renommierten Vertreter, hielt noch Jahrhunderte nach dem Tod Jesu an. Wie hätte dieser auf die „Verteidigung seiner Lehre" durch den Klerus reagiert, der so tut als sei dessen Lehre im Widerspruch zu Platon:[310] *„Im 11. Jh. wurde der Liturgie der Fastenzeit eine neue Klausel hinzugefügt, in der all jene gerügt wurden, die an die Lehren Platons glaubten."* Wusste der Klerus überhaupt noch, was Platon und Jesus einst erfahren und folglich nicht geglaubt haben? Jesus brachte darüber nichts zu Papier. Was wir über ihn wissen, lesen wir nur bei anderen. Mir reicht dies aus, um ihn mittels Mustererkennung so darzustellen wie ich es tue.

Im Namen des Kreuzes

Die Billigung des Klerus – bedingt durch die Überzeugung von Gott auserwählt zu sein – im „Namen des Kreuzes" gegen „Ungläubige" vorzugehen, setzte sich in den Kreuzzügen fort. Diese führten zur Entstehung des Templer-,

---

[309] Porphyrios, *Vita Plotini* 23.
[310] S. 217-218 ebd.

Johanniter- und Deutsch-Ordens, die sich oft durch unrühmliches Verhalten auszeichneten. Dazu zählt auch die Hexenverfolgung, ebenso die von der Kirche unterstützte Kolonialisierung von Afrika, Süd- und Nordamerika, Indien und Australien.

Diese und die damit einhergehende Missionierung bewirkten, dass – durch eingeschleppte Krankheiten, Massaker und Folgen von Versklavung – Millionen von Ureinwohnern ausgerottet wurden. Einige Indianerstämme begingen aus Verzweiflung kollektiven Selbstmord.

Papst Johannes Paul II. räumte 1992 in einer Rede Fehler bei der Evangelisierung indigener Stämme ein[311]. Benedikt XVI. erklärte bei seinem Brasilienbesuch hingegen, die Kirche habe sich den Eingeborenen in Lateinamerika nicht aufgezwungen.[312]. Er behauptete, diese hätten die Ankunft der Priester – im Zuge der spanischen Eroberung – vielmehr still herbeigesehnt.

Papst Franziskus prangerte – in seiner Amazonas-Synode 2019 – „ökologische Sünden“ als „Tat gegen Gott“ an[313]. Er empfahl, was der heilige Augustinus nie gebilligt hätte: *„Anschmiegen der christlichen Verkündung an Riten der Amazonas Völker.“* Ein Teil des Klerus sah darin einen Sündenfall des Papstes und seiner Gefolgschaft. Es kam zum Eklat.

Der Exorzist Davide Fabbri entwendete fünf Pachamama-Figuren[314], die von indigenen Synodenteilnehmern zur Er-

---

[311] Brasilien: Eingeborene nennen Papst arrogant: www.focus.de/politik/ausland/papst/brasilien_aid_56324.html

[312] Ebda.

[313] Amazonien Synode:www.faz.net/aktuell/politik/ausland/amazonien-synode-modellcharakter-fuer-alle-getauften-seelen-16453886.html

[314] Es sind Symbole für „Mutter Natur“.

öffnungsmesse in den Petersdom getragen wurden. Er warf das „heidnische Teufelszeug“ in den Tiber, wofür er von orthodoxen Katholiken Beifall bekam. Der Eklat zeigt, von welchen „Kindern Gottes“ das ökologische *opus kontra naturam* ausgeht.

Den Priestern ein Dorn im Auge

Selbstverständlich habe ich mich – in meinen Recherchen zum Buch – immer wieder gefragt: „Warum wurde die Zerstörung der *philosophía* von orthodoxen Christen vorangetrieben und ausgelöscht?“ Warum waren die Meister den Priestern ein Dorn im Auge? Warum wollten diese das WISSEN der Weisen eliminieren, was ihnen letztendlich gelang?

Damit kam der „alte Streit zwischen *philosophía* und Dichtung“, worauf Platon in *Politeia* (607b5-6) hinweist, ein für alle Mal im Westen – früher als Mittleren Osten und im Osten – zum Ende. Damit wurde Glauben über Erfahren (Pfeil I) gestellt.

Damit einherging, dass AD-basierte Vernunft, Logik, Verstand, Intellekt – Attribute von *sóma* – aufgewertet wurden. Sie wurden mit „Geist im Kopf“ assoziiert, obwohl *pneúma* (Geist) im unteren Bauchraum (Perineum) sitzt. Damit wurde das Unterste *(sóma)* ins Oberste *(pneúma)* verkehrt. Aus dem *lógos* wurde *mythos!*

1.14 Selbstlob der Philosophen und Wissenschaftler

Es sind nicht nur Theologen, sondern ebenso Philosophen, die die *philosophía* missinterpretieren. Wilhelm Capelle (1871-1961), ein renommierter Übersetzer und Interpret der *philosophía,* akzeptiert, so wie die meisten seiner Kollegen, *philosophía* = Philosophie und *epistéme* = peripatetisches Wissen. Er behauptet:[315] „Die Vorsokratiker hätten als ‚wirkliche schöpferische Köpfe im Bereich des reinen Denkens' die ‚Philosophie wie die Wissenschaft' für immer begründet." Philosophen, so wie er, deren Übersetzungen ich innig studierte, wollen damit ihr Denken aufwerten.

Sie erkannten nicht, dass sie mit ihrem Sehen (*aphrosýne),* d.h. ihren „Augen von *sóma",* nicht erfassen können, was *philósophoi* mit ihren „Augen der *psyché"* einst SAHEN (*sophrosýne).* Ihnen ist nicht bewusst, dass ihre Logik, die auf AD fußt, keinen Zugang zum erfahrbaren *lógos* und zur Enthüllung von Metaphern und Mythen ermöglicht.

Wandel vom *mythos* zum *lógos?*

Mehrere Philosophen, Theologen und Wissenschaftler behaupten, im 7.- 6. Jh. v.u.Z. hätte in Kleinasien ein „neues Denken" begonnen, dass das „alte mythische" verdrängte. Sie meinen, so wie Capelle auf selbstgefällige Weise, ihr eigenes Denken (AD) bei Vorsokratikern zu erkennen. Sie unterstellen ihnen, diese hätten den „Wandel vom *mythos* zum *lógos*[316]" vorangetrieben. Dabei verkennen sie, dass

[315] *Die Vorsokratiker;* Alfred Kröner Verlag 1968. Ich habe das Buch mehrmals mit großer Begeisterung gelesen. Die Inhalte der *philosophía* sind zwar mit AD verdreht, sie lassen sich – mittels Mustererkennung – jedoch oft gut rekonstruieren und mit PD in Einklang bringen.

[316] Hinter *lógos-mythos* verbirgt sich mehr Weisheit als Friedrich Schleiermacher in das Gegensatzpaar in *Gorgias* (523) hineindichtet. Dort übersetzt er *lógos* mit „Geschichte" und *mythos* mit „Märchen". Wer den *lógos* (Pfeil I) erfährt, kommt nicht umhin, Schleiermachers Übersetzung der *philosophía* als *mythos* anzusehen, den er selber nicht

dieser Wandel vielmehr einer vom erfahrbaren *lógos* hin zum zu glaubenden *mythos* ist, von dem auch sie infolge des Abstiegs der *psyché* (Pfeil II) betroffen sind. Dieser „kulturelle Wandel“ erfolgte mancherorts früher und andernorts später, je nachdem, wie schnell sich eine Kultur „zivilisierte“.

Dies bewirkte: WISSEN (*epistéme*) ⇨ Wissen *(empeiría)* im Einklang mit: *lógos* ⇨ *mythos*. Aus dem hypothesenfreien WISSEN und PD entstand so das hypothesenbasierte Wissen und AD, das uns heute prägt. Beides wird von vielen Zeitgenossen als Non-plus-ultra in den Himmel gelobt.

Beides fußt, ich wiederhole, auf der Überzeugung, der Mensch hätte sich im Laufe der Evolution (Pfeil II) zunehmend zum eigenen Vorteil entwickelt. Diese Vorstellung animiert immer noch viele Zeitgenossen, sich als Maß aller Dinge[317] zu betrachten, um zu erkennen, worum es in „dieser Welt“ geht und wie sie durch eigens Tun zu „verbessern“ ist.

Forscher, die die Hydra köpfen

Ich war mir – bis zu Beginn meiner Dao-Praxis – meines evolutionären Abstiegs (Pfeil II) nicht bewusst. Ich fühlte mich vielmehr – konditioniert durch meine Kultur mit ihrem Fortschrittsglauben – nicht ab-, sondern aufgestiegen. Nun ist mir jedoch und dafür bin ich sehr dankbar mein Verlust von *sophrosýne*, *sophía, sophrón*, *epistéme, arété*, *aletheía* und die Zunahme meiner *hýbris* bewusst.

---

als solchen erkannte. Was für ihn gilt, trifft für viele andere Übersetzer ebenfalls zu.

[317] Vgl. Martin Cohen, Thomas Scarborough; *Man, the Measure of All Things?* From *The Philosopher*, Volume 102 No. 2 (2014).

Ich akzeptiere meinen Abstieg (Pfeil II), der mich motiviert, mehr über mich und die Welt zu erfahren (erÜBEN).

Je mehr ich übte, umso mehr würdigte ich Platons Kritik an der *empeiría* und sah mich damit selbst angesprochen (Politeia 406e): „*Forscher gehören zu den besten Männern der Welt, die immerzu neue Gesetze formulieren und kontinuierlich verfeinern, ohne zu kapieren, dass sie nur die Hydra köpfen.*" Wenn die Hydra einen Kopf verliert, wachsen zwei nach.

Die angesprochenen Forscher verlassen sich auf AD, Worte und Schrift. Auf die damit einhergehende Einschränkung der Welt- und Selbsterkenntnis verweisen nicht nur Platon, Laozi und Buddha[318], sondern auch Zhuangzi (ca. 365-239):[319] *„Wo finde ich einen Menschen, der die Worte vergisst, auf dass ich mit ihm reden kann?"* In Anbetracht dieser und ähnlicher Worte verwundert es, dass *lógos* im NT mit Wort übersetzt und dort so hoch eingeschätzt wird, zumal die Weisheit von Jesus, der in Gleichnissen spricht, damit verhüllt wird.

Sie glauben zu schieben, aber sie werden geschoben!

Es gibt genügend kluge Menschen, die meinen sie seien *homo deus* (gottgleich), d.h. sie sehen sich – z.B. mithilfe von Wissenschaft und Technik – dazu berufen, alle Geschicke dieser Welt zu lenken.[320] Goethe: *„Sie glauben zu*

[318] Er sagte nach 40 Jahren Unterricht (Teil I): *„Ich habe kein einziges Wort gesagt."*

[319] Dschuang Dsi: *Das wahre Buch vom südlichen Blütenland.* Aus dem Chines. übertr. und erl. von Richard Wilhelm. München 2000, S. 283

[320] Yuval Noah Harari; *Homo Deus: Eine Geschichte von Morgen,* C.H Beck 2018.

schieben, aber sie werden geschoben!"

Die sich daraus ergebende Gefahr spricht nicht nur die *hýbris-némesis*-Interaktion, sondern Goethes *Zauberlehrling* an, wo Dr. Faustus den „Geist rief und nicht mehr loswird". Die Interaktion ist ebenso angesprochen in *Frankenstein oder der moderne Prometheus* von Mary Shelley (1797-1851).

Und wie sieht es mit Hubert Wolfs Vorstellung (Band I) aus: „Wir sind größer, besser und nicht zuletzt heiliger als ihr. Unser Land hat Gott und die altehrwürdige Tradition auf unserer Seite?" Fordern nicht auch diejenigen, die dies glauben, die *némesis* heraus und gelangen so immer tiefer *in,* anstatt *aus* Platons „Höhle"?

Abstieg: Verlust der Tugend = Zunahme der *hýbris*

Im Aufstieg (Pfeil I) geht, ich wiederhole, aus jeder niederen Wahrnehmung schrittweise die nächst höhere hervor. Das damit zunehmend erworbene innere WISSEN (*epistéme)* geht im Akt (Pfeil II) in gleicher Weise verloren. Dies schließt die im Aufstieg erworbene Weisheit (Zihui = *sophía)* und Tugend (De = *areté)* mit ein.

Während sich beide im Abstieg vermindern, vermehrt sich die *hýbris,* was *némesis* zunehmend herausfordert. Sie ist was Buddhisten und Hinduisten die mit AD unvorhersehbaren negativen Auswirkungen von Karma (Tun) nennen. Fangfu spricht daher von Karma-Folgen. Darauf komme ich zurück, zumal diese Folgen auf verschiedene Weise angesprochen werden.

Renaissance: Wiedergeburt altgriechischer Weisheit?
Die Behauptung, Humanisten der Renaissance hätten die Weisheit der Griechen wiederentdeckt, schmeichelt nicht nur dem eigenen, sondern auch dem „kulturellen" Ego. Humanisten haben die *sophía* der *philosophía* nicht wiederentdeckt, sie haben lediglich über beide einen Meinungs- oder Glaubenskonsens über sie gefunden. Dieser ist im Einklang mit *invention of tradition* und somit weit davon entfernt, was die *philosophía* ursprünglich vermittelt. Damit zählt, ich wiederhole, dass *mathematike*, *geometría*, *mousiké*, *astronomía* usw. nicht sind, was ihren Lehnworten zugewiesen wird. Diese haben nichts mit der *epistéme* der *philosophía* zu tun, zu der die Originalmetaphern zählen. Die Lehnworte sind hingegen geprägt durch die ihnen zugewiesene konzeptbasierte *empeiría.* Ich komme später auf ihren Siegeszug im „aufgeklärten Westen" zu sprechen, der dort früher als im Osten erfolgte.

1.15 *Némesis:* Reaktion auf *hýbris*

Hýbris und *némesis* zählen zu den gepaarten Metaphern der *philosophía (theología)*, deren Inhalte sich, so wie die aller Metaphern, im Aufstieg zunehmend offenbaren. Bevor ich ihre ursprüngliche Bedeutung nun genauer als bisher beleuchte, fasse ich zusammen, was durch ihre Verweltlichung im Abstieg (Pfeil II) hervorgegangen ist: Dies ist Hybris = Selbstgefälligkeit (Übermut, Arroganz, Gewalttat) und Nemesis = ausgleichende Gerechtigkeit.

Hybris ist heutzutage die Eigenschaft, die Menschen eher bei anderen als sich selbst suchen und sie dort – nach eigenem Gutdünken oder im Meinungskonsens mit Ihresgleichen – auch finden und bemängeln. Dies gibt einigen von ihnen Genugtuung und bestärkt ihr Ego, wenn – so wie es seit langem überliefert wird – die „Göttin Nemesis" angeblich ihren „Feinden" damit die „gerechte Strafe" austeilt.

Die ursprüngliche im Aufstieg erkannte *hýbris-némesis*-Interaktion ist viel subtiler, als was mit Hybris-Nemesis in sie hineingedichtet wird. *Hýbris* ist nämlich ein Attribut aller „abgestiegenen Menschen", auch wenn sie bei einigen mehr und anderen weniger ausgeprägt ist.

Sie ist ein Attribut von: *psyché = sóma = séma.* Sie ist Folge des Abstiegs: *pneúma* ⇨ *psyché* ⇨ *sóma*. Sie ist das Resultat folgender damit einhergehender Verwandlungen, die der Abstieg (Pfeil II) bewirkt: *philía* ⇨ *neíkos*, *sophrosýne* ⇨ *aphrosýne*, *noeín* ⇨ *dianoeín*, *aletheía* ⇨ *dóxa*, *epistéme* ⇨ *empeiría*, *kósmos noetós* ⇨ *kósmos aisthesis*, *logós* ⇨ *mythos.* Der Verlust von *philía*, *sophrosýne*, *noeín* etc. im Abstieg, der uns alle mehr oder weniger betrifft, fordert *némesis* – auf eine mit AD unvorhersehbare Weise – heraus! *Némesis* reagiert auf *hýbris*. Diese ist, ich wiederhole, das, was Fangfu Karma (Tun)-Folgen nennt. Sie ist als Empfehlung am Apollon-Tempel auch im „Tun-Ergehen-Zusammenhang[321]" angesprochen: *Tue nichts im Übermaß.* Sie ist untrennbar von der dortigen Empfehlung: *Gebe dich nicht der hýbris hin.*

Folgende drei Zitate deuten die mit AD unvorhersehbare Reaktion der *némesis* auf *hýbris* an.

---

[321] Es geht um die negativen Folgen des einseitigen Tuns, so wie sie die *hýbris-némesis*-Interaktion anspricht. Vgl. www.bibelwissenschaft.de/fileadmin/buh_bibelmodul/media/wibi/pdf/Tun_Ergehen_Zusammenhang___2019-06-08_11_33.pdf

(1) (Anthol. gr. I. 4. c. 4. epigr. 72. 73) „*Warum, o némesis, hast du das Maß und den Zügel in Händen? Dass du den Handlungen Maß, Worten den Zügel anlegst.“ […] Dir zu deuten: in Nichts schreite je über das Maß.“*

(2)[322] „*In antiken griechischen Tragödien wurde hýbris als ein Auslöser* (Verursacher) *für das Scheitern des protagonistés*[323] *verwendet.“ „In seiner hýbris ignoriert der protagonistés die ‚von Göttern gegebenen Befehle und Gesetze* (im Aufstieg erworbenen Eingebungen)‘.“

(3) Die letzten Worte im *Orphischen Hymnos* „An Nemesis“ lauten: „*In alles schaust Du hinein, Allem lauschend, alles entscheidend. Dein ist der Menschen Gericht.“*

Einige Leser*innen mögen erahnen, dass sich Wachstum-orientierten Kulturen, die sich – trotz Warnung: *Tue nichts im Übermaß* – dem exzessiven Tun verschrieben haben, die Verursacher der Ökokrise sind.

Ökokrise: Antwort der *némesis* auf die *hýbris?*

Bei allem Respekt für die „für den Lebensunterhalt unverzichtbare *empeiría“* frage ich mich: „Bestätigt die Ökokrise nicht, was all die Weisen mit ihrer Kritik am einseitigen Tun und somit an der *empeiría* meinen?“

Resultiert die Krise nicht aus exzessiver Hinwendung zur Welt der *dóxa* (Meinen, Glauben, Für-wahr-halten), die sich auf AD, inklusive Worte und Schrift, verlässt? Resultiert sie nicht aus Missachtung der Warnung am Apollon Tempel, die sich aus der glaubensfrei erworbenen *epistéme*

[322] Hybris: https://de.wikipedia.org/wiki/Hýbris
[323] Der Protagonist gibt sich übermäßig dem Tun hin. https://de.wikipedia.org/wiki/Protagonist
(alle Internetquellen abgerufen am 08.07.2021)

ergibt, der ich die *empeiría* oft genug gegenübergestellt habe?

Dies werde ich auch weiterhin tun, um die Antwort auf die zwei dringlichen Fragen zu finden: „Wird es den vielen Befürwortern der *empeiría* gelingen, die negativen Auswirkungen ihres ‚Köpfens der Hydra' zu erkennen? Werden sie die Empfehlungen am Apollon Tempel jemals würdigen?"

Mundus vult decipi: Die Welt will betrogen werden

Es sieht fast so aus, als ob die Kultur „Lügen" braucht. Ich erinnere an Henrik Ibsen (Band I): *„Nehmen Sie einem Durchschnittsmenschen die Lebenslüge, und Sie nehmen ihm zu gleicher Zeit das Glück."* Die Akzeptanz von Lügen, auch die „im Gewand angeblicher Wahrheiten", birgt dennoch Gefahren. Dazu zähle ich auch wissenschaftlich akzeptierte Wahrheiten zur Ursache der Ökokrise, wenn diese nicht im Einklang mit Darwins Worten sind: *„Alles, was gegen die Natur ist, hat auf Dauer keinen Bestand."* Doch was ist Natur?

Die zitierten Weisen unterscheiden, wie betont, zwischen zwei Naturen, was die heutige Wissenschaft nicht tut. Die erste ist, ich wiederhole, die ewig gebärende *(natura naturans =phýsis),* der sich die glaubensfrei erworbene *epistéme* widmet. Die zweite ist die daraus hervorgegangene *(natura naturata),* die mit der *empeiría* erkundet wird. Es ist unsere kultur-geprägte Abwendung von der ersten, die uns Menschen von der Schöpfung zunehmend entfernt hat. Sie förderte die *hýbris* in uns und lässt *némesis* reagieren.

Hýbris-némesis Interaktion bei Suhrawardi

Suhrawardi, der von „sieben Planeten" spricht, assoziiert *némesis* mit Mars. Dabei geht es – so wie bei Venus (Aphrodite) [324] mit Ursprung in *philía* (mahabba) – um keinen Planeten, sondern *planétes* (Qi = Licht).

Mars ist für ihn, so wie *némesis,* die unvorhersehbare Reaktion der Natur auf zu viel menschliches Streben und Dominanz (qāid al-qahr). Dies erkennt man daran, dass Mars dafür sorgt, dass „Feinde der Wahrheit (a'da al-haqq)", die sich qahr (Tun, Youwei, *neíkos,* gala, Akarma) exzessiv hingeben, die „ihnen gebührende Gerechtigkeit (al-muntaqim min al-ashrār)" erfahren. Sie betrachten *dóxa* als *aletheía.*

Vermeidung von Karma-Folgen

Ich erinnere an das Brahma-Wissen (Bhagavatam 1.2.11): *„Die WISSENDEN der Wahrheit nennen die ewige Wahrheit, deren Wesen zweitlose* (nichtduale) *reine Erkenntnis* (Einsicht) *ist, Brahman, Paramatma und Bhagavan, so wird es vernommen."* Zum Erwerb der Wahrheit ist auf Tun und Handeln (Karma = *neíkos*) zu verzichten. Wir lesen darüber in der *Bhagavad Gita* (BG 4.41):[325] *„O Arjuna, Handlungen beschränken nicht mehr diejenigen, die im Feuer* (Qi) *des Yoga* (Üben) *auf Karma (neíkos) verzichtet haben, weil deren dubiose diesseitige Wahrneh-*

---

[324] Siehe in *History Of Islamic Philosophy* von Henry Corbin (Routledge 2014) den Hinweis auf Kapitel 6 in *Kitab al-Zuhrah* (Buch der Venus).

[325] Vgl. Bhagavad-Gita: www.holy-bhagavad-gita.org/chapter/4/verse/41

mung durch WISSEN (vydia, *epistéme,* hikma al huduri) *damit zerstreut wurde und sie sich damit in der Erkenntnis des Selbst befinden.“*

Damit stimmig ist Bodhidharma (440-528)[326]:[327] *„Um vom sterblichen Zustand* (im Diesseits) *zum Buddha zu werden* (Pfeil I)*, musst du dem Karma* (Tun, Handeln) *ein Ende setzen.“* Tun (Youwei) ist auch für Laozi ein Abweichen vom natürlichen Gleichgewicht. Es hat deshalb eine Gegenbewegung zur Folge, die das gestörte Gleichgewicht wiederherzustellen sucht.[328]

***Hýbris-némesis*-Interaktion in den Mythen**

In allen von mir enthüllten Mythen ist – auch wenn nicht direkt, so doch indirekt – die *hýbris-némesis*-Interaktion mehr oder weniger angesprochen, besonders im *Turmbau-, Sodom-Gomorra-* und *Untergang von Atlantis-Mythos*, ebenso in Platons *Jenseitsmythos* und im biblischen *Jüngsten Gericht,* die ich sogleich zitiere. Es sind Appelle an alle Menschen und künftige Generationen, es den „Übeltätern“ nicht gleichzutun. Doch der ursprüngliche Inhalt der Mythen wurde schon früh verdreht. Bewusst oder unbewusst? Das ist die Frage?

Damit wurde der Weg frei zum exzessiven Streben und Handeln (*neíkos)* mit seinen hypothesenbasierten Facetten (schneller, höher, größer, klüger, intelligenter, usw.), die von vielen Zeitgenossen ganz und gar nicht als bedrohlich angesehen werden. Diese sind diejenigen, die nicht sich

---

326 Bodhi bedeutet „Erleuchtung“ oder „Erwachen“ und dharma die „ewige Lehre Buddhas“.

327 S. 35 in *The Zen Teaching of Bodhidharma*, Macmillan 2009.

328 Vgl. https://de.wikipedia.org/wiki/Daodejing

selbst, sondern andere besiegen wollen. Sie erkennen nicht, dass Exzess jeder Art die *hýbris* fördert und somit *némesis* herausfordert.

Die Verursacher der Ökokrise, die „glauben zu schieben, ohne zu erkennen, dass sie geschoben werden" sind, wie angedeutet, Befürworter des AD und der *empeiría,* die – durch ihren Realitätsverlust *(aphrosýne)* – ihre *hýbris* nicht erkennen und die daraus resultierenden Karma-Folgen ignorieren.

Auch ich war einer von ihnen. Ich wurde mir meines negativen Einflusses auf Natur und Gesellschaft durch meine exzessive Hinwendung zur *empeiría* erst allmählich bewusst.

Die Reaktion der *némesis* darauf ist in den enthüllten Mythen angesprochen. Deren Botschaft, die der Aufstieg offenbart, wurde mit zunehmender Zivilisierung der Menschen (Pfeil II) ins Gegenteil verdreht. Anstatt sich ihrer *hýbris* bewusst zu werden, betrachten sich viele „von Gott auserwählt" und als „Maß aller Dinge", was ihr kollektives Ego bestärkt. Was sie nicht verstehen, werten sie ab. Damit lassen sich, so wie Leser*innen sicherlich schon erkannt haben, die Mythen nicht entschleiern. Vergleicht man sie miteinander, so erkennt man, dass sowohl Apollon, Zeus, David, Herakles, Noah, Buddha als auch vielen anderen die Rückkehr (Umkehr) (Pfeil I) zum „rettenden Ufer (D)" und die damit einhergehende Abkehr von *hýbris* gelang.

Sie erweckten damit ihr „inneres Kind *(pneúma)*", das der *protagonistés* Kain „tötete". Auch Jesus lehrte die Umkehr (Mat 18,3): *„Wahrlich, ich sage euch, wenn ihr nicht um-*

kehrt und werdet wie die Kinder, so werdet ihr nicht in das Reich der Himmel eingehen."

Seine Schüler drücken in der *Pistis Sophía* ihr Verlangen danach aus, mit seiner Hilfe diese Umkehr zu vollziehen: *„Herr, lehre uns die Art des Kreuzigens, [...], damit wir ‚nicht zugrunde gehen' und ‚unser Leben verlieren'.* Texte wie diese werden leicht missinterpretiert, wenn man mit dem Netzwerk der Metaphern nicht vertraut ist. Ich wiederhole, dieses ist holistisch, weil es aus der persönlichen Erfahrung des *lógos* (Pfeil I) hervorgeht.

Damit ermöglichte Jesus seinen Schülern den Zugang zum *lógos* (Joh 8,51):[329] *„Wenn jemand mein Wort [meinen lógos] bewahren wird, so wird er den Tod nicht sehen ewiglich."*

Platons Jenseitsmythos

Platon betont in *Gorgias* (503cff), dass Gerechtigkeit, Gesundheit und *sophrosýne* Manifestationen der *harmonía* im *kósmos* (Bild 2) sind. Er erwähnt dort (523a-b) den *Jenseitsmythos,* dem zufolge die Seelen nach dem Tod von Göttern – Allegorie für die im Aufstieg erkannten *daimones* (Qi-Felder), die zwischen Himmel (Wu) und Erde (You) vermitteln – für ihre Taten belohnt oder bestraft werden.

Wer als Gerechter gelebt hat, gelangt auf die „Inseln der Seligen (Beseelten)", wo es „keine Übel" gibt. „Übeltäter"

[329] *Lógos* = Wort trägt – so wie viele andere Umdeutungen von Metaphern im NT – zur Mystifizierung der holistischen natürlichen Lehre Jesu und somit zu ihrem Missverständnis bei.
Vgl. https://jesus-web.de/studien/exegese/wortstudien/wortstudien01.html

kommen hingegen in den Tartaros, die Unterwelt. Was für Platon der Tartaros, Nicht-SEIN (*mè eón*), ist, ist für die meisten von uns die einzige Realität.

Jüngstes Gericht: Werke der Finsternis und Wahrheit

Das *Jüngste Gericht* ist in der Bibel mehrmals zitiert. In Joh (3,19-21) erstrahlt im „Gericht" das „Licht Gottes", das die „Werke der Finsternis" und „Werke der Wahrheit" offenlegt. Da es dem *Jenseitsmythos* ähnelt, folgere ich, dass seine noch unverzerrte Urversion, so wie die aller Mythen, im Aufstieg erfahren wird. Ich hoffe – mit meiner Auslegung von *philía-neíkos, sophrosýne-aphrosýne, noeín-dianoeín, aletheía-dóxa, epistéme-empeiría* usw. – bereits genügend Hinweise geliefert zu haben, die zeigen, in welcher Beziehung beide „Werke" zueinander stehen.

Das Werk der Wahrheit (*aletheía)* führt (Pfeil I) „aus sich heraus" zur *epistéme,* das Werk der Finsternis entsteht auf dem Weg der *dóxa* (A) und führt zur *empeiría.* Die ausschließliche Zuwendung zu ihr wird, so wie man sieht, nicht nur von Salomon, Demokrit usw. und in Platons *Jenseitsmythos,* sondern auch im *Jüngsten Gericht* kritisiert.

Jesus: Kooperation mit _némesis_

Hier kommt ein Zitat aus dem Iran, in dem wohlwollend über Jesus' Abwenden vom Irdischen (*gaía),* vom Tun, und Hinwenden zum Himmlischen (*ouranós)* durch Nicht-Tun berichtet wird, was nur mit *philía* möglich ist:[330] *„Wer dem irdischen Leben den Rücken kehre, finde den Weg* (Pfeil I) *zum Himmel so schnell, wie ihn Jesus gefunden*

[330] S. 367 in Tatcı; *Yunus Emre Divāni-Inceleme*; Kültür Bakanlığı 1990.

habe.“ Dies ist ein klarer Hinweis auf die Umkehr *(metanoia)* Jesu (Pfeil I), die er seinen Schülern zugänglich machte. Sie lernten damit, die positive Kraft der Schöpfung zu erfahren und mit *némesis* zu kooperieren, um mit dem *kósmos* in *harmonía* zu leben.

1.16 Erfahren kontra Glauben

Der Ethnologe Franz Baermann-Steiner (1909-1952) schreibt in *Feststellungen und Versuche*: „Eine Kultur aufbauen, das heißt unter andrem auch: einen Standpunkt finden, von dem aus man Lügen über den Tod verbreiten kann.“ Es sind nicht nur Lügen (Meinungen) über den Tod, sondern viele, so wie es meine Rekonstruktion der *philosophía (theología)* aus der Philosophie (Theologie) bezeugt, die ich nun im Kapitel 2 fortsetze.

Die ihr angedichteten Unwahrheiten werden von vielen als wahr betrachtet. Dazu zählt *(sóma, psyché, pneúma = nous)* = (Körper, Seele, Geist). Diese und weitere unakzeptable Zuweisungen bestätigen, dass alltägliches Sehen das in der Innenschau GESEHENE, worauf sich Heraklit verlässt, verzerrt:[331] *„Was man* (übersinnlich) *SEHEN, hören, erfahren kann, dem gebe ich den Vorzug.“* Damit gelang es ihm, den *mythos*, den das Sehen hervorbringt, zu überwinden. Er vollzog, so wie alle Weisen, die Rückkehr (Pfeil I): *neíkos* ⇨ *philía, sóma* ⇨ *pneúma*, *aphrosýne* ⇨ *sophrosýne*, *dóxa* ⇨ *aletheía, empeiría* ⇨ *epistéme* und *hýbris* ⇨ *sophrón*. Dies heißt aber nicht, dass er sich von der Kultur ab- und nur der schöpferischen Natur (*phýsis)* zuwandte.

---

[331] Damit sind die vereinenden Yang-Liugen und nicht trennenden Yin-Liugen angesprochen.

Auch er wusste, so wie alle Meister: Wer sich – durch AusÜBEN der *philosophía* – von der Kultur regelmäßig und intensiv zurückzieht, kann sich ihr umso inniger und zufriedener zuwenden. Wer wach genug ist, lässt sich nicht so leicht „auf den Arm nehmen", so wie all diejenigen, die sich dem *mythos,* der *dóxa* hingeben, in der Überzeugung, es sei *aletheía.* Zu ihnen zählen auch Forscher*innen.

Ich erinnere an Platon (Politeia 406e): „*Forscher (*innen) gehören zu den besten Männern* (Frauen) *der Welt, die immerzu neue Gesetze formulieren und kontinuierlich verfeinern, ohne zu kapieren, dass sie nur die Hydra köpfen.*" Platon, ich wiederhole: „*Wann also trifft die psyché die Wahrheit? Denn wenn sie mit sóma versucht etwas zu betrachten, dann offenbar wird sie von sóma hintergangen.*"

Quantenphysik und Spiritualität

Es gibt zunehmend mehr Wissenschaftler, die sich der Einschränkung und Bedrohung ihrer Aktivitäten bewusst werden. Ich denke z.B. an den Beitrag von Bernado Kastrup zu aktuell weltanschaulichen Diskussionen[332]. Auch ihm geht es, so wie mir und wenigen anderen Wissenschaftlern, darum, den immer noch als „wissenschaftlich" geltenden Materialismus (oder Physikalismus = Hinwenden zu *sóma*) in allen Spielarten zu widerlegen, bzw. seine Untauglichkeit als sinnvolles Erklärungsprinzip für ein umfassendes Weltverständnis hervorzuheben.

Es gibt weitere Zeitgenossen, die mehr oder weniger erahnen oder erkannt haben was ich berichte. Einigen von

[332] https://skeptiko.com/bernardo-kastrup-mainstreaming-controversial-philosophy-of-mind-theories-378/

ihnen erscheint die Quantenphysik oder Neue Physik als Hoffnungsträger, um die Spiritualität unserer weisen Vorfahren wieder zu entdecken. Der Quantenphysiker Peter Dürr behauptet[333], er hätte erkannt, dass es primär keine Materie, sondern nur „Geist“ als „treibende Kraft“ gibt.

Damit widerspricht er der Einsicht der Meister, für die es nur Mischexistenz Qi (*psyché*, nafs, Atman) – in Form von drei Metamorphosen – im *kósmos* gibt. Für sie ist alles beseelt (lebendig)[334] und die „treibende Kraft (Wirkung)“ ist nicht der Geist *(pneúma)*, auch wenn er willig ist. Dies ist *philía.*

Sie ist das zentrale Attribut der ewig gebärenden Misch- oder Zwischenwelt (*lógos* = Dao = Taiji, alam al-mithal = barzakh). Sie wird im Aufstieg (Pfeil I) zunehmend erfahren und damit wird der Geist *(pneúma)* aktiviert. Das damit im *kósmos* zunehmend Erkannte (Pfeil I) ist tiefgründiger als angesprochen mit:[335] „Liebe ist die Urquelle des Kosmos.“ Korrekt und im Einklang mit der *philosophía* ist: *„Philía* ist die Urquelle des *kósmos*.“

Askese? Nein Danke!

Jesus empfahl, so wie Heraklit, seinen Schülern, sich – in rigoroser Stille (Bild 1) – dem *logós* und somit kooperativen Geist *(pneúma)* anzuvertrauen (Röm 2,29; Kol 2,11; vgl. Dtn 30,6): *„Der Geist ist willig, das Fleisch ist schwach.“*

---

[333] Hans Peter Dürr: „Das Geistige ist die treibende Kraft.“ „Primär existiert nur Geist.“

[334] Plotin (Enn. VI, 7, 11 squ.. III, 2, 3).

[335] Raimon Panikkar, Hans-Peter Dürr, Roland R. Ropers (Hrsg.); *Liebe - Urquelle des Kosmos: Zwei Wissende und Weise im Gespräch über Religion und Naturwissenschaft.* Topos Taschenbücher 2017.

Das Zitat ermutigt, sich vom Fleisch *(sarx)*, d.h. von der Welt der *dóxa,* in der Worte mit Vorsicht zu genießen sind, zu befreien. So konnten auch die Jünger (*mathétai)* Jesu bestätigen, was Jesus – ohne eigenes Tun (*neíkos)* – „aus sich heraus“ erfahren hat und an sie weitergab (Joh 4, 26): *„Der Helfer, der Heilige Geist, den der Vater in meinem Namen senden wird, wird euch alles ‚Weitere‘ lehren und euch an alles erinnern, was ich euch* (mit eingeschränkten Worten) *gesagt habe.“*

Hier geht es um die Wiedererinnerung (*anamnésis*) zumal auch Jesus das Wesentliche seinen Schülern nicht mit Worten vermitteln konnte. Damit ist er mit allen Meistern im Einklang, die auf die Einschränkung der Worte (und Schrift) hinweisen. Ich erinnere an Buddha: *„Eigentlich habe ich gar kein Wort verloren.“* Auch er lehrte nicht die *empeiría*, sondern *epistéme* (vydia = WISSEN), die der Askese unzugänglich ist. Als er dies erkannte, verließ er den Weg der Askese[336], da dieser vom Leiden nicht befreit.[337]

[336] Uwe Czech, Manfred Zimmermann Heft 6 Buddhismus. Hrsg. Landesinstitut für Schule und Medien Berlin-Brandenburg (LISUM).
[337] Vgl. Tom Zhang und Carol Yeung; *The Science of Qi Dao Medicine,* in: Heiko Lassek (Hrsg.), „Wissenschaft des Lebendigen“, Verlag Simon und Leutner, Berlin 1999.

Kapitel 2. *Philosophía:* Ursprung von Philosophie/ Theologie

Es gibt unzählige Publikationen, die auf Ähnlichkeiten zwischen griechischer Philosophie und christlicher Theologie hinweisen.[338] Dabei wird verkannt, dass die Philosophie (Theologie) nicht die *philosophía (theología),* sondern „Dichtkunst" über sie vermittelt. Sie tut es, weil sie ignoriert, dass diese der Praxis des Sterbens entspringt, die dem S-Prinzip genügt.

Die vielen „Söhne Gottes"

Ich betrachte Jesus als erleuchteten *philosophos* und liefere weitere Argumente die begründen, dass er mit der Praxis vertraut war. Dazu zählt, dass er „Sohn Gottes" genannt wird (Mat 14,33). Es gibt in der Bibel viele, die so bezeichnet werden: [339] (a) Adam (Luk 3,38); (b) Die „Menschheit (Sippe) vor der Flut" (Gen 6,2), Israel (2. Mo 4,22, Hosea 11,1); (c) Der vorinkarnierte Messias (Ps 2,12); (d) Jeder, der beim Namen des Herrn genannt wird (Jes 43, 6-7); (d) Die – nach vollzogenem Aufstieg (D) – Auferstandenen (Luk 20,36); (e) Diejenigen, die vom Geist Gottes geführt (Pfeil I) werden (Röm 8, 14-19).

„Sohn" ist eine Allegorie für sowohl den noch ungeborenen (vorinkarnierten) Menschen (D), Männlein wie Weiblein, vor dem Abstieg (Pfeil II) als auch einen Erleuchteten

[338] Siehe z.B. Werner Beierwaltes. Er unterscheidet nicht so wie ich zwischen übungsbasierter *philosophía* und daraus entstandenen spekulativen Philosophie. https://de.wikipedia.org/wiki/Werner_Beierwaltes (abgerufen am 07.07.2021)

[339] Vgl. „Sons of God" in https://www.abarim-publications.com/DictionaryG/u/u-i-o-sfin.html

(D), ebenfalls Männlein wie Weiblein, der (die) sich selbst im Aufstieg (Pfeil I) besiegte und berichtet, worüber ich schreibe. Ein nicht-biblisches Beispiel ist Herakles, der gemäß verschiedener Sagen, die sich um ihn ranken, der „Sohn des Zeus“ (und Alkmene) genannt wird.

Ursprung und Inhalt von „Gott“

In den von mir zitierten Übersetzungen der Literatur aus unterschiedlichen Traditionellen Kulturen, die dem S-Prinzip genügen, werden mehrere Metaphern mit „Gott“ ins Deutsche übersetzt. Ich habe dieses Wort übernommen, auch für Metaphern, die nichts mit Glauben, sondern Erfahren zu tun haben.

Wir lesen zur Etymologie von „Gott (God)“ [340], dass das Wort vom indogermanischen *ghuto* mit der Verbalwurzel *gheu* „rufen, anrufen“ abstammt. Dies scheint auf Glauben (Anbeten) hinzuweisen. Doch das indogermanisch altpersische *Khoda*[341] [342], ebenfalls mit „Gott“ übersetzt[343], deutet klar auf die Aufstiegserfahrung hin: *Khoda* = „zum Selbst“.

Um zum inneren Selbst zu gelangen, muss man vom Glauben rigoros loslassen. Nehmen wir das Wort „Zeus“. Es wurzelt in „Licht“ und wird ebenfalls mit Gott übersetzt. Wir lesen über die dahinter verbergende Natürlich-

---

340 Gott: https://de.wikipedia.org/wiki/Gott

341 Choda: https://de.wikipedia.org/wiki/Chod%C4%81

342 *Khoda* hat sein ägyptisches Äquivalent in Atum (Tem, Tem-Re, Atum-Re, Temu, Tema). Vgl. https://de.wikipedia.org/wiki/Atum

343 *Harvesp-Khoda* bedeutet Herr des Alls und *Khudawand* Herr des *kósmos*“. Vgl. https://en.wikipedia.org/wiki/Khuda

keit, die erfahren werden will:[344] „Damals, als Informationen noch wichtig waren und die Wahrheit hochgeschätzt wurde, erkannten die Menschen mit großer Klarheit, dass hinter der beobachtbaren Welt Kräfte standen, die alles zusammenhielten und alle zusammenarbeiteten (dies ist übrigens eine vollständig biblische Vorstellung: Röm 8,28, Kol 1,17, siehe Joh 4,24 über 1.Joh 4,8 und 1.Kor 13,7)."

Auch das hebräische EL (אל), übersetzt mit „Gott", verweist auf die höchste Erfahrung[345]. EL wurde in die griechische Form Ηλ transkribiert, die die erste Silbe von ηλιος *(helios)* darstellt und Sonne bedeutet. Ich erinnere daran, was ich über die Sonne(nscheibe) als Symbol höchster Erfahrung berichtet habe, die auch mit „Gott" assoziiert wird.

Du sollst dir keine Gottesbild machen

Das einzigartige WISSEN ist in Metaphern gefasst, die auf tiefgründige spirituelle Erfahrungen hinweisen, die schlecht in Worte zu fassen sind. Ich sehe mich in dieser Schlussfolgerung durch das *mosaische Bilderverbot* bestätigt: *„Du sollst dir kein Gottesbild machen und keine Darstellung von irgendetwas am Himmel droben,* (und) *auf der Erde unten.*"

Die Aussage ist stimmig mit Buddha, der, ich wiederhole, die Unzulänglichkeit seiner Worte nach 40 Jahren Unterricht betont, weil diese nicht wiedergeben, was ihm seine Erfahrung im Aufstieg „aus sich heraus" offenbarte: *„Ich habe kein einziges Wort gesagt."*

---

[344] Bedeutung „Zeus": www.abarim-publications.com/Meaning/Zeus.html

[345] Bedeutung „El": www.abarim-publications.com/Meaning/El.html (abgerufen am 07.07.2021)

Die *theourgía* der *theología (philosophía)*

So wie es in China zum Wandel (Band I) vom erfahrbaren Daojia/Fojia zum zu glaubenden Daojiao/Fojiao kam[346], transformierte sich auch die übungs- und erfahrungsbasierte *theología (philosophía)* durch *invention of tradition* zur Theologie (Philosophie). Folglich kann *theós* in *theología* kein Gott sein, an den es zu glauben gilt. Dies bestätigen mir Neoplatoniker.

Sie benutzen *theourgía,* um damit das schöpferische (kreative) Wirken *(ergos)* aus *theós* (*lógos)* zu beschreiben, das – im AusÜBEN (Bild 1) der *philosophía (theología)* – mit „Leib (*SÓMA)* und Seele (*psyché)"* erfahren wird[347]. Dieses Wirken (*ergos* = Wei) vermehrt sich im Aufstieg der *psyché* von *sóma* zu *pneúma*.

Heraklit (Frag. 115): *„Der psyché ist der lógos eigen, der sich* (aus sich selbst) *vermehrt."* Die damit einhergehende „Angleichung des Übenden an *lógos* (*theós)"* erfolgt, was nicht oft genug wiederholt werden kann, dadurch, dass *neíkos* durch *philía* zunehmend besiegt und so der *lógos* (*theós)* immer inniger erfahren wird (Pfeil I).

---

[346] Daojia/Fojia = Dao/Buddha-Lehre. Daojiao/Fojiao = religiöser Daoismus/Buddhismus.

[347] Der mit der *philosophía* vertraute Iamblichos grenzte *theourgía* von Magie *(goeteía)* ab. *Theourgía* ist, aus daoistischer Sicht, weiße und *goeteía* schwarze Magie. Zur weißen gehören alle traditionellen spirituellen Heilmethoden, die Daoisten vertraut sind. Darauf gehe ich im Buch aber nicht ein. Vgl. (a) Thomas Stäcker; *Die Stellung der Theurgie in der Lehre Jamblichs*, Frankfurt am Main 1995, S. 119-121. (b) Friedrich W. Cremer; *Die Chaldäischen Orakel und Jamblich de mysteriis*, Meisenheim am Glan 1969, S. 25-36.

Auf diese Weise bringt die *theourgía* – im Einklang mit *anamnésis* – all die Metaphern des holistischen Netzwerks der *philosophía (theología)* „aus sich heraus“ hervor. Dazu zählen *sophía, sophrosýne, sophrón, epistéme, arété, aletheía* usw. usw. Ihre Inhalte sind vom Übungsfortschritt (P) abhängig, was jedoch die ihnen zugewiesenen Übersetzungen ignorieren.

So wurde z.B. in biblischen Texten die dogmenfreie *theourgía* in die dogmatische Theurgie umgedeutet. Ich erkenne diese bei Pseudo-Dionysius Areopagita (6. Jh.). Für ihn ist *theourgía* das „Wirken des Heiligen Geistes und Jesu Christi“ in der von „Gott herbeigeführten Wirksamkeit der Sakramente“[348].

Was der *theourgía* widerfahren ist, gilt für viele Originalmetaphern der *philosophía (theología).* Dafür liefere ich noch mehrere Beispiele. Sie zeigen, was hinter *invention of tradition* steckt: Wandel vom persönlichen undogmatischen Erfahren zum dogmatischen Glauben.

Mythos über *logós*

Viele Aussagen im NT scheinen auf den ersten Blick nichts mit dem im Aufstieg erfahrbaren *logós* und der damit einhergehenden Metamorphose, *sóma* ⇨ *psyché* ⇨ *pneúma,* zu tun haben. Dies betrifft besonders die inkorrekten Gleichsetzungen: *logós* = Wort, *psyché* = Leben, *dóxa* (*kabod)* = Herrlichkeit.

Ich kann mir nicht vorstellen, dass Jesus deren Umdeutung gebilligt hätte, zumal seine „Umkehr *(metanoia)*

---

[348] Wiebke-Marie Stock; *Theurgisches Denken. Zur Kirchlichen Hierarchie des Dionysius Areopagita*, Berlin 2008. S. 31f., 160-171 (mit Diskussion älterer Literatur).

(Pfeil I)" auf die im Aufstieg erfahrbaren Metaphern und nicht ihren Auslegungen zurückgreift, an die es im NT zu glauben gilt. *Metanoia* wird dort z.B. übersetzt mit „Sinneswandel", was nicht ausreicht, um – dank der *sophrosýne*, fälschlich übersetzt mit Besinnung – den damit im Aufstieg zunehmend erfahrenen *logós* zu würdigen. Dies ist jedoch nötig, um den von mir enthüllten *mythos* im AT und NT zu beseitigen. Dazu erinnere ich an die von mir entschleierten Mythen aus dem AT. Sie zeigen, wie die Stimmigkeit und Harmonie *(harmonía)* dort verloren ging (Pfeil II), jedoch durch Mustererkennung wieder gefunden werden kann (Pfeil I).

Erwerb der Tugend *(arété)* durch „Trunkenheit"

Platon schreibt in *Politeia* (2.363c): *„Bereitet ein sympósion* (Bild 1) *der Reinen vor, bei dem sie all ihre Zeit gekrönt und betrunken verbringen, weil Tugend (arété) die beste Belohnung für ewige Trunkenheit ist."* Das *sympósion* ist weder ein Festmahl noch Trinkgelage, wie es ihm immer wieder unterstellt wird. Es ist vielmehr ein Treffen, bei dem zunehmend reines WISSEN *(epistéme)* dadurch erlangt wird, dass die *psyché* durch Üben im trunkenhaften Zustand (Bild 1) aufsteigt (Pfeil I).

Platon hebt in *Gorgias* (507c-508b) hervor, dass der *éros* – er wird so wie *philía* mit Liebe übersetzt – die Ursache der *arété* (Tugend) ist. Dies ist einer von vielen Hinweisen dafür, dass der im Üben erfahrbare *éros*, woraus – durch *invention of tradition* – Gott Eros entstand, das Äquivalent für „gutes Qi" ist. *Arété* geht für Platon mit *eudaimonia*

(Wohlsein durch gutes Qi) einher.[349] Beide intensivieren sich[350] mit zunehmender *sophrosýne*, die Platon als großes Gut (*mega ti agathon*) betrachtet. Wer sie im Üben erfolgreich fördert, kann sich glücklich preisen (*makarios*). Was ich hier anspreche, hat nichts mit „Seligpreisung[351]" zu tun, die mit *makarios* assoziiert wird.

Auch Qutb al-Din al-Shirazi (1236-1311), Kommentator von Suhrawardis *Hikmat al-Ishraq,* hebt, mit Verweis auf Platon, den Erwerb der Tugend durch AusÜBEN der *theología/philosophía* hervor: [352] *„Die Erkenntnis unseres Selbst ist die Mutter der Weisheit, die Wurzel der Tugenden, die Voraussetzung der Tiefen der theología und philosophía* (mit *philía* zu *sophía).“*

Laozi verbindet den Zugang zur Tugend mit Wuwei (Kap. 10): *„Erzeugen und ernähren, Innehaben doch nicht zu besitzen, Wirken doch nicht beanspruchen, Leiten doch nicht zu beherrschen, das ist ursprüngliche Tugend* (De).“

Macht euch die Erde *(gaía)* untertan

Laktanz (ca. 250-320) war nicht nur ein Bewunderer von Jesus, sondern auch ein Verfechter des *dominium terrae* („Beherrsche die Erde“):[353] „Als Gott den Menschen schuf, gleichsam als Abbild Gottes und Krone des göttlichen Schöpfungswerkes, da hauchte er ihm allein die Weisheit

---

[349] „Eu“ (=gut) und „Daimon (Dämon, Geist)“.
[350] Charmenides.175e f., Vgl. Gorgias.507c ff.
[351] Seligpreisung: https://de.wikipedia.org/wiki/Seligpreisung (abgerufen am 07.07.2021)
[352] S. 33 in Max Horten; *Die Philosophie der Erleuchtung nach Suhrawardi.*
[353] *De ira dei* 13 (übersetzt von A. Hartl).

ein, damit er alles seiner Herrschaft und Botmäßigkeit unterwerfe (*ut omnia imperio ac ditioni suae subiugaret*) und alle Annehmlichkeiten der Welt genieße." Seine Worte, die das Ego vieler Gläubigen stärken, sind die eines *protagonistés* und somit im Widerspruch damit, was ich Jesus zuweise. Sie lassen vermuten, dass er geprägt war von Gen (1.28): *„Macht euch die Erde untertan!"*

Dieses Zitat ist jedoch nicht wortwörtlich zu nehmen. Es ist vielmehr die Empfehlung aufzusteigen (Pfeil I), d.h. sich von *gaía* (Erde = A = *sóma*) ab- und *ouranós* (Himmel = D = *pneúma*) zuzuwenden: *gaía* ⇨ *okeanós* ⇨ *ouranós.* Das Zitat ist somit im Einklang mit der LDDW.

Es ist eins von vielen, das gläubige Christen mangels Kenntnis seiner Metaphern animierte, in Gottes Namen – ohne Schuldbewusstsein – die Natur zu beherrschen und ihr Schaden zuzufügen.

Diese (un)menschliche Fähigkeit hat Francis Bacon (1561-1626) ins Positive gekehrt. Er prägte damit, wie ich später zeige, die Aufklärung. Wir lesen:[354] „Bacon [hat] die Gesinnung der Wissenschaft, die auf ihn folgte, gut getroffen. […] der Verstand, der den Aberglauben besiegt, soll über die entzauberte Natur gebieten." Indem Bacon die Natur entzauberte fördert er den von mir enthüllten *mythos!*

2.1 Warum redet Jesus in Gleichnissen?

Kommen wir zur Frage der Jünger an Jesus, die ich zwischen den Zeilen schon teilweise beantwortet habe (Mat 13): *„Warum redest du mit den Menschen in Gleichnis-*

[354] Horkheimer/Adorno: *Dialektik der Aufklärung.* Amsterdam 1947, S. 14.

sen?“ Er liefert die Antwort in all seinen Äußerungen, die in sich und mit denen der anderen Meister stimmig und somit universell sind. Viele der ihm zugewiesenen Metaphern (Gleichnisse) im NT wurden jedoch, was nicht oft genug betont werden kann, durch deren Unkenntnis verweltlicht. Das Ursprüngliche dahinter lässt sich jedoch oft genug, wie schon mehrmals demonstriert, mehr oder weniger gut daraus enthüllen.

Trunkenheit und Tugend im NT

Tugend (*areté)* wird im NT, so wie in Platons *Sympósion*, nicht mit Trunkenheit, sondern Glauben assoziiert (2. Petrus 1,5): „So wendet allen euren Fleiß daran und reichet dar in eurem Glauben Tugend und in der Tugend Erkenntnis.“ Wir lesen über die christliche Vorstellung von Tugend:[355] „Die drei göttlichen Tugenden, auch theologische Tugenden genannt, stehen im ersten Brief an die Korinther des Apostels Paulus (1. Kor 13,13). Es sind: Glaube (lateinisch *fides),* Hoffnung (lateinisch *spes)* und Liebe (lateinisch *caritas).“* Wie man sieht, hat Tugend im NT nichts mit der sich im Aufstieg intensivierenden *arété* (Tugendhaftigkeit eines Kindes) zu tun. Nichts mit Jesus: *Werdet wie die Kinder.* Was der *arété* im NT widerfahren ist, gilt auch, wie schon angedeutet, für die Umdeutung vieler dortiger Metaphern.

Ich erkenne dennoch im NT die Trunkenheit, die das einzigartige reine WISSEN (*epistéme*) der *philosophía* hervorbringt, angesprochen, z.B. in (Apg 2,13): „*Erfüllt vom*

[355] Tugend: https://de.wikipedia.org/wiki/Tugend
(abgerufen am 07.07.2021)

‚Heiligen Geist'[356] *sind die Apostel wie trunken."* Ebenso in (Apg 215f): *„Die Apostel stehen plötzlich wie ‚unter Strom' – sie wirken wie betrunken, man erkennt sie nicht wieder."*

Im NT findet man genügend Zitate, die ihre Stimmigkeit mit der *philosophía (theología)* erkennen lassen, aber auch viele, für die dies nicht zutrifft. Ich widme mich nur Äußerungen, die Jesus zugewiesen und damit stimmig sind.

***Lógos spérmatikos* = Zhongzi**

Wir lesen im Einklang damit, was ich über Taiji (Dao = *Lógos*) und den Samen (Zhongzi) berichtet habe:[357] „Wie Philo(n) denkt Justin Gott als gänzlich transzendent (Apg I.61; II.12 u.a.) und allein durch seinen *Lógos* offenbart." Ebenso: „Der göttliche *Lógos* war nach seiner (Justins) Ansicht als *lógos spérmatikos* unter den Philosophen (praktizierenden *philósophoi)* ‚ausgesät'."

Früchte des „Sterbens"

Der Aufstieg durch „Üben (Sterben)" (Pfeil I) erfordert den Zhongzi (Samen = *lógos spérmatikos*). Ohne ihn gibt es kein Gebären des außergewöhnlichen WISSENS *(epistéme)*, das Jesus anspricht (Joh 12,24): *„Wahrlich, wahrlich, ich sage euch: ‚Wenn das Weizenkorn nicht in die Erde fällt und erstirbt, bleibt es allein; wenn es aber erstirbt,*

[356] Die höchste Qi (*psyché,* nafs, Atman)-Erfahrung in China ist Shen, womit dort, ich wiederhole, nestorianische Missionare „Heiliger Geist" übersetzten.

[357] Siehe 5.Ausblick in https://www.bibelwissenschaft.de/stichwort/51968/

bringt es viel Frucht'." Das Zitat ist stimmig mit: *„Stirb bevor du stirbst."* Die im „Sterben" erworbene *epistéme* kann, wie betont, genau so umfangreich werden wie die *empeiría.*

Eusébeia = Frömmigkeit (Gottesfurcht)?

Für Sokrates ist *eusébeia* die Pflege (*therapeía*) der *daimones* (Qi-Felder). Sie dient dem Erwerb von *sophía* (Weisheit) und *phrónesis* (Klugheit des Herzens: *phrén*). Er verteidigt ihren Nutzen im Prozess gegen ihn, in dem er wegen *asébeia*, meist übersetzt mit Gottlosigkeit, angeklagt wurde.

Ihm wurde, ich wiederhole und ergänze, von den Richtern, die ihn zum Tode verurteilten, unterstellt, er glaube nicht an die von Athenern anerkannten Götter, hätte neue eingeführt und verderbe die Jugend damit.

Da er die Angleichung (Pfeil I) an *theós* lehrte, waren für ihn nicht er, sondern diejenigen die ihn verurteilten „gottlos (ohne *lógos = theós)"*. Diese glaubten nämlich, sie könnten durch Opfergaben die Götter für sich gewinnen (Gesetze 885b). Sein Pech war, dass nicht er, sondern sie bestimmten, wer gottlos war.

Er wurde somit zum Opfer ihres „festen Glaubens", der sie gegen ihn vereinte. Ich erinnere an:[358] *„Aber, Sokrates, was ist denn dein Geschäft? Woher sind diese Verleumdungen dir entstanden?"* Zum „Geschäft" gehörte, dass er vollständig seine *sophrosýne* (Yang-Liugen) erweckte und sich nicht ausschließlich der *aphrosýne* (Yin-Liugen) hingab.

---

[358]Diogenes Laertios II 40; Xenophon, Mem. I 1.1; Vgl. Platon (Apol. 10-11, Apol. 24b f).

Pistis christou?

Was steckt hinter *pistis christou*[359], übersetzt mit „Glaube an Christus" und „Treue zu Christus", die Paulus anspricht? Eine Antwort liefert *metanoeíte kaí pistévete. Metanoia* ist Umkehr. *Pistévete* verweist auf *pistis* (Sicherheit).

Sollte man Jesus (Christus) – bei allem Respekt für den Glauben seiner Anhänger – nicht zubilligen, dass er, so wie alle Meister, von „sicherer *(pistis)* Umkehr *(metanoia)*" spricht, die der hypothesenfreie Aufstieg ermöglicht? Denn was könnte, ich wiederhole, sicherer sein, als was „aus sich selbst" ohne eigenes Tun zustande kommt?

Sophrosyne: Geübte Besonnenheit?

Paulus wird zugeschrieben (Röm 12,3), dass „jeder darauf bedacht sein soll, besonnen zu sein". Sein Schüler Titus erklärt, was dahintersteckt:[360] *„Für Paulus scheint diese ‚geübte sophrosýne* (übersetzt mit Besonnenheit)*' der Schlüssel zum richtigen Handeln und zum richtigen Maß."*

Interessant ist der Hinweis auf „geübt". Er legt nahe, dass Titus und Paulus wussten, dass sich *sophrosýne* nur durch Üben und nicht durch Glauben intensiviert.

Dem widersprechen jedoch viele Behauptungen, z.B.:[361] „Das wird an Röm (12,3) deutlich: ‚Paulus sieht die Fähig-

[359] *The Pistis Christou Formulation in Paul*: www.jstor.org/stable/1560601?seq=1 (abgerufen am 08.07.2021)

[360] Vgl. http://bibelarbeit.privat.t-online.de/testament/neues/titus_2_agv_wingert.pdf

[361] S.134 in Lothar Coenen, Klaus Haacker; *Theologisches Begriffslexikon zum Neuen Testament*: R. Brockhaus 2014.

keit, Aussein auf Besonnenheit *(eis to sophronéín)* im GLAUBEN begründet.‘“ *Eis to sophronéín* erfordert jedoch die rigorose Abwendung (Bild 1) von allen Vorstellungen (Erwartungen, Hoffnungen, Glauben).

***Proseúxomai* = Beten?**

Platon (Symposium 220D, Kritias 136A) und Xenophon (Cyropaedia 2.1.1) zitieren das Verb *proseúxomai (proseúchomai)*, das im NT ebenfalls benutzt wird. *Prós* verweist auf „hin“ oder „zu“. *Euxomai* bedeutet: „Wünsche austauschen.“ Bei *proseúxomai* geht es – so wie bei fast allen Metaphern der *philosophía* – um: „Tausche – in rigoroser Stille (im Aussein) – *neíkos* durch *philía* aus.“ Nur so wird Neues geboren.

Es irritiert daher, dass *gregoreite kai proseuchesthe* in Mat (26,41) übersetzt wird mit „Wachet und betet“. Dies ist ein weiteres von vielen „schönen“ Beispielen, das zeigt, zu was *invention of tradition* führt.

Was geschah in Gethsemane?

Was steckt hinter Mat (26,36): *„Und Jesus kam mit ihnen an den Ort, der den Namen Gethsemane trägt, und sprach zu seinen Jüngern: Lagert euch hier, ich will gehen, um zu beten (proseúchomai* = austauschen).“ Ich stelle die Frage: „Betete Jesus in Gethsemane?“

Einige Interpreten meinen[362], dass ihn dort Satan[363] in Versuchung brachte. Satan[364], ich wiederhole und vertiefe,

---

[362] Vgl. *Christliches Leben:* www.bbkr.ch/forum/showthread.php?t=5390

[363] Bedeutung „Satan“: www.abarim-publications.com/Meaning/Satan.html

hatte ursprünglich nicht die Bedeutung, die seit Jahrhunderten ihm Gläubige zumessen, für die Gott gut und Satan böse ist, was für ihr polarisierendes AD spricht.

Ursprünglich gilt: Satan = Gegenüber (sowohl im positiven wie negativen Sinn). Gegenüber von was? Satan steht z.B. dem Nicht-Tun (*philía)* und PD (*noeín)* gegenüber, wodurch sich die *epistéme* offenbart. Satan allegorisiert die Reaktion, das Ergehen – sprich: die Antwort der *némesis* – auf die exzessive Lust am (willentlichen) Tun *(neíkos)*, geprägt durch AD (*dianoeín)*, worauf die *empeiría* fußt.

Auch hier geht es um die *hýbris-némesis*-Interaktion oder den „Tun-Ergehen-Zusammenhang", dem zufolge sich JHWH allem „Tun", das sich für den Aufstieg (Pfeil I) als Hindernis erweist, widersetzt. Dies erklärt, was es heißt, Jesus habe im Garten Gethsemane mit dem Satan gekämpft.

Damit ist Jesus mit Salomon, Demokrit und anderen Weisen im Einklang, die erkannten, dass sich Anhaften am Diesseits, der Welt der *dóxa,* als Hindernis für den Aufstieg erweist, der ein Kampf mit sich selbst ist. Dieser erfolgt im Austauschen (*proseúxomai)*: *neíkos* ⇨ *philía, aphrosyne* ⇨ *sophrosýne*, usw. Damit wird die Lust am weltlichen Streben (*neíkos)* überwunden, die den erfahrbaren Zugang (Pfeil I) zu JHWH (EL) verhindert.

[364] Off (12,7-9); *Und es wurde hinausgeworfen* (aus dem Himmel) *der große Drache, die alte Schlange, die da heißt: Teufel und Satan, der die ganze Welt verführt, und er wurde auf die Erde* (das Diesseits) *geworfen, und seine Engel wurden mit ihm dahingeworfen."*

Epistéme (gnósis) im Neuen Testament

Das Wort *epistéme* erscheint im NT (Joh. 7,16): *„Ich habe mein WISSEN nicht aus mir selbst. Ich habe es von ‚Gott', der mich gesandt hat."* Die *epistéme* offenbart sich, ich wiederhole, „aus sich selbst" in der Umkehr (Pfeil I) mit Zunahme der *sophrosýne* (SEHEN), dem Gegenteil der *aphrosýne* (Sehen), der Basis für *empeiría.*

Das NT weist in Mk (7,22) der *aphrosýne* zu unrecht „Mangel an Vernunft" und in 2. Kor (11,1; 17, 21) „Mangel an weisem Urteil" zu. Hinter beiden verbirgt sich Kritik an der *empeiría*, die auf *aphrosýne* fußt. Dies ist zur Auslegung von (Mk 1,15) zu berücksichtigen: „*Metanoeíte kaí pistévete en tó evangelío*[365]. Das Zitat wird auf vielfältige und widersprüchliche Weise übersetzt[366], z.B. mit: „Kehrt um und vertraut dem Evangelium", „Bereue (oder tue Buße)[367]" und „Glaube an das Evangelium."

Um was geht es ursprünglich bei *metanoeíte kaí pistévete?* Es geht um die „sichere Umkehr (Pfeil I)" und damit erworbene *epistéme*. Mk (1,15) ermutigt also zum Aufstieg, denn was könnte sicherer sein, als was so wie die *epistéme* „aus sich (dem NICHTS) heraus" erfahren wird?

---

[365] μετανοεῖτε καὶ πιστεύετε ἐν τῷ εὐαγγελίῳ.

[366] Es gibt Gläubige, die meinen, es sei beeindruckend, dass die Bibel auf so vielfältige Weise übersetzt und verstanden werden kann, sodass jeder darin findet, was ihn (sein Ego) befriedigt. Dies widerspricht der Lehre Jesu, in der es darum geht, sich von der Anhaftumg am Ego zu befreien und die Wahrheit zu finden.

[367] Dies ist eine von vielen Übersetzungen im NT, in der, so wie auch im AT, eine Bedrohung ausgesprochen wird, die im Original nicht vorhanden sein kann. Traditionellen Lehren kennen sie nicht.

Dies erfordert den Erwerb von *sophrosýne* durch Befreiung von *aphrosýne.*

Wer sind die Gerechten und wer die Übeltäter?
Sind Gläubige (Fromme) die Gerechten und Ungläubige die Ungerechten? So kann man es oft genug lesen, z.B. in der Übersetzung von 2. Petrus (2,9): „*Der Herr weiß die Frommen aus der Versuchung zu erretten, die Ungerechten aber aufzubewahren für den Tag des Gerichts, um sie zu strafen.*"

Was sich ursprünglich dahinter verbirgt, sollte stimmig sein mit (Joh 8,12): „*Ich bin das Licht der Welt. Wer mir nachfolgt, der wird nicht wandeln in der Finsternis, sondern wird das Licht des Lebens haben.*" Dies ist ein Verweis auf den Weg (Pfeil I) zur *aletheía* (Wahrheit), um sich von *dóxa* (Meinen, Glauben, Für-wahr-halten), im AT mit Herrlichkeit übersetzt, zu befreien.

Dóxa ist in der *philosophía* (*theología*) alles andere als herrlich. Wir lesen, was ich schon mehrmals – mit Verweis auf den Auf- und Abstieg – mit anderen Worten ausgedrückt habe:[368] „Schon im Lehrgedicht des Parmenides steht die Meinung, *dóxa*, als unzulängliches Wissen, dem *noema*, bewirkt durch (noetisches, schöpferisches) Denken (*noeín),* gegenüber (Frag. 8.50f). Denn mit der Unterscheidung von zwei Gestalten, dem Licht und der Nacht – die jeweils das andere nicht sind – haben die Menschen (nach ihrem Abstieg) eine Zweiheit und damit ein Nicht-SEIN (*mè eón)* an die Stelle der wahren (erfahrbaren) Einheit des

[368] *Dóxa:* www.spektrum.de/lexikon/philosophie/dóxa/485 (abgerufen am 08.07.2021)

Seienden *(eón)* gesetzt: In dieser Welt des Scheins (A = Maya) bewegen sich ihre Meinungen."

Dóxa – Gegenüber von *aletheía* – wird seltsamerweise im NT, mit Herrlichkeit (Glorie) übersetzt. Ich wiederhole: Alles im Sein (Nicht-SEIN = *mè eón)* ist *dóxa,* auch wenn es herrlich, sicher, rein, wahr, logisch usw. erscheinen mag. Nur was der Aufstieg zunehmend „aus dem Nichts" generiert, lässt die *aletheía* (Wahrheit) immer mehr erfahren.

Wahrheit *(aletheía)* im NT?

Im NT wird über 100-mal das Wort ‚Wahrheit' *(aletheía)* – oft im Zusammenhang mit ‚Aufdecken von Verborgenem' – benutzt. Die innige und untrennbare Beziehung zwischen *lógos* und *aletheía* ist z.B. angesprochen in (Eph 1,13; Kol 1,5)[369] *ho lógos tes aletheías.* Es wird inkorrekt übersetzt mit „durch das Wort der Wahrheit". Wer diese Übersetzungen – ohne Bezug zum im Aufstieg erfahrbaren *lógos* – akzeptiert, weiß nicht, was Jesus in seinen Gleichnissen ausdrückt.

Er wusste noch – so wie Parmenides, Empedokles und Platon – zwischen Weg der *dóxa* (in A) und Pfad zur *aletheía* (Pfeil I) zu unterscheiden:[370] *„Ich bin das Leben* (*psyché), das* (die) *von jeher war, ich bin die Kusta (aletheía), die schon früher am Anfang* (in D vor Abstieg) *war."*

---

[369] Wahrheit: www.bibelwissenschaft.de/wibilex/das-bibellexikon/lexikon/sachwort/anzeigen/details/wahrheit-nt/ch/62433246477e46bf9b6a9a8dc49cd782/

[370] Ginza 207,34ff (Lidzbarski) in https://bibelwissenschaft-ktf.univie.ac.at/fileadmin/user_upload/i_bibelwissenschaften/Vorlesungsunterlagen_Kuehschelm/Joh._Christologie.pdf (abgerufen am 08.7.2021)

2.2 Der Erleuchtungsweg Jesu

Ich habe schon viel über Aufstieg, Rückkehr oder Umkehr berichtet, worüber Traditionelle Lehren übereinstimmend berichten, zumal deren Meister den Erleuchtungsweg lehrten. Es folgen weitere Äußerungen von griechischen, mittelöstlichen und chinesischen Weisen, die dies bestätigen. Sie helfen, den Erleuchtungsweg Jesu zu erkennen und erklären.

Hinweise in *Pistis Sophía* auf die Erleuchtung von Jesus

Pistis Sophía wird meist inkorrekt übersetzt mit „Glaube und Weisheit“. Korrekt ist: Sichere Weisheit. Die inkorrekte Übersetzung erweckt den Eindruck, *sophía* könne durch Glauben erlangt werden. Sie will aber erÜBT werden. Was damit „SINNvoll“ erfahren wird, braucht nicht geglaubt zu werden. Dies ist bei der Auslegung der *Pistis Sophía* zu berücksichtigen, in der viele von mir bereits erklärte Metaphern der *philosophía* erscheinen. So wie im NT, wird *sophrosýne* auch dort ohne Übungsbezug mit Besonnenheit, Klugheit, Mäßigung, Diskretion übersetzt. In ihren gängigen Übersetzungen und Auslegungen – ohne Übungsbezug –werden Aufstieg (Auferstehung) und Tod nicht als Allegorien erkannt, sondern wortwörtlich genommen. Daraus lassen sich jedoch ihre wichtigen spirituellen Metaphern durch Mustererkennung ausfindig machen und mit der Dao-Lehre, *philosophía* und *Hikmat al-Ishraq* in Übereinstimmung bringen. Dies deutet auf ihren Ursprung im S-Prinzip hin.

Dazu ein Beispiel. Am Anfang der *Sophia Jesu Christi* heißt es:[371] *„Als er vom Tod auferstanden war, kamen seine zwölf Jünger und die sieben Frauen, die ihm als Jüngerinnen gefolgt waren, [...]"* Hier ist „Tod" eine Allegorie für die Erleuchtung (D), denn dort steht auch (Kap 1, 6)[372], dass er – nachdem er von „den Toten auferstanden" ist – noch 11 Jahre lebte und sich mit seinen Jüngern unterredete.

Wir lesen in *Pistis Sophía* 1-2[373], dass er nach seiner Auferstehung seinen Jüngern den Weg (Pfeil I) zum höchsten Himmel aufzeigte. Diese drückten ihre Neugier darüber aus mit, ich wiederhole: *„Herr, lehre uns die Art des Kreuzigens, [...], damit wir ‚nicht zugrunde gehen' und ‚unser Leben verlieren'."* Sie artikulierten damit ihren Wunsch, ihre Anhaftung, *psyché = sóma = séma,* mit seiner Hilfe zu überwinden und ihre *hýbris* – sie ist ein Schwerpunkt in der *Pistis Sophía* – damit zu vermindern. Dies gelingt, so wie es Jesus empfiehlt, mit (Joh 2,15-16): *„Liebt nicht* (nur ausschließlich) *die Welt noch was in der Welt ist!"* Damit sollte er sich auf die Praxis – mit *philía* zu *sophía* (Pfeil I) – beziehen, denn dann ist seine Empfehlung mit der Dao-Lehre, *philosophía* und *Hikmat al-Ishraq* stimmig.

---

[371] Quelle: *Schöpfungsberichte aus Nag Hammadi.* Vollständige Texte, neu formuliert und kommentiert von Konrad Dietzfelbinger (Andechs: Dingfelder Verlag, 1989), S. 122.

[372] Pistis Sophia: https://anthrowiki.at/Pistis_Sophia (abgerufen am 08.07.2021)

[373] Erin Evans, *The Books of Jeu and the Pistis Sophia as Handbooks to Eternity*: Exploring the Gnostic Mysteries to the Ineffable. Nag Hammadi and Manichaean Studies 89. Leiden: Brill, 2015. https://rbecs.org/2015/10/08/bjpshe/ (abgerufen am 08.07.2021)

Dies wiederum bedeutet, dass auch in der *Pistis Sophia* die Kunst aller Künste (*téchne technón)* ursprünglich zum Einsatz kam, bevor sie als Glaubenslehre ausgelegt wurde. Sie führt als Erfahrungslehre zum „Tod“ in der Erleuchtung (D).

Damit erwarb auch Jesus, so wie viele vor und nach ihm, vollständig das einzigartige WISSEN, das sich seine Jünger mit seiner Hilfe zunehmend erÜBEN konnten. Dies ermöglichte es ihnen, sich von diesseitiger Anhaftung zu befreien.

Dabei geht es darum, *ón (eón = lógos*) übersinnlich zu erfahren, d.h., sich vom Fleisch (*sarx)*[374], das für Paulus (Röm 6,19) mit „begrenztem Verstehen“ einhergeht, zu befreien. Wäre es anders, gäbe es keinen Bedarf für den Aufstieg. Es gäbe keine Abkehr (Pfeil I) von *psyché = sóma= séma = sarx* und keine Befreiung von der „gefallenen Natur“[375] des Menschen (Röm 7,14).

Ich erkläre nun weitere Metaphern im NT mithilfe der *philosophía.* Die dortige *lógos (theós)*-Erfahrung erfolgt, ich wiederhole, „aus sich heraus“ mit Hilfe von *philía*[376]. Dafür gibt es genügend Hinweise.

---

[374] Es besteht eine Verbindung zu: *„Der Geist ist willig, aber das Fleisch ist schwach“* (Mk 14,37-38). Matthäus wiederholt diesen Ausspruch. Es ist interessant, dass das altchinesische Schriftzeichen für You (Diesseits) auf „eine Hand, die ins Fleisch greift“ verweist.

[375] Dies ist eine Metapher für das Diesseits.

[376] Siehe S. 1329-1330 in Lothar Coenen (Hrg.), Klaus Haaker (Hrg.); *Theologisches Begriffslexikon zum Neuen Testament*, SCM; R. Brockhaus 2014.

Theós und _philía_

Philía ist für Platon *(Lysis)* der Schlüssel zur Praxis (des Sterbens). Dabei geht es um die Erfahrung des „Guten von *(e)ón"*: *agathon.* Wer sie teilt (Symposium 212a) mag sich *theophilos* oder *philotheós* nennen. Da beide Worte unzureichend mit „Liebe zu Gott", „Gottesliebe" und „Freund Gottes" übersetzt werden, lässt sich die tiefgründige Bedeutung von *philía* damit nicht erkennen. Dies gilt ebenso für das NT, wo Hinweise auf *agape*[377] und nicht auf *philía* dominieren. Ich habe schon darauf hingewiesen, dass sich dort *philía* nicht leicht erkennen lässt.

Ich hoffe, es ist mir dennoch bisher gelungen, ihre Bedeutung dadurch hervorzuheben, dass ich auf die universelle Stimmigkeit aller Aussagen, die auf Wuwei = *philía* = *ahabah* = mahabba = Akarma basieren, hingewiesen habe. Ich werde diese Gleichheit nun noch weiter untermauern, sind ihre fünf Komponenten, die das S-Prinzip prägen, doch der Schlüssel zur einzigartigen universellen Lehre.

Mahabba hält das Himmelsrad am Laufen

Suhrawardi betrachtet mahabba als Äquivalent von *philía.* Dies erkennt man daran, dass er auf Empedokles verweist, der sich über *(philía, neíkos)* und den im Aufstieg – in der Umkehr (ma'ad) – damit erkannten wirbelnden (drehenden) *sphairos* kompetent äußert.[378] Darüber berichtet auch Rumi (Mathnavi V 3853-59): *„Wisse, dass es die Wellen*

---

[377] Das Hebräische *'ahab,* verwandt mit mahabbah, wird in der Septuaginte (LXX) auch übersetzt mit *agap!*

[378] John Walbridge; *The Leaven of the Ancients.*

von mahabba sind, die das Himmelsrad[379] *am Laufen halten; ohne mahabba wäre die Welt leblos.“*

Rumi, der 82 Gedichte über Jesus verfasste[380], betont, dass dieser „in den vierten Himmel“ aufgestiegen (Pfeil I) ist, was ohne *philía* (mahabba) unmöglich wäre.

Mahabba hängt mit hibbah oder habbah (Samen = *spérma*) zusammen[381]. Es wird mit dem (immateriellen) Herz (qalb) und Trunkenheit (sakr) assoziiert. Dies rechtfertigt die Gleichsetzung mahabba = *ahabah*, zumal wir auch lesen:[382] „*Hab* vom althebräischen *ahabah* bezieht sich auf Kern, Keim oder Samen mit der Fähigkeit, eine Frucht hervorzubringen.“ Dies sind überzeugende Hinweise, die mich mahabba = *philía* = *ahabah* als Äquivalente von Wuwei = Akarma erkennen ließen.

Für Annemarie Schimmel ist mahabba Gottesliebe[383], für andere ekstatische und selbstlose Liebe. Dies half mir nicht zu erkennen, was mit mahabba im regelmäßigen Üben (Bild 1) zunehmend (Pfeil I) übersinnlich erfahren und mit Suhrawardis Vokabular kompetent artikuliert wird. Darüber berichtet auch der bereits zitierte „betrunkene“ Al-

---

[379] Laozi spricht in Kap. 25 vom „Kreisen“: „*Es fließt dahin und kehrt wieder zurück.“* Erwähnt sei auch der „kugelförmig Gott“ von Xenophanes oder *sphairos*, der auf „Kreisen“ hinweist.

[380] *Mathnavi*, Buch 1, Vers 1909-1912.

[381] Ridzuan Masri (2013): *The idea of love in Al Ghazali's literature*: Vgl. www.researchgate.net/publication/327208241_THE_IDEA_OF_LOVE_IN_AL-GHAZALI%27S_LITERATURE (abgerufen am 08.07.2021)

[382] William E. Gray: *All in Awe!* iUniverse 2016.

[383] *Al-Halladsch – Märtyrer der Gottesliebe:* Leben und Legende; Ausgewählt, übersetzt und eingeleitet von Annemarie Schimmel, Verlag Jakob Hegner 1968.

Hallaj, der – so wie Rabia al-Adawiyya (714-801) vor ihm – „von mahabba überwältigt“ wurde.

Auferstanden von den Toten

„Tod“ hat für Platon drei Bedeutungen. Bei der ersten geht es um das was normalerweise damit verbunden wird. Die zweite allegorisiert das diesseitige Leben (A) nach Abstieg *(psyché = sóma = séma)*. Die dritte weist darauf hin, dass die Praxis des Sterbens (*meléte thanátou)*“ zum „Tod“ (Pfeil I) in der Erleuchtung (D) und damit zur vollständigen Erfahrung des *lógos* (Dao) und der *aletheía* führt (Phaidon 65a-67a): *„Von sóma (psyché = séma) entbunden kann die psyché auf ungetrübte Weise* (im Aufstieg) *erkennen, weshalb der wahre philósophos den ‚Tod* (in D)‘ *als ‚SINNvoll‘ anstrebt.*“ Die in der Erleuchtung (D) vollständig erweckten Yang-Liugen (*sophrosýne*) sind „SINNvoll“. Auf welchen der drei „Tode“ verweist dann 1. Kor (15,20): *„Nun ist aber Christus auferstanden von den Toten und der Erstling geworden unter denen, die da schlafen.“* Wer sind diejenigen, die da „schlafen“, was ja auch eine Metapher ist? Für mich ist die Antwort klar. Sie verbirgt sich zwischen den Zeilen des Buchs.

Die sieben Welten in apokryphen Schriften

Ich habe bereits – mit Verweis auf *Christus-Vaticinia* – die Auffahrt (Pfeil I) Jesu in den 7. Himmel und seine Abfahrt (Rückkehr) daraus, angesprochen. Der siebenstufige Aufstieg ist auch in der *Johannesapokalypse* (Kap. 66) und im *Oden Salomos* (22,4) erwähnt. Dort geht es um „Besiegen (Pfeil I) der siebenköpfigen Hydra“. Dies gelingt nur, ich wiederhole, wenn sich im regelmäßigen Üben *philía* vermehrt, *neíkos* damit vermindert und so der Aufstieg vollzogen wird.

Dieser ist, obwohl religiös und mystisch verzerrt, unverkennbar im *Reuegesang der Pistis Sophia* angesprochen.[384] Dort wird das weltliche Streben (*neíkos)* durch einen Löwenkopf und Schlangen symbolisiert: *„Du hast mich errettet vor der Kraft mit dem Löwenkopf, die mir zu Fallstricken gelegt war [...], hast alle Schlangen vertrieben und mich in das Land der Freiheit* (D) *geführt* (Pfeil I)*, in dem es keine Bedrängnis gibt."* Ich erinnere daran, dass Apollon die Python und den Löwen besiegte, d.h. er besiegte sich selbst und war erleuchtet.

Licht der Lichter

Wir lesen in einer Übersetzung der *Pistis Sophía:*[385] *„O Licht der Lichter, an das ich von Anfang an geglaubt habe, höre jetzt, oh Licht, meine Umkehr. Rette mich, o Licht, denn böse Gedanken sind in mich eingedrungen."* Jesus spricht zu seinen Jüngern (Kap.58): *„Und meine Lichtkraft*[386] *führte die Pistis Sophia hinauf* (Pfeil I) *zu den oberen Orten des Chaos."* Auch wenn beide Übersetzungen, so wie viele andere, mangels Kenntnis der Metaphern, verzerrt sind, lassen diese doch noch erkennen, was ursprünglich hinter Glauben steckt: Höchste Licht (Qi)-Erfahrung (D) im Aufstieg. Diese wird nicht nur in der *Pistis Sophía,*

[384] Gabriele Quinque: https://quinque-bibliothek.de/das-glanzgewand-der-gnostischen-pistis-sophia/ (abgerufen am 08.07.2021)

[385] Andreas Döhrer (Hrg.); *Pistis Sophia:* Ein koptisches Manuskript (Codex Askew) vermutlich aus dem 3. Jhd., Books on Demand 2020.

[386] Dies könnte auf seine Qi (Licht)-Übertragung hinweisen.

sondern auch in der *Hikmat-al Ishraq* und *Bhagavad Gita* (XIII.17) „Licht der Lichter" genannt.

Wir lesen dort: „Von Ihm, dem Licht der Lichter, wird gesagt, es liege jenseits der Dunkelheit; (es ist) das WISSEN, das zu WISSENDE und das Ziel des WISSENS, das im Herzen aller ist." Auch Jesus wird im *Glaubensbekenntnis von Nicäa* „Licht vom Licht" bezeichnet. Wo auch immer das Wort Glauben in einer Übersetzung benutzt wird, sollte man also überprüfen, was wirklich dahintersteckt.

Jesus = *Logós* des Lebens *(lógos tes zoes)*

Jesus besaß, um mit Platon zu sprechen, als Meister die Fähigkeit, die *psyché* seiner Schüler *„*aus dem Grab (*sóma =séma)"* zu befreien (Pfeil I) und sie so zum „neuen Leben" zu erwecken. Damit konnten sie sich der Welt inniger als zuvor hingeben. Sie erlangten damit die „SINNvolle" Einsicht darüber, was sie nach ihrem „leiblichen Tod" erwartet. Je erfolgreicher sie waren, durch Üben „neue Menschen" zu werden (Pfeil I), umso mehr sollten sie gewürdigt haben, warum Jesus (1. Joh 1,1) *lógos tes zoes*[387] genannt wird.

Die „sieben Lichtjungfrauen"

Matthäus[388] und Maria von Magdala (Maria Magdalena) sprechen in der *Pistis Sophia* mit Jesus über die „sieben Lichtjungfrauen". Jesus weist dort (Kap. 87; 1,16; 1,18)

---

[387] Leben ist *zoes* oder *bios*. Im NT wird auch *psyché* mit Leben übersetzt, was zu viel Verwirrung beiträgt.

[388] Matthäus stammt vom griechischen *Matthaios* ab, dies wiederum vom hebräischen Mattatjahu = „von JHWH (Gott) gegeben".

Maria *pneumatiké* (zu *pneúma* gehörig)[389] zu. Damit hebt er ihre hohe Aufstiegserfahrung (Pfeil I) – *sóma* ⇨ *psyché* ⇨ *pneúma* – hervor. Er bestätigt damit, dass es ihm offenbar gelungen ist, sie „männlich“ (geistig) zu machen (Pfeil I), sodass auch sie den Schöpfungsakt (Pfeil II) erkannte.

Jesus und weiße Magie

Wir lesen (Joh 20,11-18): *„Als aber Jesus auferstanden war früh am ersten Tag der Woche, erschien er zuerst Maria von Magdala, von der er sieben böse Geister ausgetrieben hatte.“* „Sieben Geister“ sollte sich, so wie auch „sieben Lichtjungfrauen“, auf die sieben Stufen im Aufstieg beziehen, wovon, wie betont, *pneumatiké* auf die höchste Stufe hinweist, die Maria erreicht haben könnte.

„Geister austreiben“ impliziert, dass Jesus – im Einklang mit allen Meistern – die Fähigkeit teilt, negative Qi-Blockaden, die mit dem Alter zunehmen, mittels weißer Magie (spiritueller Heilung) zu beseitigen.

Diese Blockaden werden im Üben zunehmend erkannt und können damit vermindert, wenn nicht sogar beseitigt werden. Dies ist etwas gänzlich Natürliches.

Jesus werden aber übernatürliche Fähigkeiten zugeschrieben. So soll er angeblich Tote erweckt haben (Luk 7,11-35). Oder sind dies etwa seine Schüler, deren *psyché*

[389] *Pneúmatiké* ist eins der drei Adjektive (*somatiké, psychiké, pneúmatiké*) der Subjektive (*sóma, psyché, pneúma)*. Erwähnt sei auch die dreigeteilte Klassifizierung der Übenden *(somatikoi = hylikoi, psychikoi, pneúmatikoi)* auf ihrem Erleuchtungsweg (Bild 1) gemäß des Gnostikers Valentin (ca. 100-160). Sie beschreibt deren Übungsfortschritt. Valentin assoziiert *sóma* auch mit Sünde *(harmatia)*. Vgl. John Anthony McGuckin; *The Path of Christianity: The First Thousand Years,* IVP Academic 2017.

in *sóma = séma* „begraben“ war, um aus dem „Grab“ aufzusteigen?

Wenn Jesus ein erleuchteter *philósophos* war, sollte er auch gewusst haben, dass das Qi *(psyché,* nafs, Atman) eines Verstorbenen – für Meister SICHTBAR – zum Himmel steigt und nicht mehr in den Leib zurückkehrt.

2.3 Enthüllung des Mythos über „Kreuzigen“

Hier kommt meine endgültige Antwort auf die bereits zitierte Frage – in *Pistis Sophía* – der Apostel: *„Herr, lehre uns die Art des Kreuzigens, […], damit wir nicht zugrunde gehen und unser Leben verlieren.“* Der Anlass zur Frage kann, ich wiederhole, kein anderer sein, als von Jesus in die Kunst aller Künste – Realisierung von *sóma* ⇨ *psyché* ⇨ *pneúma* – eingeweiht zu werden. Ich sehe dies bestätigt mit (Gal 5,24-25): *„Alle, die zu Jesus Christus gehören, haben das Fleisch (sarx = sóma) und damit ihre* (diesseitigen) *Leidenschaften und Begierden gekreuzigt. Wenn wir aus dem Geist (pneúma) leben, dann wollen wir dem Geist auch folgen.“*

Der zweite Satz erklärt, wie Leidenschaften und Begierden zu „kreuzigen“ sind: Durch Austauschen *(proseúchomai)* von *sóma* durch *pneúma.* Der Austausch (Aufstieg) geht einher mit: *neíkos* ⇨ *philía, sóma* ⇨ *pneúma, aphrosyne* ⇨ *sophrosýne, dianoien* ⇨ *noeín* und *empeiría* ⇨ *epistéme*. Er erfolgt im erTANZEN (Bild 1), im „Aussein“ (meditativer Trunkenheit), zumal *pneúma* willig ist. Damit kann man, bei genügend Motivation und Talent zum „vollkommenen Menschen“ werden, den Daoisten Zhenren nennen.

Jesus: Kreuz des Lichtes

Jesus wird in koptisch/manichäischen *Psalmen* „Kreuz des Lichtes" genannt:[390] *„Jesus ist auferstanden, auferstanden ist er in drei Tagen, das Kreuz des Lichtes, das in den drei Kräften aufersteht."*. Drei Tage und Kräfte sollte auf die LDDW und somit darauf hinweisen, dass er die drei Welten (Pfeil I) transzendierte (durchkreuzte). „Tag" ist nicht wortwörtlich zu nehmen, was ja auch zum Ausdruck kommt, dass Gott die Welt in sieben Tagen erschuf (Pfeil II).

Das Kreuz des Lichtes sollte, so wie alle im Aufstieg zunehmend erkannten Metaphern, einen erfahrbaren spirituellen (immateriellen) Inhalt haben, so wie von Suhrawardi angesprochen:[391] *„Dieses absolute Licht* (in D) *erreicht* (Pfeil II) *die geschöpfliche Welt* (in A) *durch ungezählte vertikale und horizontale Ordnungen von Engelswesen."* Wäre das Lichtkreuz ein hölzernes Kreuz, dann wäre es ein dualistisches Symbol und keins, dass die Erleuchtung, die Verschmelzung mit dem EINEN charakterisiert.

Dazu zählen Kreis, Sonnenscheibe, Rad und Spiralwirbel in steinzeitlichen Tempelbauten auf Malta, in Höhlen von La Palma (Kanarische Inseln), in Nordafrika (Sahara), in den Steinkreisen Südafrikas und Tempeln der Mayas. Es sind Hinweise dafür, dass dort Menschen die Erleuchtung erfahren haben.

---

[390] S. 245 in J. van Oort, O. Wermelinger und G. Wurst; *Augustine and Manichaeism in the Latin West,* Brill's Paperback Collection 2001.

[391] Annemarie Schimmel; *Sufismus; Eine Einführung in die Islamische Mystik.* C.H. Beck 2014.

„Tanz“ Jesu zur Erkundung des *Lógos*

In den *Johannesakten*[392] der apokryphen *Apostelakten* befindet sich ein längerer Abschnitt über das „Lichtkreuz“ im Teil, wo Johannes von seinen Erlebnissen mit Jesus berichtet. Dort erscheint Jesus als „Tänzer“, als *Lógos,* „Licht“ und „Reigenführer des Lebens“. Dort sind „Lichtkreuz“, „Tanz (Bild 1)“ und Aufstieg (Pfeil I) untrennbar verknüpft. Wir lesen, ich wiederhole und ergänze: [393] *„Aber er [Jesus] hat jenen Tanz [saltationem] aufgetragen, den David vor der Arche (arché) des Herrn tanzte.“*

„Vor der *arché* des Herrn tanzen“ bezieht sich auf die höchste Wuwei (*=philía=* mahabba = *ahab* = Akarma)-Erfahrung am Ende des Aufstiegs (D = Ursprung = *arché*), die Jesus mit David teilt. Ich erkenne darin „die Praxis des Sterbens (*meléte thanátou),* die – durch *Stirb, bevor du stirbst* – im „Tod (D)“ alles WISSEN (*epistéme)* vollständig hervorgebracht hat. „Sterben“ ist besonders effektiv, wenn gemeinsam geübt (getanzt) wird (Bild 1).

Ich hoffe mit obiger Erklärung besser als bisher den Inhalt vermittelt zu haben von (Band I): [394] *„Er* (Jesus) *lässt sie* (seine Apostel) *einen Kreis bilden, in dessen Mitte er sich stellt.“ […] „Dem ‚Tanz und Gesang der Jünger‘ kor-*

---

[392] Alexander Böhlig; *Gnosis und Synkretismus.* 1.Teil*: Gesammelte Aufsätze zur spätantiken Religionsgeschichte.* Unveränderte E-Book-Ausgabe 2019. Siehe S. 473-491 in Böhlig, A; *Zur Vorstellung vom Lichtkreuz in Gnostizismus und Manichäismus.* In *Gnosis,* Festschrift H. Jonas, Göttingen 1978.

[393] Isabella Schwaderer, Katharina Waldner (Hrsg.); *Annäherungen an das Unaussprechliche, Ästhetische Erfahrung in kollektiven religiösen Praktiken,* transcript-Verlag, Bielefeld 2020.

[394] S. 145 in Armin Morich (Hrsg.); *Kosmischer Tanz: Eranos 2015 und 2016* (Deutsch), Taschenbuch, Schwabe Verlag 2017.

respondiert der ‚Tanz und Gesang überirdischer Sphären (Bild 2)‘ *und dadurch wird ein ‚Zugang zur transzendenten Welt* (Pfeil I)‘ *geöffnet.“*

„Tanzen“ erfordert den Einsatz des Leibs (Kor 6,19): *„Wisst ihr nicht, dass euer Leib der Tempel des Heiligen Geistes ist, der in euch wohnt, den ihr von Gott habt, und dass ihr nicht euer selbst* (also mehr als ihr glaubt) *seid?“*

Dieser Aussage widerspricht (1.Timo 4,8): „Denn die leibliche Übung ist wenig nütze; aber die Frömmigkeit ist zu allen Dingen nütze und hat die Verheißung dieses und des zukünftigen Lebens.“ Derartige Widersprüche gibt es im NT und AT sehr viele. Was jedoch – in Bezug zum Auf- und Abstieg – dahintersteckt, worauf ich immer wieder hinweise, ist natürlich und ganz und gar nicht mystisch.

Ich wiederhole: Wenn Jesus ein erleuchteter *philósophos* war, sind alle seine Aussagen in sich stimmig (holistisch). Dies garantiert der „trunkenhafte Tanz (Bild 1)“, in dem Übende „nicht bei sich selbst“ sind, sondern mit *philía* erfahren, was sich „aus sich selbst (creatio ex nihilo)” offenbart und nicht anzuzweifeln ist.

Der Jünger, den Jesus liebte

Auf *philía* verweist folgendes Zitat. Es verdient besondere Aufmerksamkeit, weil es zum einen die gängige Vorstellung der „Kreuzigung Jesu“ prägt, aber auch auf verborgene Weise *philía* anspricht (Joh 19,25-27): *„Bei dem Kreuz Jesu standen seine Mutter und die Schwester seiner Mutter, Maria, die Frau des Klopas, und Maria von Magdala. Als*

Jesus seine Mutter sah und bei ihr den ‚Jünger[395]*, den er liebte', sagte er zu seiner Mutter: Frau, siehe, dein Sohn! Dann sagte er zu dem Jünger: Siehe, deine Mutter! Und von jener Stunde an nahm sie den Jünger zu sich."* Vielen Interpreten ist die Antwort wichtig auf: „Wer ist der Jünger, den Jesus liebte und nie mit Namen benannte?" Bedeutender für mich ist vielmehr, was hinter „lieben[396]" steckt und meiner bisherigen Auslegung von Jesus dient?

Dazu ist zu sagen, ich wiederhole, dass es nicht leicht ist, im NT zu erkennen, dass für Jesus *philía* und folglich: *philosophía* – mit *philía* zu *sophía* (Pfeil I) – viel bedeutet.

Ich habe schon darauf hingewiesen, dass er das *philía*-Prinzip einsetzte, was ich vielen seiner ihm zugeschriebenen Äußerungen entnehme. Ein überzeugender Hinweis ist auch, dass er seine Schüler *(mathétes) phílous* nennt (Joh 15,13-15): *„Euch aber habe ich phílous* (zu *philía* gehörig*) genannt, weil ich alles, was ich von meinem Vater ‚gehört* (dank SEHEN durch *philía* erworben)' *habe, euch* (in Gleichnissen) *kundtat."*

2.4 Ausbreitung des Glaubens von West nach Ost

Die Entstehung und Konzipierung von Religionen ist die Folge kultureller Entwicklung. Kultivierte Griechen übernahmen die anthropomorphe Darstellung von Göttern in Statuen und deren Anbetung vermutlich von den früher

---

[395] Vgl. https://gaz.wiki/wiki/de/Beloved_Disciple Wir lesen mit Verweis auf *philía*: „Der Jünger geliebt von Jesus" (ὃν ἐφίλει ὁ Ἰησοῦς = *hon ephilei ho Iēsous*), wird sechsmal im *Johannes-Evangelium* verwendet."

[396] S. 22 in Thomas Noak; *Das Gesicht des Unsichtbaren:* Zur Transparenz des *Johannesevangeliums.* www.wlb-stuttgart.de/referate/theologie/johev_ot.pdf (abgerufen am 08.07.2021)

kultivierten Ägyptern. Der Glaube and Götter und deren Anbetung in Statuen breitete sich von Griechenland in den Osten aus. So tauchten erstmals im 1.-2. Jh. – ca. 600 Jahre nach Buddhas Tod – in der griechisch-buddhistischen Gandhara Kultur (Afghanistan, Pakistan)[397] Buddha Statuen mit Apollon-ähnlichen Merkmalen auf.

Dies deutet darauf hin, dass die von mir beschreibene erfahrbare glaubensfreie Spiritualität im Osten noch viel länger als in Ägypten und Griechenland verankert war. Doch auch dort erfolgte der Wandel weg vom bildlosen natürlichen Erfahren hin zum gesellschaftlich-geprägten bildhaften Glauben. Zunehmend mehr Menschen beteten auch dort mit der Zeit göttliche Statuen an.

Dies mag Suhrawardi dazu veranlasst haben, in *Allegorie über Exil im Okzident* den Westen mit dunkel und Osten mit hell zu assoziieren. Die Etymologie seines Hauptwerks, *Hikmat al-Ishraq,* bedeutet:[398] „Weisheit über das aufgehende Licht" und „Scheinen der aufgehenden Sonne". Damit verleiht er dem *ex oriente lux* eine tiefgründige spirituelle Bedeutung.

Ende der Traditionellen Kulturen

Was ich anspreche, erklärt, warum neoplatonische Weise, nachdem sie von fanatischen Christen verfolgt wurden, in den Iran flohen; ebenso warum einige von Suhrawardis Anhänger nach dessen Hinrichtung nach Indien emigrierten. Sie zogen dorthin, wo das Licht aufgeht: *Ex oriente lux!* Doch auch dort ging es immer mehr unter. So kam Buddhas Erfahrungslehre auch dort zum Ende wo sie ent-

---

[397] Gandhara: https://de.wikipedia.org/wiki/Gandhara

[398] *Illuminationism:* https://wikivisually.com/wiki/Illuminationism

stand. Dies veranlasste den bereits zitierten buddhistischen Meister Bodhidharma nach China zu emigrieren (Band I), um dafür zu sorgen, dass die Lehre dort – im Gewand von Fojia (Chan) – fußfassen und sich entwickeln konnte.

Als ich Fangfu fragte, ob in China die Anhänger vom unreligiösen Fojia und Daojia auch von Gläubigen des religiösen Fojiao und Daojiao bedrängt wurden, antwortete er, dass sie sich gegenseitig respektierten. Dies könnte erklären, warum die *philosophía* dort als Daojia bis heute überlebte.

Daojia und Fojia entwickelten sich in China bis in die jüngste Zeit weiter. Daher ist die moderne Dao-Lehre, so wie in Fangfus Büchern präsentiert, prägnanter, eleganter und umfassender formuliert als die *philosophía.* Sie ist, wie betont, frei von verwirrenden Genderattributen, was bei ihren von mir zitierten äquivalenten alten Lehren nicht der Fall ist. Fangfu zufolge können Daojia, ich wiederhole, keine neuen Einsichten hinzugefügt werden, auch wenn viele davon geheim gehalten werden.

2.5 Der Siegeszug der *empeiría*

Nach Untergang der *philosophía* im Westen und Mittleren Osten konnte sich dort die *empeiría* entwickeln. Sie umfasst die kopf-, verstand- und vernunftgeprägten „klugen“ und „logischen“ Erkenntnisse aller „hellen Köpfe“, die mit ihrem hypothesen-basierten AD ihre Beiträge lieferten, die zur heutigen „wissensbasierten Gesellschaft“ führten. Mit ihrem Wissen (*empeiría)* lassen sich, ich wiederhole, jedoch weder die *philosophía* noch biblische und nicht-biblischen Mythen enthüllen. Diese werden von vielen „rational“ denkenden Zeitgenossen oft – mit einem „müden

Lächeln" – als Mythologie abgetan. Ihnen fällt es schwer zu akzeptieren, dass es das uns heute durch Worte und Schrift geprägte AD ist, worauf sie sich verlassen, das zu den Mythen führte. Ich wiederhole Platon: *„Also, wer glaubt, [...] aus Buchstaben gehe etwas Deutliches und Sicheres hervor, der dürfte höchst einfältig sein."*

Aristoteles: Initiator der weltzugewandten Bildung

Aristoteles benutzt in *Metaphysik* die Bezeichnung *prote philosophía* (Erste Philosophie). Sein Werk zeigt, dass er zweifelsohne viel von Platon und dessen Vorgängern und deren *theologikè epistéme* (WISSEN über *lógos* und *theós)* zur Kenntnis nahm. Er nennt es *epistéme tou ontos he on* (WISSEN vom Seienden als solchem) und *epistéme ton proton archon kai aition* (WISSEN von den ersten Prinzipien und Ursachen).

Dahinter verbirgt sich die *paideía* und *epistéme (gnósis),* deren Nutzen er im fortgeschrittenen Alter – vermutlich mangels eigner Übungserfahrung und Drang nach gesellschaftlicher Anerkennung – in Frage stellte. Er empfiehlt – in *Besten Staat* von *Politik VII/VII* – die Abwendung davon.

Es sollte – zum besseren Verständnis des Unterschieds zwischen PD und AD – daher nicht überraschen, dass er in *Buch VIII* die *paideía* bei Platon kritisiert und in eine weltzugewandte Bildung (Erziehung) umdefiniert. Damit reformierte[399] er Platons *paideía*, so dass diese sich zu dem entwickeln konnte, was sie heute ist: Sie erfordert informative Übertragung von Wissen (*empeiría)*, z.B. über Ma-

[399] Vgl. Simmons, G. C., *Paideia: Special Aristotle Issue* (Brockport, NY: 1978)

thematik, Kunst, Literatur, Musik und Gymnastik, vom Lehrer zu Schüler. Daraus entstand allmählich das uns heute prägende Bildungssystem, das sich ständig weiterentwickelt. Dies erfolgt auf der Basis: You erzeugt weiteres You. Oder: *Empeiría* erzeugt stets neue erweiterte *empeiría!*

Daran ist nichts zu kritisieren, ist die *empeiría* doch fürs Überleben in der Gesellschaft unverzichtbar. Doch sie kann nicht aufdecken, was ich über die *philosophía* enthülle. Sie führt auch nicht, so wie die ursprüngliche *paideía* aus Platons „Höhle“ und hilft somit nicht, die „Schatten“ an der „Höhlenwand“ zu entschleiern.

Kurzsichtigkeit von Bacon, Descartes und Kant

Einige „große westliche Denker“, die durch AD geprägt sind, bildeten sich ein, die Renaissance sei eine Wiedergeburt der griechischen Antike. Sie haben damit ihr AD quasi heiliggesprochen. Ich zitiere drei von ihnen.

Immanuel Kant (1724-1804) lobt – im Gegensatz zu den Weisen – AD und die *empeiría*. Dies erkennt man daran, dass er wie folgt den „Ausgang (Austritt) des Menschen aus seiner selbstverschuldeten Unmündigkeit“ empfiehlt:[400] *„Habe Mut, dich deines eigenen Verstandes* (ratio) *zu bedienen.“* Damit wertet er den Verstand, Attribut von *psyché = sóma = séma,* auf und was diesem unzugänglich ist ab.

Auch René Descartes (1596-1650) blies zuvor schon aus demselben Horn:[401] *„Wahr ist alles das, was ich ganz klar*

[400] Quelle: Kant: *Beantwortung der Frage: Was ist Aufklärung?*

[401] Vgl. René Descartes: *Die Grundlagen der Philosophie*, OK-Publishing 2014.

und deutlich einsehe.“ Auch er verließ sich, so wie Kant, auf sein Sehen (*aphrosýne)* und AD (rationales Denken) und nicht auf SEHEN (*sophrosýne)* und PD[402], die ihm fremd waren.

Francis Bacon ging beiden Männern voraus, gilt er doch, wie schon angedeutet, als Wegbereiter der Aufklärung und modernen empirischen Wissenschaft. Diese basiert auf AD und der damit erworbenen *empeiría*, wovon unsere Kultur mit ihrem Fortschrittsglauben geprägt ist. Er betrachtet die *empeiría* in *Nova Atlantis* als Schlüssel zu einer besseren Welt im Einklang mit seinen Worten: *„Wissen ist Macht“.*

Damit widerspricht er Platon, für den der *Untergang von Atlantis* auf einseitiger (exzessiver) Hinwendung zur *empeiría* basiert, woraus sich – selbst bei guter Absicht – auf unvorhersehbare Weise oft Bedrohliches entwickelt, so wie es die Ökokrise bestätigt. Sie ist, ich wiederhole, die Reaktion der *némesis* auf einseitige übertriebene Weltzugewandtheit, die mit *hýbris* einhergeht.

Diese kritisiert auch Jesus, ich wiederhole und ergänze (1. Joh 15-16): *„Liebt nicht* (nur) *die Welt und was in der Welt ist! Wer* (nur) *die Welt liebt, hat die Liebe zum Vater nicht. Denn alles, was in der Welt ist, die Begierde des Fleisches, die Begierde der Augen und das Prahlen mit dem Besitz, ist nicht vom Vater, sondern von der Welt.“* Seine Worte sind mit dem *lógos* im Einklang. Sie sind die Basis zum Erwerb der *epistéme,* wobei es darum geht, sich selbst zu besiegen, um die eigene *hýbris* damit zu vermindern.

Die Worte von Bacon, Descartes und Kant verstärken hingegen die *hýbris* derer, die an ihre Empfehlungen glau-

[402] Mit Sehen ist weder *aletheia* noch Selbsterkenntnis möglich. Man bleibt in der *dóxa* gefangen.

ben. Sie geben Machtsuchenden die Macht, andere für sich zu gewinnen oder sie gar zu besiegen, was Lord Acton (1834-1902) dazu brachte, zu betonen: *„Macht korrumpiert und absolute Macht korrumpiert absolut!"*

Zuviel Macht bewirkt Ohmacht, so wie die Ökokrise zeigt! Ihre Überwindung ist nicht in den etlichen „Maßnahmen" zu finden, die philosophisch, theologisch, politisch und wissenschaftlich mit AD angedacht sind, da diese alle aus *hýbris* entstanden sind. Der erste Schritt zur Lösung wäre, dass jeder einzelne sich bemüht, seine zu erkennen und reduzieren.

Veredlung des Menschen durch Bildung?

Dies erahnte Wilhelm von Humboldt (1767-1835), der von „Veredlung des Menschen durch Bildung" spricht:[403] „Zu dieser Absicht aber muss er die Masse der Gegenstände (Diesseits = 10.000 Dinge) sich selbst näherbringen, diesem Stoff die Gestalt seines Geistes aufdrücken und beide einander ähnlicher machen. In ihm ist vollkommene Einheit und durchgängige Wechselwirkung, beide muss er also auch auf die Natur übertragen."

Ich entnehme seinen „klugen Worten", dass er die *philosophía* studierte. Er setzte sich, so wie auch Karl Popper, Martin Heidegger und andere nach ihm, mit ihrer *paideía* (Erziehung, Bildung) auseinander. Sie alle erkannten nicht, dass es bei *paideía* ursprünglich um die Rückführung (*anagogé*; Pfeil I) zur eidetische ESP-Wahrnehmung eines Kindes (*pais*), besser Kleinkindes (*paidíon*, das *eón* noch

[403] Humboldt, Wilhelm von (1960). *Werke.* Hrsg. von A. Flitner und K. Giel. Band 1. Darmstadt: Wissenschaftliche Buchgesellschaft. S. 24 in https://core.ac.uk/download/pdf/11596996.pdf

nahesteht) geht. Es geht um: *Werdet wie die Kinder.* Was sie der *paideía* andichten ist das Resultat ihres Wunschdenkens.

Ich sehe mich bestätigt in *Politeia* (VII, 518 d). Wir lesen darüber:[404] „Es muss also – wie Sokrates sagt – eine besondere ‚Kunst der Umkehrung *[tèchne tes periagoges]*' geben, die lehrt, auf welche Weise am leichtesten und wirksamsten die Seele (*psyché)* umgewendet werden kann, und zwar unter Berücksichtigung dessen, dass sie bereits sehen kann, aber es alleine nicht schafft, das Gesicht (zum SEHEN) zu wenden, ‚wohin es solle'."

Periagogé und *anagogé* – Umkehr (längs Pfeil I) zum Erwerb der *paideía* – sind im *Höhlengleichnis* mehrmals angesprochen. Dort geht es darum, die „Höhle" durch Üben (Bild 1) und nicht mit „AD-basierter Gedankenakrobatik" zu verlassen, die ich, so wie bei Bacon, Descartes und Kant, auch bei Humboldt, Popper und Heidegger erkenne.

2.6 Erkenne dich selbst durch *sophrosýne*

Die Etymologie von *sophrosýne* (ESP = SEHEN) verweist auf *sos* (gesund) und *phrén* (immaterielles Herz, Xin, im Umfeld des Zwerchfells). Für Platon führt sie in *Kritias* (164d-165a) zum „Erkenne dich selbst*": „Ja, ich würde sagen, dass das selbst beobachtete WISSEN* (durch Üben) *die Essenz der sophrosýne ist; und ich stimme mit der Person überein, die in Delphi die Inschrift ‚Erkenne dich selbst (gnothi seautón)' gewidmet hat".* Er betont in *Phaidon* (69a-c), dass es ohne *sophrosýne* keine Gerechtigkeit

[404] https://philarchive.org/rec/CUSDPD

(*dikaiosýne),* Eingebung (*phronésis)*[405] und Tugend (*arété)* gibt.

Heraklit (Frag. 112):[406] *„Sophrosýne bewirkt die größte Tugend (arété), Weisheit (sophía) heißt, die Wahrheit (aletheía) auszusprechen und danach zu handeln und auf die* (schöpferische) *Natur (phýsis) der Dinge zu achten."*

Laozi:[407] *„Der Weise, von seinem Inneren geleitet, bestimmt seiner Sinne Grenzen."* Laozis „Erkenne dich selbst" lautet (Kap. 33):[408] *„Wer andere kennt, ist klug. Wer sich selber kennt, ist weise."*

Die *sophrosýne* (SEHEN) geht für Theognis (2. Hälfte des 6. Jh. v.u.Z.) mit „sicherem Denken" – PD (*noeín)* – einher, das vor *hýbris* schützt. Für Platon ist mangelnde *sophrosýne* (Phaidros 237 e 2 ff, Nomoi 906 a 7 ff) *hýbris.* Obige Einsichten (Eingebungen) bleiben der *empeiría,* die auf *aphrosýne* (Sehen)[409] fußt, verschlossen. Kein Wunder, dass viele Meister auf deren Einschränkung hinweisen.

Zu ihnen zählt auch Jesus. Wir lesen (Apg 26,25)[410], dass er die Fähigkeit besaß, in einer Person die *sophrosýne*

---

[405] Es gibt aus frühgriechischer Zeit Hinweise, dass *phronésis* dem Herz (*phrén* oder *phrenes)* zugeordnet ist. Siehe S. 153 in *Leiblichkeit: Geschichte und Aktualität eines Konzepts*; Hrsg. Emmanuel Alloa, Thomas Bedorf et al. UTB GmbH. 2012.

[406] σωφρονεῖν ἀρετὴ μεγίστη, καὶ σοφίη ἀληθέα λέγειν καὶ ποιεῖν κατὰ φύσιν ἐπαίοντας.

[407] Tao-Te-Ching: www.georgkasper.de/misc/Tao_Te_Ching-Rudolf_Backofen.html

[408] Lao-Tse: www.iging.com/laotse/laotsed.htm (abgerufen am 07.07.2021)

[409] Textstellen dazu im *Theologischen Begriffslexikon zum Neuen Testament* (S. 4012-4013).

[410] S. 159 in Runar M. Thorsteinsson; *Jesus as Philosopher: The Moral Sage in the Synoptic Gospels*, Oxford University Press 2018. Meine Bemerkung: Jesus ist kein Philosoph, sondern geÜBTER *philósophos*.

(Yang-Liugen = Weisheitssinne) zu aktivieren. Diese führt – im Gegensatz zu *aphrosýne* (Yin-Liugen = weltliche Sinne) – zu gesichertem WISSEN (*epistéme)*, das nicht geglaubt werden braucht. Genau darum geht es, ich wiederhole und ergänze, auch in der *Pistis Sophía*[411]. Es geht um *pistis*[412] (Verlässlichkeit) und *elpis* (Sicherheit) durch Erwerb (Pfeil I) von Weisheit (*sophía)* und Tugend *(arété)*. Dies ist, ich wiederhole, eine persönliche Angelegenheit, dient aber indirekt dem Wohle der Gesellschaft!

Insofern ist die Auslegung der *epistéme (gnósis)* – auf der Basis der *aphrosýne* und AD – in den von mir zitierten Texten *hýbris.* Dies bestätigt die ihr zugeschriebene „Dichtkunst (*há te lektéon, hos lektéon)"* (Politeia, 392c-394c), die die Dichtkünstler selbst aber nicht als solche erkennen.

In der Tat, die *epistéme (gnósis)* ist mit AD den Texten der *philosophía* ohne Einweisung nicht zu entnehmen. Was diesen zugewiesen wird, ist spekulativ und will geglaubt werden. Es ist von der Wahrheit (*aletheía),* die die *philosophía* zugänglichen macht, weit entfernt. Nur sie führt in der Umkehr (*metanoia)* zur platonischen Bildung (*paideía)*.

---

[411] Die koptisch-christliche *Pistis Sophía* spricht, im Einklang mit Plotin, übungsbasierte Metaphern an. Dazu zählen Aufstieg *(anabasis)* – Hinaufführung *(anagogé)* (Pfeil I) – und Abstieg (*katabasis*, *aphixis)* (Pfeil II). Die *Pistis Sophía* berichtet auch, dass Jesus mit dem Auf- und Abstieg vertraut war.

[412] *Pistis* (πίστις, Überzeugung, Verlässlichkeit, Vertrauen) ist bei Parmenides das Ergebnis des sich „Überzeugens (πειθώ) von der Wahrheit".

Umkehr ohne Üben?

Wer meint, die Umkehr *(metanoia, periagogé)* sei nur „Eingeweihten" durch Üben möglich liegt falsch. Ich habe schon angedeutet, dass sie auch bis zu einem gewissen Grad durch Verinnerlichung von Sanxi (Drei Analytische Prinzipien) möglich ist, um mit dem *lógos* im Einklang zu leben. Dies vermindert die *hýbris*, die für Heraklit schwieriger als ein Feuer zu löschen ist. Die ist erfordert, um mit *némesis* zu kooperieren.

2.7 Die verwirrenden Metaphern für Yin und Yang

Wir lesen:[413] *„Einmal Yin und einmal Yang heißt das Dao". „Außerhalb von Yin und Yang ist das Dao nicht zu finden."* Ich hätte ohne Fangfus Hinweise zu Yin und Yang nicht erkannt, dass die von mir als äquivalent betrachteten Lehren mit anderen Worten darauf hinweisen. Aristoteles bietet z.B. – im Verweis auf die *Gesetzestafel von Pythagoras*[414] – folgende Äquivalente an. Yin: *dunkel, weiblich, vieles, rechts, gerade, schlecht.* Yang: *hell, männlich, eines, links, ungerade, gut.*

Es gibt viele Aussagen in biblischen und nicht-biblischen Schriften, die – wenn auch nicht direkt, so doch indirekt – auf obige Äquivalente von (Yin, Yang) hinweisen. Dazu zählen auch die Paarungen (Vieles, EINS), (Erde, Him-

---

[413] S. 58 in Cheng Yi; *Ercheng yishu.* Siehe Wenchao Li; *Die Christliche China-Mission Im 17. Jahrhundert: Verständnis, Unverständnis, Missverständnis.* Eine Geistesgeschichtliche Studie Zum Christentum, Buddhismus und Konfuzianismus. David Brown Book Company 2000.

[414] S. 14 in Ursula I. Meyer; *Das Bild der Frau in der Philosophie*; einFACH Verlag 1999.

mel), (Frau, Mann) und weitere. Sie deuten auf die Dualität des Diesseits hin.

Schöpfungsakt mithilfe von Yin und Yang

Ich erinnere daran, dass sich der Schöpfungsakt (Pfeil II) von zwei Standpunkten, A und D in Bild 2, mithilfe von Yin, Yang und ihrer Mischung (Yin/Yang) beschreiben lässt. Hier kommt die Formulierung des Akts von Laozi (Kap. 9) vom Standpunkt D mit meinen Kommentaren:[415] *„Das Tor* (Dao = Taiji = Yin/Yang) *des dunklen Weibs* (Yin) *und somit für die Wurzel* (den Ursprung) *von ‚Himmel und Erde* (Yang-Yin)‘ *gilt: Ununterbrochen, wie beharrend, wirkt es* (das Dao „aus sich selbst heraus“[416]) *ohne Mühe.“* Dies entspricht: Yin/Yang (Chaos = zirkulierende Mischung) ⇨ Himmel (Yang)-Erde (Yin). Dies wiederum ist, ich wiederhole, im Einklang mit Laozi (Kap. 25): *„Es gibt Chaos, das schon vor Himmel und Erde existierte, still und formlos. Es befindet sich in einem Zustand einer aus sich selbst heraus ernährenden kreisenden Bewegung.“*

Damit stimmig ist, ich wiederhole, Suhrawardi: *„Jede Bewegung mag zum Ende kommen, ausgenommen die kreisende Bewegung der himmlischen Sphären. Sie ist an keinen Ort im kósmos gebunden* (sie ist formlos).“ Damit im Einklang ist ebenso die Pythagoreische Weltentstehung (Pfeil II). Sie ist das Resultat des Aufstiegs (Porph. V. Pyth.

---

[415] Tao Te King: https://docplayer.org/153297084-Lao-tse-tao-te-king-uebersetzt-von-richard-wilhelm.html. (abgerufen am 09.07.2021)

[416] Dies ist eine Umschreibung für Wuwei (Wirken aus Wu).

44):[417] *„Im Zuge eines spontan sich bildenden Wirbels nimmt es* (Pfeil I) *die Form eines Eis an. Dieses Weltei* (*sphairos) zieht die umliegende Luft* (Qi) *ein*[418], *wird schwanger und gebiert* (Pfeil II) *ein doppelgeschlechtliches, männlich-weiblich* (Yang-Yin) *genanntes Lebewesen.“*

Hier kommt meine Erklärung: Der Dao-Übende wird durch seine Intensivierung von Wuwei zunehmend (Pfeil I) zum wirbelnden Qi-Ball (*sphairos,* Weltei, Kugelmensch, Yin/Yang). Dabei zieht Wuwei – vergleichbar mit der physikalischen Zentripetalkraft – gutes Qi (Yang-Qi = *pneúma*) in den Wirbel (das Ei) hinein. Dabei wird – vergleichbar mit der Zentrifugalkraft – gleichzeitig schlechtes Qi (Yin-Q = *sóma*) aus dem Wirbel herausgeschleudert.

Die damit erlangte Erleuchtung (in D) bestätigt den Akt (Pfeil II): Yin/Yang ⇨ Yin-Yang. Ich komme auf das, was ich hier anspreche, in meiner Erklärung des AEM (Kap.3) – mittels Bagua (Bild 3) –zurück. Dabei benutze ich Yin = Eva = *sóma* und Yang = Adam = *pneúma.*

Licht-Finsternis: Yang-Yin

Suhrawardis Äquivalent für Yang-Yin ist Licht (hell)-Finsternis (dunkel). Für ihn emaniert[419] (Pfeil II) alles Diesseitige (A) aus dem „Licht der Lichter“. Licht ist eine Metapher für Qi (nafs). Dies hilft der Rekonstruktion der

---

[417] S. 118. Christoph Riedweg; *Pythagoras: Leben, Lehre, Nachwirkung; eine Einführung.* C.H.Beck 2007.

[418] Der wirbelnde Qi-Ball (*sphairos*) zieht im Aufstieg zunehmend Yang-Qi an und stößt dabei Yin-Qi ab. Im Akt (Pfeil II) ist es umgekehrt.

[419] S. 298 in Peter Adamson; *Philosophy in the Islamic World.* Oxford University Press 2016.

UJ- aus der J-Version von Gen (1,3-4), die da lautet: *„Und Gott sprach: Es werde Licht! und es ward Licht. Und Gott sah, dass das Licht gut war. Da schied Gott das Licht von der Finsternis."*

Aus dem letzten Satz, der auf Yin/Yang ⇨ Yin-Yang (Pfeil II) hinweist, ist die im Aufstieg (Pfeil I) erkannte UJ-Version leicht zu extrahieren. Auf den Aufstieg verweist ebenso (Joh 8,12): *„Ich bin das Licht der Welt. Wer mir nachfolgt* (Pfeil I), *der wird nicht wandeln in der Finsternis* (A), *sondern wird das Licht des Lebens haben."*

Und Gott schuf sie als Mann und Frau

Yin/Yang ⇨ Yin-Yang (vom Standpunkt D) ermöglicht auch die Extrahierung der UJ-Version von Gen (1,27) aus ihrer J-Version, die da lautet: *„Und Gott schuf den Menschen zu seinem Bilde, zum Bilde Gottes schuf er ihn; und schuf sie als Mann und Frau."*

Daraus ergeben sich die drei Fragen: (1) „Welche Rolle spielt Moses, dem obige und weitere J-Versionen in der *Genesis* zugeschrieben sind?" (2) „Hat er deren ursprünglich erfahrbare UJ-Versionen im Aufstieg bestätigt?" (3) „Oder formulierte er sie – mangels Kenntnis ihrer Metaphern – zur J-Version um, an die es zu glauben gilt?"

Offenbar kannten Moses und Jesus die UJ-Versionen, aber nicht das *Volk von Nazareth,* denn Shams Tabrizi (1185-1248), Rumis Lehrer, zitiert in *Erzählungen (Maqalat)*[420] Jesus mit: *„O Volk von Nazareth, du kennst Moses nicht gut. Komm und sei mit mir, damit du Moses kennst."*

[420] The Conversations of Shams of Tabriz: https://sufism.org/sufism/writings-on-sufism/the-conversations-maqalat-of-shams-of-tabriz-2 (abgerufen am 09.07.2021)

Dafür, dass Moses die UJ-Version kannte, spricht auch die Etymologie seines Namens.

Ich möchte aber noch einmal betonen, dass mir wichtiger als Personen all das ist, was diese über den Akt übereinstimmend berichten, um so das S-Prinzip dahinter zu erkennen! Dies ist überwältigend, wenn man die Metaphern kennt, die es im Aufstieg hervorbringt.

Androgynität in der *Genesis*

Für Philon ist angeblich der „vollkommene Mensch (Dao-Lehre: Zhenren, Bibel: Adam)" – in D (*arché*) vor „Vertreibung (Pfeil II) aus dem Paradies (D)" – androgyn[421] und gottgleich. Auch Jesus und Adam werden – insbesondere in apokryphen Texten – androgyn dargestellt. Dies ist aber kein Genderattribut, sondern es geht dabei vielmehr darum, dass die *psyché* – so wie mehrmals angesprochen – Mischung aus *pneúma* (Adam) und *sóma* (Eva) ist, die sich im Auf- und Abstieg verwandeln. Ebenso sind männlich-weiblich keine Genderattribute, sondern so wie Yang-Yin Oberbegriffe für Paarungen, die sich im Auf- und Abstieg verwandeln. Meine Enthüllung des AEM (Kap. 3) zeigt im Detail, wie sich die Mischung von *pneúma* und *sóma* im Auf- und Abstieg verwandelt. Damit widerlege ich z.B. Augustinus, der androgyn mit bisexuell assoziiert. Dies

---

[421] Zum androgynen Adam in der Geschichte der jüdischen Schriftauslegung vgl. Daniel Krochmalnik; *Schriftauslegung. Das Buch Genesis im Judentum,* Stuttgart 2001 (Neuer Stuttgarter Kommentar, Altes Testament, 33/1), S. 40-57.

erkennt man auch daran, dass er explizit ablehnt, Adam sei androgyn (*De Genesis ad litteram* III, 22).[422]

„Männlich werden“

Wenn Jesus erleuchtet war, sollte er sich, so wie alle Meister, darüber bewusst gewesen sein, dass Männlein und Weiblein, ab einem gewissen Alter (Fangfu: ca. 30 Jahre), durch zu viel (weibliches/ weltliches/ irdisches) Yin-Qi (Xing, *sóma)* und zu wenig (männliches/ geistiges/ himmlisches) Yang-Qi (Shen, *pneúma)* geprägt sind. Je älter der Mensch wird, umso mehr mangelt es ihm an Yang-Qi.

Der Mensch, egal ob Mann oder Frau, wird daher mit zunehmendem Alter – allegorisch gesprochen – immer „weiblicher (irdischer)“. Er kann jedoch durch regelmäßiges Üben (Bild 1) sein Yang-Qi intensivieren, so dass er „männlicher (himmlischer)“ wird. Ich erinnere an Jesus (NHC II, 51, 18-26): *„Siehe, ich werde sie* (Maria[423] Magdalena) *führen, auf dass ich sie männlich mache.“*

Ich betone noch einmal: „Männlich werden“ ist die Empfehlung, sich vom Diesseits regelmäßig (Bild 1) ab- und

---

[422] Der androgyne Adam in der Alchemie: https://intersex.hypotheses.org/2592#_ftn10 (abgerufen am 09.07.2021)

[423] Miriam, Ursprung von Maria, ist sehr alt. Das Wort stammt wohl aus Ägypten, zusammen mit anderen typischen levitischen Namen wie Moses und Aaron. Miriam ist wahrscheinlich von einem Wort abgeleitet, das „Geliebte“ bedeutet. Aber für ein hebräisches Publikum schien es wohl, als hätte Miriam etwas mit *mara* (מרה) zu tun, was bedeutet, rebellisch oder ungehorsam zu sein. Beides steht nicht im Widerspruch, denn Maria (Miriam) Magdalena musste im Üben die weltlichen Gesetze ablehnen, um sich in „höhere Gefilde“ zu begeben.
Vgl. Bedeutung „Maria“:
www.abarim-publications.com/Meaning/Maria.html

der geistig-spirituellen Seite hinzuwenden, die in uns schlummert und erweckt werden kann. Dies ist keine Abwertung des Weiblich-Irdischen. Es ist genauso wichtig wie das Männlich-Himmlische. Wie immer gilt das richtige Maß. Dieses ist dem vereinenden PD leichter als dem trennenden AD zugänglich.

Laut Fangfu haben es besonders intellektuelle (kopflastige) Männer (so wie ich) – im Gegensatz zu erdverbundenen Frauen – schwer, erfolgreich zu praktizieren (männlich zu werden), was mich zum regelmäßigen Üben motiviert!

Männliche Wiedererinnerung

Die Etymologie von Zacharias[424], der Name eines Apostels und auch des „Vaters" von Johannes, verweist auf männlich *(sachar),* erinnern (*zakar*) und JHWH. Dabei hat männlich *(sachar)* mit dem Geschlecht des Manns *(isch*) genauso wenig wie weiblich *(neqewa*) mit dem der Frau (*ischa*) zu tun.

Sachar und *neqewa* sind Allegorien für Yang (männlich) und Yin (weiblich). Die Intensivierung von Yang und damit einhergehende Reduktion von Yin (Pfeil I) – in der (androgynen) Mischung (Yin/Yang = JHWH = EL) – bewirkt die Wiedererinnerung (*anamnésis*), worauf *zakar* hinweist. Damit ist der Name Zacharias und die ihm zugewiesene „männliche Wiedererinnerung" erklärt.

[424] Bedeutung „Zacharias":
www.abarim-publications.com/Meaning/Zacharias.html
(abgerufen am 09.07.2021)

2.8 Sterben, Tod und Wiedergeburt

Ich zitiere nun Äußerungen von und über Personen, die über Sterben berichten. Darunter sind Calanus, Sokrates und Jesus, die die Erleuchtung erlangt haben.

Nahtoderfahrungen

Elisabeth Kübler-Ross[425], die viele Nahtoderfahrungen analysierte, betrachtet den Tod als befreiendes Erlebnis. Sie meint, es gäbe zu wenig Urvertrauen in die Schöpfung. Sie führt die Furcht vor dem Tod auf die „heutige Angst vor dem Leben" zurück. Furcht ist, so wie auch Glauben, kulturgeprägt. Oder haben neugeborene Babys etwa Angst vor dem Tod? Urvölker haben weniger als zivilisierte. Hier kommt, was Erleuchtete darüber berichten.

Alexander der Große erlebt den Tod von Calanus

Folgende Geschichte zeigt, dass auch Alexander der Große, Schüler von Aristoteles, dem bekanntesten Schüler von Platon, der wiederum Schüler von Sokrates war, nach Weisheit suchte:[426] Er erreichte mit seinem Heer im April 326 v.u.Z. das pakistanische Punjab (Westpakistan). Sein Biograph, Arrian von Nikomedia, stellt fest, dass er dort ehrwürdige Weise traf und persönlich befragte. Daraufhin stampften diese mit ihren Füßen. Er fragte, was sie damit bezwecken wollten. Sie antworteten: [427]*„König Alexander,*

[425] Vgl. https://de.wikipedia.org/wiki/Elisabeth_K%C3%BCbler-Ross

[426] Kurzgefasste Übersetzung von Calanus: www.livius.org/articles/person/calanus/

[427] Arrian: *Alexander the Great and the Indian wise men:* www.thelatinlibrary.com/imperialism/readings/arrian.html

jeder Mensch kann nur so viel von der Erdoberfläche besitzen, wie worauf wir hier stehen. Du bist nur ein Mensch wie der Rest von uns, abgesehen davon, dass du immer strebsam bist und nichts Gutes im Sinn hast. Du bist so viele Meilen von deinem Zuhause entfernt ein Ärgernis für dich selbst und andere. Ah, gut! Du wirst bald tot sein, und dann wirst du genauso viel von dieser Erde besitzen, wie es notwendig ist, dich zu begraben." Alexander stimmte sofort ihren Worten zu, obwohl sein Verhalten immer das genaue Gegenteil von dem war, was er an den Weisen bewunderte.

Er lud sie ein, sich ihm auf seinen Rückzug nach Mazedonien anzuschließen. Aber ihr Anführer Dandamis lehnte ab. Er kritisierte den weisen Calanus, der die Einladung annahm. Dieser war in Punjab nie krank. Als er von dort in den Iran kam, wo Alexanders Armee Persepolis und das biblische Susa zerstörte, verließ ihn seine Kraft. Er erzählte Alexander, er wolle lebendig verbrannt werden. Er legte sich – vermutlich in Susa – mit gehöriger Feierlichkeit auf einen Scheiterhaufen. Alexander fühlte sich unwohl, das seltsame Spektakel zu bezeugen, denn Calanus war bereits sein Freund.

Alle anderen im Heer waren verblüfft, als sie sahen, dass Calanus nicht das geringste Zeichen von sich gab, während er in den Flammen dahinschrumpfte. Er sagte angeblich:[428] *„O, du herrliches Scheiden vom Leben, indem die psyché* (Seele) *nach Verbrennung des sterblichen Körpers, wie es Herakles zuteil ward, zum Licht emporsteigt."*

---

[428] Siehe XX:3.46 in https://www.projekt-gutenberg.org/cicero/weissa1/chap002.html (abgerufen am 09.07.2021)

Als Alexander ihn zuvor bat, einen letzten Wunsch zu äußeren, antwortete er: *„Sehr wohl, in den nächsten Tagen werde ich dich wiedersehen."* Dies traf ein. Alexander starb kurz darauf in Babylon im Alter von nur 33 Jahren. Was ihm widerfahren ist, hätte auch mir mehrmals – auf meinen „oft riskanten Odysseen durch die äußere Welt", die mich auch nach Westpakistan, Persepolis und Susa führten – passieren können.

Sokrates letzte Worte vor seinem Tod

Sokrates' Antwort auf sein Todesurteil ist (Apologie 40b-41a): *„Es muss wohl so sein, dass es etwas Gutes ist, was mir zustieß."* Der Grund für seine Zuversicht ist wohl seine „Todeserfahrung in der Erleuchtung (D)". So konnte er seinem „Ausscheiden aus dem Leben" entspannt entgegenschauen.

Ich zitiere nun die Passage aus *Phaidon* zwischen ihm und Simmias:[429] *„Bedeutet ‚Tod' dann nichts anderes als die Trennung von Seele (psyché) und Leib?"*, fragte Sokrates. *„Und bedeutet daher ‚tot sein' nichts anderes als: dass der Leib gänzlich für sich ist, von der Seele frei, und auch die Seele rein für sich, vom Leib frei? Ist ‚Tod' denn als etwas Anderes zu verstehen?" „Nichts Anderes!"*, antwortete Simmias. *„Wann also"*, fragt Sokrates, *„wird die Seele der Wahrheit habhaft? Denn indem sie mit Hilfe des Leibes etwas zu ergründen versucht, wird sie durch ihn ja offenbar irregeführt."*

Ich hoffe, Leser*innen haben meine „Gedankengänge" bisher ausreichend nachvollzogen, um zu erkennen, um

---

[429] *Der letzte Tag des Sokrates:* www.w-k-essler.de/pdfs/Sokrates.pdf (abgerufen am 09.07.2021)

was es im Zitat geht. Dazu sollten sie sich an die drei Metamorphosen der *psyché* (Pfeil I und II) erinnern und zwischen *SÓMA* und *sóma* unterscheiden, die beide mit Leib übersetzt werden.

Reinkarnation?

Fangfu erklärte seinen Schülern das weltweit häufig beobachtete Phänomen, das eine Wiedergeburt (Reinkarnation) vermuten lässt, jedoch keine ist. Um was geht es? Nun, es gibt Menschen, insbesondere „Kinder mit reinem Herzen", die über historische Geschehnisse in der Vergangenheit berichten, denen man entnehmen könnte, sie seien wiedergeboren.

Sie sind es aber nicht, sondern haben, laut Fangfu, vielmehr das Qi-Feld (Platon: *daimon*) eines Verstorbenen aufgefangen, von denen im *kósmos* unzählige herumschwirren (so wie heute EM-Felder im physikalischen Kosmos). Sie haben diesem Qi-Feld die Information entnommen, von der sie meinen, sie stamme aus ihrem früheren Leben.[430]

Sie haben also – im heutigen Computerslang – „die Info im Qi-Feld eines Verstorbenen in ihr Herz *(phren)* downgeloadet". Dazu ist zu sagen, dass Fangfu mit seinen Yang-Liugen (*sophrosýne)* mehrmals SAH, wie das Qi *(psyché,* nafs, Atman) einer Person nach deren Tod – zum physikalischen Himmel – aufstieg.

---

[430] Fangfu: *Die Wissenschaft kann nichts entdecken, was in der Natur nicht schon vorhanden ist.*

Sterben, Tod und Auferstehung Jesu

Ich überlasse es Leser*innen – in Anbetracht meiner bisherigen Äußerungen über Sterben, Tod und Auferstehung als Allegorien – folgende Zitate zu interpretieren. Gefragt ist kein Meinungs- oder Glaubenskonsens, sondern die Antwort, die Jesus, der in Gleichnissen spricht, mit Wahrheit verbindet. Ich hoffe, mein Buch liefert genügend Anregungen, um diese – mithilfe meiner Hinweise – zu erahnen:

„*Jesus hatte aber von seinem Tod gesprochen, während sie meinten, er spreche von dem gewöhnlichen Schlaf* (Joh 11,13)."

„*Da sagte Thomas, genannt Didymus*[431], *zu den anderen Jüngern: Dann lasst uns mit ihm gehen, um mit ihm zu sterben* (Joh 11, 16)."

„*Gott hat Jesus von den Toten auferweckt* (1. Thess 1,10)."

„*Am dritten Tage wieder auferstanden von den Toten* (2. Kor 15)[432]."

„*Denn wer sein Leben erhalten will, der wird es verlieren; wer aber sein Leben verliert um meinetwillen, der wird es finden* (Mat 16,25)".

---

[431] Thomas leitet sich ab aus dem aramäischen *ta'am,* was „gepaart" oder „Zwilling" bedeutet. Deshalb wird Thomas in der Bibel auch Didymos genannt. Dies ist, wie die Etymologie vieler anderer Namen, eine Metapher für das dualistische (gepaarte) Diesseits, das im Sterben (Pfeil 1) zu überwinden ist.

[432] Es gibt nirgendwo Hinweise, dass hirntote Menschen wieder zum Leben erweckt werden können. Selbst wenn es, so wie im NT behauptet, möglich wäre, würden sich die von mir zitierten Erleuchteten weigern, nach ihrem leiblichen Tod wiedererweckt zu werden.

2.9 *Genesis* kontra Evolutionstheorie

Alles, was ich bisher in Band I und II berichtet habe, dient meiner Enthüllung der Urversion der *Genesis* (Kap. 3), die sich als stimmig mit meiner Beschreibung des spirituellen Schöpfungsakts (Pfeil II) erweist. Ich grenze diesen Akt nun von der nicht-spirituellen Evolutionstheorie ab, die ich in meine beruflichen Aktivitäten als Geophysiker integrierte. Diese beruht auf dem Aktualitätsprinzip. Dies impliziert, dass der evolutionäre Wandel in Raum und Zeit – in historischer Vergangenheit bis Jetzt – den bisher erkannten biologischen, chemischen und physikalischen Naturgesetzen genügt, die durch Sehen (*aphrosýne)* erfasst werden.

Es irritiert mich, dass viele „kluge Menschen“ die Evolutionstheorie als die einzig wahre Schöpfungslehre akzeptieren. Es verwundert mich daher nicht, dass selbst Vertreter des Klerus diese nun – im Verlangen nach gesellschaftlicher Akzeptanz – nicht länger infrage stellen. Papst Franziskus erklärt[433], sie sei mit der *Genesis* im Einklang.

Mit welcher? Ihrer UJ-Version, die ich schon teilweise aus der J-Version enthüllt habe und noch weiter entschleiern werde (Kap. 3)? Oder gar mit ihrer „märchenhaften“ P-(priesterlichen)-Version, zu der folgende Zitate zählen?

(1) Gen (3, 2): *„Da sprach das Weib zu der Schlange: Wir essen von den Früchten der Bäume im Garten.“*

(2) Gen (3,7): *„Sie hefteten Feigenblätter zusammen und machten sich einen Schurz.“*

---

433 *Wissenschaft und Glaube* (2014):https://www.spiegel.de/panorama/gesellschaft/papst-franziskus-kein-konflikt-zwischen-evolution-und-schoepfung-a-999893.html (abgerufen am 05.07.2021)

(3) Gen (3, 21): „*Gott, der Herr, machte Adam und seiner Frau Röcke aus Fellen und bekleidete sie damit.*“

Sie und viele andere Äußerungen sind „Dichtkunst“. Sie sind mit dem im Aufstieg erfahrbaren *lógos* nicht im Einklang. Dies gilt aber nicht für die UJ-Version, die dem S-Prinzip genügt und der ich mich in Kap.3 zuwende.

Beseeltheit des *kósmos*

Für die Meister, die den Akt (Pfeil II) im Aufstieg (Pfeil I) mit SEHEN erfassen, ist der *kósmos* lebendig (beseelt). Dies schließt das Diesseits – sein mit *aphrosýne* wahrgenommenes Abbild – mit seinen gesellschaftlich geprägten Gegensätzen wie leblos-lebendig, richtig-falsch mit ein.

Für SEHENDE ist jedoch alles beseelt („Alles ist Qi“), jede Pflanze, jedes Tier, jeder Stein. Damit wurden sie schon früh zur Zielscheibe der vom Klerus kritisierten Beseeltheit der schöpferischen Natur (natura naturans), die auch indigene Völker seit eh und je verinnerlichen und daher mit der Schöpfung einen natürlichen Umgang pflegen. Doch nicht nur sie, sondern ihr Pantheismus (Allbeseeltheit der Natur), galt dem Klerus als unbeseelt.[434]

---

[434] 1493 hatte Papst Alexander VI. [...] die Kolonialmächte aufgefordert, die "barbarischen Nationen" der Ureinwohner zu unterwerfen. Bereits einige Jahrzehnte zuvor hatte Papst Nikolaus V. in einer Bulle die Erlaubnis erteilt, Nicht-Christen in die Sklaverei zu zwingen. Wir lesen: „Im Januar 2010 kritisierte der Vatikan den Pantheismus aufgrund dessen Verneinung einer menschlichen Überlegenheit über die Natur und warf Pantheisten vor, die Erlösung in der Natur und nicht in Gott zu suchen.“ Vgl https://de.wikipedia.org/wiki/Pantheismus#Kritik_am_Pantheismus (abgerufen am 22.02.2022). www.katholisch.de/artikel/13539-fundament-fuer-die-menschenrechte (abgerufen am 05.07.2021)

Abstieg (Evolution) im Zeitraffer

Ich kam durch meinen interessanten Beruf mit Ureinwohnern in Australien, Ostafrika, USA, aber auch im Amazonasgebiet in Kontakt. Ich möchte kurz darauf hinweisen, was der ehemalige Missionar und Linguist Prof. Daniel Everett über die Sprache der Pirahã-Amazonasindianer schreibt, die er erlernte.[435] Er zeigt auf, dass diese in ihrer Struktur anders ist, als es der Linguistik-Papst Noam Chomsky allen Sprachen weltweit unterstellt. Everett hebt hervor, dass die Pirahã weder Vergangenheit noch Zukunft und auch keine Zahlen kennen. Sie lebten über Jahrtausende hin in „ewiger Gegenwart (Präsenz)". Da sie nun die Zivilisation „überrollt", verändert sich nicht nur ihr ganzheitliches Denken und Wissen, sie entwickeln auch zunehmend Zivilisationskrankheiten.

[435] Daniel Everett; *Das glücklichste Volk: Sieben Jahre bei den Pirahã-Indianern am Amazonas*, Pantheon Verlag 2012. Die Glücklichen des Amazonas - YouTube.

Kapitel 3. Enthüllung der *Genesis*

Meine folgende Enthüllung dient, wie ich zeige, nicht nur der Rekonstruktion der ursprünglichen spirituellen UJ-Version der *Genesis* aus ihrer J-Version, sie vertieft auch das Verständnis aller bisher zitierten Metaphern und Mythen, bevor diese verzerrt wurden.

Der größte spirituelle Kulturschatz der Menschheit

Ich zähle die UJ-Version der *Genesis* – gemeinsam mit allen obigen Formulierungen des Akts (Pfeil II) aus unterschiedlichen Kulturen – zum größten universellen spirituellen Kulturschatz. Jesus wusste wohl, worum es dabei geht (vgl. Kol 2,3): „*In ihm* [Christus] *sind alle Schätze der Weisheit und Erkenntnis verborgen.*" Zu diesen Schätzen zählt, dass sich den Meistern der *kósmos* (Pfeil I und II) seit Jahrtausenden als „lebendiges Wesen (Weltseele)" offenbart.

Weltseele: Qi = *psyché* = nafs = *ruach* = Atman

Fangfu: „*Alles ist Qi. Alles ist durchdrungen von Qi, man kann es mit den Yin-Liugen nicht sehen, nur mit den Yang-Liugen wahrnehmen.*" Für Platon (Phaidros. 276a) ist der *kósmos,* so wie auch der *lógos* lebendig und beseelt. Ebenso für Plotin (2. Enn 10, 13, auch 9.8): „*Der kósmos ist ein organisiertes, effektives, allumfassendes Leben von unergründlicher Tiefe.*" Auch Ibn al-Arabi (1165-1240), der von mir genau so viel Aufmerksamkeit wie Suhrawardi verdient hätte, erwähnt, so wie andere traditionelle Sufis, die Universelle Seele (al-wujūd-al-munbasiṭ, an-nafs alkullīyyah)[436]. Auch Atman ist für die Anhänger des *Advaita Vedanta* mit der Weltseele identisch, womit Brahman übersetzt wird.[437]

Wir lesen im Einklang damit (Psalm 33:6*): „Durch das Wort* (den *lógos) des Herrn wurden die Himmel gemacht und durch den Odem (ruach) seines Mundes ihr ganzes Heer.“*

Schöpfungsakt von zwei Standpunkten

Yin und Yang sind Gegensatzpaare zugewiesen, die im Auf- und Abstieg miteinander „kämpfen“. Sie beschreiben, ich wiederhole, den Akt (Pfeil II) von zwei Standpunkten. (1) Von A: Yang ⇨ Yin/Yang ⇨ Yin. (2) Von D: Yin/Yang ⇨ Yin-Yang. Beide sind in der Rekonstruktion der UJ-Version aus der J-Version zu berücksichtigen.

Der Akt entspricht, ich wiederhole, kurzgefasst vom Standpunkt A (Bild 2): Shen ⇨ Qi ⇨ Xing. Er entspricht in der Terminologie der *philosophía*: *pneúma* ⇨ *psyché* ⇨ *sóma*. So wie Qi Mischung aus Xing und Shen ist, ist es *psyché* aus *sóma* und *pneúma,* ebenso Wuyou aus You und Wu. Was für Qi und *psyché* zutrifft, gilt auch für nafs, *ruach* und Atman.

Ich wiederhole und ergänze, zumal es der Rekonstruktion der UJ-Version der *Genesis* aus ihrer J-Version dient: Qi ist Oberbegriff für (Xing, Qi, Shen)[438], *psyché* für *(sóma,*

[436] https://en.wikipedia.org/wiki/Sufi_metaphysics

[437] https://dewiki.de/Lexikon/Atman

[438] Meine Schule nennt Xing auch Yin-Qi und Shen auch Yang-Qi. Qi ist Mischung aus Yin-Qi und Yang-Qi. Yang-Qi nimmt im Aufstieg zu und Yin-Qi ab. Im Abstieg ist es umgekehrt.

psyché, pneúma), Dao (Taiji, Wuyou) für (You, Wuyou, Wu) (Bild 2) und *okeanós* für *(gaía, okeanós, ouranós).*

Rekonstruktion der UJ-Version der *Genesis*

Hilfreich zur Rekonstruktion der UJ- aus der J-Version sind

(1): Yin = Xing = *sóma* (Eva), Yang = Shen = *pneúma* (Adam) und Yin/Yang = Qi = Mischung (Xing/Shen = *sóma/pneúma)*.

(2): Yin = You = *gaía,* Yang = Wu = *ouranós* und Yin/Yang = Wuyou = *okeanós.*

Bemerkenswert ist, dass Yang (陽) das Schriftzeichen für Sonne (日) beinhaltet. Laut Fangfu ist und bleibt die Lehre von Yin und Yang – im Gegensatz zu Sanjie Jiuxi (drei Welten und neun Prinzipien) – unvollständig.

Zur J-Version zählt (Gen 1,2) *„Der Geist (pneúma) Gottes schwebt über dem Wasser (okeanós).“* Dahinter verbirgt sich ihre UJ-Version vom Standpunkt A: *Ouranós* (Himmel) ⇨ *okeanós* (Meer, Wasser) ⇨ *gaía* (Erde). Diese geht einher mit: *pneúma* ⇨ *psyché* ⇨ *sóma.* Damit ist das Zitat erklärt (Gen 1,2), wonach der „Geist *(pneúma)* Gottes“ über dem „Wasser *(okeanós)*“ schwebt.

Ich komme nun zu (Gen 1,1-2): *„Am Anfang schuf Gott Himmel und Erde. Und die Erde war tohu wa-bohu.“* Hinter dieser J-Version des Akts steckt – zur Erklärung des ersten Satzes – die UJ-Version vom Standpunkt D: *okeanós* (Meer) ⇨ [*ouranós* (Himmel) - *gaía* (Erde)]. Diese beinhaltet: Aus dem formlos EINEN (1, *hèn*, Gott) emaniert das formvolle vielgestaltige dualistische Diesseits (Himmel-Erde = Yang-Yin). Die UJ-Version des zweiten

Satzes in (Gen 1,1-2) sollte mit der des ersten stimmig sein.

Tohu ist „Öde (Leere)“, *wa* „und“ und *bohu* drückt „ungeordnet (formlos, chaotisch)“ aus.[439] *Tohu wa-bohu* ist das formlose Chaos (EINE), das in A als das formvoll Viele oder Erde wahrgenommen wird. Diese wiederum erscheint vom Standpunkt D als Himmel-Erde.

Damit habe ich gezeigt, dass obige zwei *Genesis*-Zitate den Akt (Pfeil II) erkennen lassen. Dies gilt für weitere Zitate aus *1. Buch Mose*, das im Altgriechischen *Génesis* genannt wird. Seine UJ-Versionen, die ich aus ihren vorliegenden J-Version extrahiere, sind mit allen Beschreibungen des Akts aus unterschiedlichen Kulturen stimmig. Sie sind somit universell.

3.1 Entmystifizierung des *Adam-Eva-Mythos*

Ich habe schon einiges über den AEM angedeutet, aber die Interaktion zwischen Adam und Eva (Bild 7) noch nicht ausreichend erklärt. Dies soll nun geschehen, zumal die folgende Enthüllung des AEM allen bisherigen Beschreibungen des Auf- und Abstiegs dient.

Adam und Eva sind Metaphern für *pneúma* (höchste *psyché*) und *sóma* (unterste *psyché*)., die – so wie viele andere im AT und NT – mit AD missinterpretiert werden. Der Grund ist, dass beide verweltlicht (verkörpert, begreifbar gemacht) und somit zum *mythos* – Schatten an der „Höhlenwand“ – degradiert wurden

[439] Dr. Karl Feyerabend; *Langenscheidts Wörterbuch Althebräisch-Deutsch zum Alten Testament*, S. 25 u. 285.

Was ich Adam-Eva im Folgenden zuweise, ist, wie angedeutet, stimmig damit, was Philon[440] und Suhrawardi berichten. Dies hätte ich ohne Fangfus Hinweise über die interagierenden Existenzen (Xing, Shen) von Qi – Oberbegriff von (Xing, Qi, Shen) – jedoch nicht erkennen und somit den AEM auch nicht enthüllen können.

Ich hätte aus der vorliegenden J-Version des AEM seine UJ-Version, die *kosmogonía* und äquivalenten Beschreibungen des Akts nicht extrahieren und somit auch nicht zeigen können, dass sie stimmig sind. Ich hoffe, folgende Enthüllung des AEM zeigt, dass es nur einen einzigen „wahren und bereits vollständig erkannten Akt" und nicht viele gibt.

Adam und Eva (Hawa) bei Suhrawardi

Eva (Hawa)[441] ist, ich wiederhole, in Suhrawardis Dreiteilung von nafs (*psyché*) eine Metapher für die unterste „tierische *psyché* (nafs-i ḥayawānī)" und Adam für die höchste „spirituelle *psyché* (nafs i-ruhani[442])". Die tierische wird mit äußeren Sinnen (Sehen) und höchste mit den zuneh-

---

[440] Die Etymologie von Philon – zusammengesetzt aus *philía* und *(e)ón* (SEIN) – ist ein Indikator für seine meisterliche Kompetenz. Daraus schließe ich, dass Philon nicht sein Familienname, sondern – so wie unter Meistern üblich – Künstlername ist. Weitere Beispiele dafür sind Laozi: „der Alte", Sokrates: „mit ganzer Kraft", Platon: „Wissender des *eón*" und Fangfu: „so wie Buddha".

[441] A. H. Almaas; *The Inner Journey Home*: Soul's Realization of the Unity of Reality, Shambhala 2004. Siehe dort: *The Awarif U'lMa'arif,* pp. 136-137; *Nafs is the result of ruh; ruh, of order,* usw.

[442] Hier besteht ein etymologischer Zusammenhang zum hebräischen *rûaḥ* im *Tanach.*

mend im Aufstieg aufgedeckten inneren Sinnen (SEHEN) erfasst.[443]

Dadurch, dass Suhrawardi die menschliche *psyché* (nafs i-insāni) zwischen beide platziert, deutet er an, ich wiederhole und ergänze: „Der Mensch ist erst ‚Mensch', wenn er eine gewisse spirituelle Höhe (Pfeil I) erreicht hat."

Damit spricht er die Rückkehr (ma'ad) zum Ursprung (D) in der Erleuchtung (ishraq) an, die er „vollkommene Verliebtheit" (kāmil al-'ishq al-qudsī) nennt. Damit offenbart sich der „Herr der Liebe und Schönheit (ṣāḥib al-maḥabba wa'l-ḥusn)" oder „Herr der Venus oder Aphrodite (al-zuhra)".

Suhrawardi spricht auch – im Einklang mit Zoroaster – von der „Hierarchie (Pfeil I und II) der Lichter"[444]. Er platziert al-anwar (Licht der Lichter)[445] an ihre Spitze (D). Er zitiert Johannes im *Buch der Tempel und des Lichtes* (20,17):[446] *„Geh aber zu meinen Brüdern und sag ihnen: ‚Ich gehe hinauf* (Pfeil I) *zu meinem Vater und eurem Vater, zu meinem Gott und eurem Gott."*

---

[443] Suhrawardis unterscheidet, so wie alle Meister, zwischen inneren Sinnen (al-ḥawāsal-bāṭina) und äußeren Sinnen (al-ḥawāsal-ẓāhira), d.h. zwischen Yang-Liugen (*sophrosýne)* und Yin-Liugen *(aphrosýne*).

[444] Damit ist die sich im Auf- und Abstieg stufenweise wandelnde Qi *(psyché,* nafs, ATMAN)-Wahrnehmung gemeint.

[445] Fangfu war sehr bemüht, das alte Dao-Vokabular in ein modernes wissenschaftliches Gewand zu kleiden. Er bezeichnet „Lichter"– in Anlehnung an physikalische Felder – Qi-Felder. Diese sind lebendig, während physikalische – auf der Basis des Sehens *(aphrosýne)* – als leblos betrachtet werden. Auf der Basis des SEHENS *(sophrosýne)* ist alles lebendig.

[446] S. LVIII in Henry Corbin: *The Voyage and the Messenger: Iran and Philosophy*, North Atlantic Books 1998.

Adam und Eva bei Philon

Philon ist zugeschrieben:[447] „Adam steht für das (noetische) Denken *(nous),* Eva für die (diesseitige) Wahrnehmung *(aisthesis).* Der Garten Eden steht für höchste Freude, die Schlange für die Begierde. Kain symbolisiert den *protagonistés*, Abel die Frömmigkeit."

Dies bestätigt: Adam = *kósmos noetós* (*nous)* und Eva = *kósmos aisthetos.* Beide sind stimmig mit: Adam = *pneúma* (höchste *psyché*) und Eva = *sóma* (unterste *psyché*). Adam geht mit *noeín* (AD) und Eva mit *dianoeín* (PD) einher.

Ich komme zu Frömmigkeit. Sie ist eine Fehlübersetzung für die durch Üben erworbene Kompetenz, sich von der Welt innig abzuwenden, um den *lógos* zu erfahren.

Hinter Philons „Garten Eden" – Platons „Schau des Schönen" und „höchste Freude" – verbirgt sich die Erfahrung des *lógos (eón = kósmos noetós = nous).* Diese intensiviert sich im „trunkenen Tanz", womit – im „Kampf" zwischen Adam *(pneúma)* und Eva (*sóma*) – der Aufstieg erfolgt. Dies zeige ich nun im Detail mit Verweis auf Bagua (Bild 3).

Doch bevor ich Bagua zur Auslegung des AEM benutze, zitiere ich noch kurz die wichtigsten Metaphern des AEM, die ich noch umfassender als bisher enthülle. Diese sind: Vertreibung (Pfeil II) aus dem Paradies (D), Adam und Eva, Garten Eden, Schlange, Baum der Erkenntnis von Gut und Böse, Verbot Gottes, Genuss der Früchte, Systematik der Früchte, Zahl Vier und Vierte Frucht.

---

[447] Vgl. Alexandria:
https://de.wikipedia.org/wiki/Philon_von_Alexandria

Diese und weitere Metaphern haben Inhalte, die im Aufstieg zunehmend „aus sich heraus" erfahren werden. Ich hoffe, dass Leser*innen, die mir bisher aufmerksam folgten, schon erahnen, was sich hinter einigen davon verbirgt.

Schlange

Gen (3,1-6) betont die verführerische Rolle der Schlange *(python)*. *Python* verweist auf *pythein* („verderben"). Sie allegorisiert – so wie im *Apollon-Python-Mythos* – die Lust am vergänglich (verderblich) Irdischen (A), am Fleisch *(sarx)* und Weiblichen (Yin). Sie hinderte Zeus, Apollon, Herakles und andere daran, sich von der dualistischen Welt (Yin-Yang) – *sóma* (Eva) = *séma* (Grab) – zum EINEN *(hèn* = Yin/Yang) zu erhöhen, was ihnen dennoch gelang.

Baum der Erkenntnis und Früchte

Platon nennt in *Phaidros, Nomoi* und *Timaios* die im Aufstieg (Pfeil I) „aus sich heraus" zunehmend erkannte Ordnung des *kósmos* (Pfeil II) *dihaíresis*[448]. Sie charakterisiert den „Stammbaum des Menschen (Pfeil I und II)", der durch die *Tetraktys* und das *Tetragrammaton* (Bild 4 und 5) symbolisiert ist. Diesem „spirituellen Baum" werden Welten, Stufen, Herren, Symbole, Zahlen, Lichter, Lichtjungfrauen, Städte, Planeten, Früchte und Kräfte zugewie-

---

[448] *Dihaíresis* ist eine Substantivierung des Verbs *dihairéin* (trennen, auseinandernehmen, (zwei)teilen, unterscheiden). Es setzt sich zusammen aus *hairéin* (nehmen) und der Vorsilbe *diá* (auseinander). Siehe S. 395 in Henry George Liddell, Robert Scott; *A Greek-English Lexicon,* 9. Auflage, Clarendon Press, Oxford, 1940.

sen. Er ist im *Buch Bahir* erwähnt:[449] *„Alle göttlichen Kräfte sind übereinander gelagert und wie ein Baum [...].“*

Auch die zehn Emanationen (Sephirot, Sefirot)[450], die die „Welten der *Kabbala*“ erklären, beziehen sich darauf. Ihr Urgrund (Dao, Taiji, *logós, theós, kósmos noetós)* liegt in *Ain Soph* (hebr.: nicht endlich, also unendlich).[451] Die Welten verdichten sich im Akt (Pfeil II) bis sie sich in der physikalischen (materiellen, exoterischen, dunklen) Welt (A), *kósmos aisthetos,* manifestieren.

Systematik der Früchte, Vierte Frucht und Essen sind Allegorien für die sich im Aufstieg – „im Erklettern (Pfeil I) des Baums der Erkenntnis“ – intensivierende ESP-Wahrnehmung in vier Stufen. Der Praktizierende genießt dabei die „Früchte“, die er in der Erleuchtung (D) gänzlich „verzehrt (gegessen)“ hat. „Vierte Frucht“ und „Zahl Vier“ entsprechen der 4 in der Folge 1,2,3,4 (Bild 2), der „Systematik der Früchte“ oder JHWH: Monade, Dyade, Triade, Tetrade.

3.2 *Sóma* (Eva) und *pneúma* (Adam)

Was nun folgt, ist zur Entschlüsselung der *Genesis,* z.B. der Auslegung von Gen (2,21) unverzichtbar: *„Und Gott der Herr baute ein Weib aus der Rippe, die er vom Menschen* (Adam) *nahm.*“ Das Zitat ist eine Verzerrung der UJ-Version und daher mit dem *lógos* nicht im Einklang. Die von mir rekonstruierte UJ-Version hingegen ist es, wie ich

---

[449] G. Scholem; *Sefer ha-Bahir - Das Buch Bahir: Ein Schriftdenkmal aus der Frühzeit der Kabbala.* Aurinia Verlag 2016.

[450] Jede höhere Welt ergießt sich in die darunterliegende.

[451] Ain = Äon verweist somit auf *eón* (SEIN).

nun zeige. Alles, was zu ihr gehört, muss stimmig sein. Es ist obendrein universell.

Auslegung des *Adam-Eva-Mythos* mit Bagua

Bagua symbolisiert das Diesseits (A) vor dem Aufstieg. In Bagua sind alle höheren Welten latent enthalten. Der leere Kreis in Bagua – ohne beide „Fische“ – ist der Taiji-Kreis. Er symbolisiert das EINE *(hèn)*, die Mischung Yin/Yang = Taiji = Dao = *lógos =kósmos noetós)*. Daraus emaniert in vier Stufen (Pfeil II) die Wahrnehmung, die sich hinter Sixiang (4) verbirgt. Es ist das Symbol innerhalb von Bagua (Bild 3), dem acht Trigramme hinzugefügt sind.

Ich benutze nun Bagua zur Rekonstruktion der UJ-Version des AEM aus seiner J-Version. Dazu greife ich auch auf die Dao-Lehre, *philosophía* und *Hikmat al-Ishraq* zurück. Sie berichten, mit eigenem Vokabular, über den „Kampf“ zwischen *sóma* und *pneúma* oder Eva und Adam.

Dieser geht im Aufstieg, ich wiederhole, einher mit: *neíkos* ⇨ *philía, pánta* ⇨ *hèn, dóxa* ⇨ *aletheía, aphrosýne* ⇨ *sophrosýne, dianoeín* ⇨ *noeín* und *empeiría* ⇨ *epistéme.* Im Abstieg ist es umgekehrt. Dann vermehrt sich die *hýbris* und fordert *némesis* heraus. Die Büchse der Pandora öffnet sich.

***Sóma* (Eva) und *pneúma* (Adam) im Auf- und Abstieg**

Ich erkläre nun, vom Standpunkt A, detailliert den Schöpfungsakt *(kosmología)* (Pfeil II) als Wandel des Mischverhältnisses *(sóma/pneúma)* der *psyché,* so wie es im Aufstieg (Pfeil I) in umgekehrter Richtung (Pfeil I) erfahren wird.

Dazu stelle man sich in Bagua (Bild 3) einen Zeiger vor, der vom Zentrum aus im Uhrzeigersinn rotiert. Er zeigt am Anfang senkrecht nach unten zum „Trigramm für Erde (drei schwarze unterbrochene Striche)“, wo gilt: *psyché* = *sóma.* Damit ist das Diesseits (*kósmos aisthetos)* – Ausgangspunkt des Aufstiegs – gemeint. Danach überstreicht der Zeiger im Uhrzeigersinn das abnehmende schwarze Feld (Eva =*sóma)* und zunehmende weiße Feld (Adam = *pneúma)* hin zum „Trigramm für Himmel (drei weiße ausgezogene Striche)“.

Beide Feldanteile, die längs des Zeigers angetroffen werden während sich der Zeiger nach oben bewegt, bestimmen das Mischverhältnis (*sóma/pneúma*), das vom Übungsfortschritt (P) abhängt (Pfeil I).

Die Zunahme von *pneúma* (weiß) resultiert aus der Intensivierung von *philía.* Ihr wirkt *neíkos* entgegen, das dabei abnimmt, wobei sich *sóma* (schwarz) reduziert.

Pneúma nimmt am Anfang nur langsam und mit zunehmendem Fortschritt (P) immer schneller zu. In der Erleuchtung (P = D), wenn der Zeiger senkrecht nach oben zeigt, gilt *psyché* = *pneúma.* Damit ist der Aufstieg (Pfeil I) von A (Erde) zu D (Himmel), der bei einigen schneller und anderen langsamer erfolgt, vollzogen.

Der Zeiger liegt im Himmel gänzlich im weißen Bereich, so als wäre er im Taiji-Kreis (Taijitu), dem die Monade (1) zugewiesen ist. Er symbolisiert Taiji (Dao), woraus das Diesseits, symbolisiert durch Sixiang (Yin-Yang-Symbol) – im Übergang vom SEHEN zum Sehen – entsteht (Pfeil II).

Taijitu = Paradies

Taijitu symbolisiert das, was der AEM mit Paradies bezeichnet, woraus Adam (Yang) und Eva (Yin) vertrieben wurden (Pfeil II). Paradies entstammt dem griechischen *parádeisos*, das dem altiranisch-avestischen *pairi daēza* entlehnt ist.

Es bedeutet eine ringsum-, rundumgehende, sich zusammenschließende Umwallung, Ummauerung. Es symbolisiert – so wie Taijitu, Rand der Sonnenscheibe oder Horizont – die höchste im Aufstieg (Pfeil I) erfahrbare Realität ohne Anfang und Ende[452].

Scheibe und Horizont repräsentieren auch im glaubensfreien Aton-Kult und vielen anderen die höchste persönliche (androgyne) Erfahrung (D) der Schöpfung (Pfeil II), so wie sie in der Rückkehr (Pfeil I) angesprochen ist. Dies ist z.B. in der Interaktion zwischen Salman und Absal, Apollon und Python, David und Goliath und im *Arche-Noah-Mythos* der Fall. Der Akt (Sündenfall) ist hingegen im Untergang von Atlantis und Turmbau zu Babylon angesprochen.

3.3 Vertreibung aus dem Paradies

Ich beschreibe nun mit Bagua den Akt (Pfeil II), also die Vertreibung aus dem Paradies. Damit erkläre ich nicht nur den *AEM-Mythos,* sondern auch detaillierter als bisher die anderen Mythen, auch wenn ich nicht mehr auf sie eingehe.

Der Akt impliziert, dass „*sóma* (Eva) aus *pneúma* (Adam) geboren“ wird, wenn der Zeiger beginnt, sich vom Himmel

---

[452] Sprache: https://de.wikipedia.org/wiki/Avestische_Sprache (abgerufen am 09.07.2021)

(D) im Uhrzeigersinn zur Erde (A) zu drehen. Dabei nimmt er seinen Anfang im Taiji-Kreis (Paradies, Himmel).

Ich erkenne darin die in Gen (2,21) angesprochene „Geburt Evas aus Adam“: „*Und Gott der Herr baute ein Weib* (*sóma* = Eva) *aus der Rippe, die er vom* (vollkommenen erleuchteten) *Menschen* (Adam = *pneúma*) *nahm.*“ Die UJ-Version dahinter ist auch stimmig damit, was sich verbirgt hinter (1. Kor 11,8): „*Denn der Mann* (Adam = *pneúma*) *ist nicht vom Weibe* (Eva = *sóma*), *sondern das Weib vom Manne.*“

Im Abstieg nimmt das Mischverhältnis (*sóma/pneúma*) zu Gunsten von *sóma* zu und *pneúma* ab. Zeigt der Zeiger senkrecht nach unten zur Erde, verweist er auf das Diesseits (A). Von dort beginnt ein neuer Lebenszyklus (Pfeil I und II). Darauf bezieht sich wohl die UJ-Version hinter (Eph. 5, 22): „*Das Weib* (Eva = Yin) *sei dem Manne* (Adam = Yang) *untertan.*“ Ebenso Gen (1.28): „*Macht euch die Erde untertan!*“

Dem Aufstieg, der für junge motivierte Praktizierende weniger Zeit in Anspruch als für ältere Menschen nimmt, kann eine Zeitachse zugeordnet werden, nicht aber dem Akt.

Nachwort: Die Hoffnung stirbt zuletzt

Ich habe mir – im Erwerb meiner unerwarteten und überaschenden Einsichten auf meiner *magical mystery tour* – immer wieder die beiden Fragen gestellt:

(a) Wird die „empirische Wissenschaft“, die uns heute prägt, auch die Tiefgründigkeit der *psyché,* so wie sie sich im Aufstieg „aus sich selbst“ zunehmend offenbart, und das damit einhergehende PD und WISSEN jemals erkennen?

(b) Wieviel besser ist die Situation heute als zur Zeit von Suhrawardi, der schreibt:[453] *„Das schlimmste Zeitalter ist jenes, in dem der Teppich des eigenständigen Bemühens zusammengerollt, […] das Tor der Offenbarungen versperrt und die Wege der Visionen verschlossen sind.“*

Was verbirgt sich hinter „Tor der Offenbarungen“? In der Dao-Lehre, worauf sich dieses Buch stützt, gilt: Wuwei Er Wubuwei (Tue nichts und damit kannst du alles tun). Diese auf dem Großen Weg erworbene Einsicht impliziert: *„Wer Wuwei beherrscht, beherrscht auch Youwei.“*

Auf diese Weise wurde das Taiji-Wissen (Taijixue) erworben, das in der *philosophía* (*theología*) sein Äquivalent im WISSEN *(epistéme)* hat. Dieses kommt in rigoroser Hinwendung zum NICHTS „aus sich heraus“, so wie es auch Jesus ausdrückt mit (Joh 3.27): *„Ein Mensch kann nichts erreichen, wenn es ihm nicht vom Himmel* (*ouranós*) *gegeben ist.“* Damit stimmig ist (Joh 1.1): *„Im Anfang* (ἀρχῄ) *war der* (erfahrbare) *lógos (λόγος)“,* also nicht das irreführende Wort, womit das ursprüngliche WISSEN dahinter unzugänglich bleibt. Damit ist Jesus im Einklang mit

---

[453] S.12 in Shihab al-Din al-Suhrawardi; *Philosophie der Erleuchtung (Hikmat al-ishraq).* Aus dem Arabischen übersetzt und herausgegeben von Nicolai Sinai. Suhrkamp 2011.

Heraklit, dem zufolge der *lógos* zwar uns allen gemein, aber nur wenigen zugänglich ist.

Ich hoffe, dass genügend Leser*innen, die mich bis hierhin begleiteten, nun ein tieferes Verständnis als bisher der von mir angesprochenen Themen erworben haben, so wie ich es mir bis zu einem gewissen Grad erÜBT habe. Dies gelang mir, weil ich Fangfus Ratschlag befolgte: *„Man muss erst zum Narren werden, um das Dao zu erfahren."*

Ohne Dao (*lógos*, *eón)*-Erfahrung ist die Welt – mit den Augen von *sóma* gesehen – voller *mythos,* den die meisten aber nicht als solchen erkennen. Davon können sich Narren mit ihren wiedererweckten Augen der *psyché* zunehmend befreien.

Meine Enthüllung der Metaphern und Mythen – zur Rekonstruktion der *philosophía* (*theología*) aus der Philosophie (Theologie) – deutet an, was ich meine. Sie zeigt, dass die *philosophía* (*theología*) vor ihrem Untergang für Weisheitssuchende nicht das war, was wir ihr andichten.

Suhrawardi äußert sich zuversichtlich:[454] *„Die Welt wird niemals ohne einen philósophos sein, der die philosophía voll beherrscht. Die Autorität auf Gottes Erde wird niemals einem Menschen gehören, der die philosophía nicht ausÜBT, denn weises Regieren erfordert reines WISSEN (epistéme). Diesem philósophos, den die Menge ‚den Pol' nennt, geht es um keine politische Macht. Er kann offen regieren oder verborgen bleiben. Er wird immer der Pol*

[454] Aus dem Englischen. S.21 in *Master Thesis* von Alex Dijk; *Employing Suhrawardi in the Field of Islamic Political Philosophy,* Radboud University 2017.
https://theses.ubn.ru.nl/bitstream/handle/123456789/5185/Dijk%2C_A.S.R._1.pdf?sequence=1
(abgerufen am 19.01.2022)

sein, selbst wenn er sich in der tiefsten Dunkelheit befindet.“

Platon (Phaidon 108e-114c; vgl. Phaidon 80d-81a) sagt nichts anderes: *„Einzig die durch die philosophía wahrhaft gereinigten Seelen werden von der ‚Erde (gaia)‘ in ein rein geistiges, nicht näher beschreibbares Jenseits* (Pfeil I) *aufgenommen.!“* Ebenso (Phaidon 67b-69c): *„Und wird nicht das eben die Reinigung sein, was schon immer in unserer Rede vorgekommen ist, dass man die psyché möglichst vom Leibe (sóma) absondere und sie gewöhne, sich von allen Seiten her aus dem Leibe (sóma) zurückzuziehen?“*

Als ich Fangfu von Suhrawardi und Platon erzählte, antwortete er, Daoisten würden deren Einsichten teilen. Er drückte einmal in einem Vortrag seine Hoffnung aus, dass auch die moderne Wissenschaft (*empeiría)* eines Tages die hypothesenfrei erworbenen Gesetze des *kósmos* (Pfeil I und II) entdecken wird.

Es wäre eine Kopernikanische Wende im Verständnis der Welt und des Selbst, wenn es der Neuen Physik, Quantenphysik, Gehirn-, Kognitions- und Seelenforschung gelingen würde, die Erfahrung der Weisen zu bestätigen. Dies wäre im Einklang mit Platon (Politeia 8,4): [455] [456]*„Denn das Wort ist wahr, dass ein Extrem regelmäßig das entgegengesetzte Extrem auslöst. Das gilt so beim Wetter, in der Pflanzenwelt, in unseren Körpern und erst recht bei den Staaten* (Politik, Religion, Wirtschaft, Wissenschaft, Kultur).“

---

[455] Demokratie und Freiheit:
http://wfgw.diemorgengab.at/tzn200703.htm

[456] Auch Heraklit betrachtet die Erfahrungswelt des Menschen als ein Ganzes von Gegensätzen, die ineinander umschlagen und sich von einem Pol zum anderen wandeln.
Vgl. https://de.wikipedia.org/w iki/Heraklit#Gegensatz_und_Einheit